SV

Die Bildpublizistik der Französischen Revolution

Von Klaus Herding
und Rolf Reichardt

Suhrkamp

Erste Auflage 1989
© Suhrkamp Verlag Frankfurt am Main 1989
Alle Rechte vorbehalten
Druck: Nomos Verlagsgesellschaft, Baden-Baden
Printed in Germany

INHALT

POLITISCH-SOZIALE UND WIRTSCHAFTLICHE GRUNDLAGEN

1. Einleitung

Unter den ersten deutschen »Freiheitspilgern«, welche auf die Zeitungsnachricht vom Bastillesturm im Sommer 1789 sogleich in die gelobte Stadt Paris aufbrachen, um die als unerhörte Sensation empfundene Revolution und ihre Wirkungen in Frankreich mit eigenen Augen zu erleben,[1] befand sich auch der erfolgreiche aufklärerische Schriftsteller und braunschweigische Reformpädagoge Joachim Heinrich Campe. Das erste, was Campe seinem Mitarbeiter Ernst Christian Trapp am 9. August 1789 aus Paris berichtete und was dieser dann in der November-Nummer des *Braunschweigischen Journals* veröffentlichte, waren Beobachtungen über das auffällige Menschengedränge vor den Maueranschlägen. »Diese Affichen oder Bekanntmachungszettel sieht man in allen Straßen, besonders an den beiden Seitenwänden aller Eckhäuser und an dem ganzen Gemäuer aller öffentlichen Gebäude auf den Quais und sonstigen freien Plätzen, eine so unzählbare Menge, daß ein rüstiger Fußgänger und geübter Schnelleser den ganzen Tag, vom Morgen bis an den Abend, herumlaufen und lesen könnte, ohne nur mit denjenigen fertig zu werden, welche man an jedem Tage von neuem ankleben sieht. Bald ist es der engere Ausschuß auf dem Hôtel de Ville, bald die bewaffnete Bürgerschaft überhaupt oder die eines besonderen Distrikts insonderheit, bald sind es die Distriktrepräsentanten in den sechzig Quartieren oder Distrikten der Stadt, welche Verordnungen und Benachrichtigungen für die Bürgerschaft anschlagen lassen; bald sind es andere Commünen, Gesellschaften oder einzelne Personen, welche das Publikum durch Bekanntmachungszettel, bald von diesem, bald von jenem, was geschehen ist oder geschehen soll, unterrichten wollen. Denken Sie sich, wie diese Publizität, diese Teilnahme an allem, auf die Entwicklung der menschlichen Seelenkräfte, besonders auf die Verstandes- und Vernunftsausbildung der Leute wirken muß! – Vor jedem, mit dergleichen Zetteln, die in großen Bogen mit großer Schrift gedruckt bestehn, beklebten Hause, sieht man ein unendlich buntes und vermischtes Publikum von Lastträgern und feinen Herrn, von Fischweibern und artigen Damen, von Soldaten und Priestern, in dicken, aber immer friedlichen und fast vertraulichen Haufen versammelt, alle mit emporgerichteten Häuptern, alle mit gierigen Blicken den Inhalt der Zettel verschlingend, bald leise, bald mit lauter Stimme lesend, darüber urteilend und debattierend. (...) Auffallend und befremdend für den Ausländer ist hier der Anblick ganz gemeiner Menschen aus der allerniedrigsten Volksklasse, z. B. der Wasserträger, welche die Küchen aller Häuser der Stadt, wohin keine Wasserleitungen führen, mit dem unreinen Seinewasser versorgen – auffallend, sage ich, ist es, zu sehn, welchen warmen Anteil sogar auch diese Leute, die größtenteils weder lesen noch schreiben können, jetzt an den öffentlichen Angelegenheiten nehmen; (...) zu sehen – was ich mehrmals beobachtet habe –, wie vier, fünf oder sechs solcher armseligen Lastträger mit einem ihrer Kameraden, der den seltenen Vorzug besitzt, Gedrucktes lesen zu können, in Verbindung treten, ihre Liards zusammenlegen, sich dafür gemeinschaftlich eins der fliegenden Blätter oder der kleinen Broschüren des Tages kaufen, und nun zwischen ihren Eimern oder sonstigen Lasten sich dicht zusammenstellen, um dem vorlesenden gelehrten Kameraden, mit vorgehaltenem Ohre, starren Augen und offenem Munde zuzuhören.« Was derart öffentlich aushängt, feilgeboten und ausgerufen wurde, waren jedoch nicht nur Schriften, sondern auch Bilder. Sah Campe doch, als er am südlichen Seine-Ufer (Quai de Conti) auf den Pont-Neuf, die belebteste Pariser Brücke, zuging, »alle die großen Gebäude stromauf- und -unterwärts, soweit das Auge reicht, besonders die große und prächtige Münze, mit Kupferstichen behangen, welche größtenteils die dermalige Revolution betreffen. Hier folgt abermals eine buntgemischte Gruppe von Zuschauern und Käufern auf die andere; und ohngeachtet diese Gruppen, wegen des unaufhörlichen Wechsels der Hinzukommenden und Abgehenden, einer steten Veränderung unterworfen sind: so scheinen sie doch, im ganzen genommen, vom Morgen bis an den Abend immer die nämlichen zu bleiben, ohne merklich vermindert oder vermehrt zu werden. (...)«[2]

Zwei dieser Revolutionsstiche werden in einer vom 28. August 1789 datierten Pariser Zeitungsmeldung folgendermaßen beschrieben: »Bei all unseren Bildermachern, sowohl bei denen des Palais Royal wie in den Läden der Bilderhändler, sieht man

Abb. 1: *Man muß
hoffen, daß dies
Spiel bald endet.
Anonyme kolorierte
Radierung,
193 × 139 mm,
1789. Paris, BN
(Hennin 10884)*

A FAUT ESPERER Q'EU'JEU LA FINIRA BEN TOT

Kupferstiche, an denen der Pöbel das allergrößte Vergnügen hat und die ihn in seinem Haß gegen die Aristokratie bestärken; es sind *Spottbilder* oder symbolische Karikaturen, aber voller Ausdruckskraft. Ein Stich zeigt, wie ein alter Bauer gebückt auf allen vieren läuft und auf seinem Rücken einen Feldmann und einen Bischof trägt, was am unteren Rand der Karikatur mit den Worten kommentiert wird: *soll das immer so weitergehn?* Ein anderer Stich zeigt denselben Bauern, wie er auf einem Edelmann sitzt und einen Priester wie ein Reitpferd sanft lenkt; dabei hat er einen Stock geschultert, an dem ein Hase aufgehängt ist, und ruft aus: *es ist Zeit, daß das aufhört.*«[3] Wenn unser Journalist hier aus dem Gedächtnis nicht ganz genau zitiert, so be-

Vive le Roi, Vive la Nation.

J' SAVOIS BEN QU'JAURIONS NOT TOUR.

*Abb. 2: Ich wußte
ja, daß wir auch mal
an die Reihe kämen.
J.-A. de Peters
zugeschriebene
kolorierte
Radierung,
197 × 151 mm,
1789. Paris, BN
(Hennin 10567)*

schreibt er doch treffend zwei besonders erfolgreiche kolorierte Radierungen aus den Anfängen der Französischen Revolution (Abb. 1 und 2): Auf der einen Seite also der zerlumpte Bauer des *Ancien Régime* in Holzschuhen, gestützt auf eine »von Tränen benetzte« Feldhacke, ausgepreßt durch Salz-, Tabak- und Grundsteuer, durch Zehnten, Fron- und Militärdienst (wie aus seiner Hosentasche heraushängende Zettel anzeigen), seiner Saat und Ernte beraubt durch gefräßige Rebhühner und Hasen (die das adelige Jagdprivileg schützt), schier zusammenbrechend unter dem Gewicht von *Klerus* und *Adel*, die sich einträchtig, wohlgekleidet und mit den Zeichen ihrer Würde (Kreuz, Heilig-Geist-Orden) von ihm tragen lassen – eine auf Dauer unerträgliche Last, nicht nur, weil diese Stände unproduktive Nutznießer der Arbeit des kleinen Mannes sind, sondern auch wegen ihrer »Prunksucht« (ostentation) und Grausamkeit (der Degen des Herzogs ist »von Blut gerötet«). Auf der anderen Seite derselbe Bauer – von der Revolution befreit – nun seinerseits

9

ALLEGORIE DEDIE AU TIERS ETAT

*grarée d'après le tableau Conservé dans une des Salles de l'hotel de
ville dans Representant la Composition des Etats et qui par le
Costume annonce avoir eté peint dans le 16eme Siecle*

»voll Mut« auf seinen ehemaligen Unterdrückern
reitend, mit dem Freudenruf »Es lebe der König! Es
lebe die Nation!« in die Hände klatschend, seiner
alten Lasten ebenso ledig wie der Schädlinge seiner
Felder (freie Jagd als Bürgerrecht), so daß sich seine

»unermüdliche« Arbeit, die vorübergehend unter-
brochen ist, wieder lohnt; doch anstatt die alten
Machtverhältnisse einfach umzukehren, hofft er
ganz im Sinne des populären Heinrich IV., dessen
Bild an seinem Rock hängt, auf »Frieden und Eintracht« zwischen den Ständen (alle drei tragen sie
trikolorefarbene Kokarden), seitdem die früheren
Privilegierten sich – gemäß der Waage der Gerechtigkeit – in der ›Opfernacht‹ des 4. August zu
»Gleichheit und Freiheit, Entlastung des Volkes«
und einer allgemeinen »Grundsteuer« verpflichtet
und die Adeligen ihre Degen in den Dienst der »Nation« gestellt haben.

Diese beiden oft kopierten Revolutionsstiche sind
durchaus kein Sonderfall. Was ihre allegorische

Costume Et. Caricature
La Fermiere en Corvé.

A faut esperer q'eu se jeu la Finira bentot

le Peuple Sous l'ancien Regime

Darstellung des Dritten Standes als Lastträger der
beiden ersten Stände betrifft, so ging sie mittelbar
auf ein Blatt des 16. Jahrhunderts zurück, welches
den »Tiers Etat« auf die christliche Religion vertrö-
stete (Abb. 3), wurde unmittelbar aus Bildflugblät-
tern entwickelt, die beim Zusammentritt der Generalstände im Mai 1789 die einseitige Belastung des
Volkes anprangerten (Abb. 4), diente selber als Vorlage für populäre Holzschnitte in der Provinz
(Abb. 5), wurde auch auf die Frauen der drei Stände
übertragen (Abb. 6) und noch unter Napoleon im
frühen 19. Jahrhundert auf das *Ancien Régime* zu-
rückprojiziert (Abb. 7). Es wiederholte sich auch

11

LE TEMPS PASSÉ.

les plus utiles étoient foulés aux pieds.

LE TEMPS PRESENT.

veut que chacun suporte le grand fardeau.

Ma finte

das Verfahren, das aktuelle Erlebnis des revolutionären Bruchs in aufeinander bezogenen Blättern zu
verarbeiten und zu interpretieren – etwa in dem
Bildpaar zur Abgaben- und Steuerlast, die – von
den unproduktiven Privilegierten zusätzlich vergrößert – bisher den Dritten Stand fast erdrückt habe,
nun aber von den drei Ständen gemeinsam getragen
werde (Abb. 8 und 9). Und gerade die erfolgreichen
Verbildlichungen blieben nicht auf eine spezielle Situation und Zeitdeutung festgelegt, sondern konnten ihre eigene Dynamik gewinnen und sich mit der
Revolution entwickeln. So treffen wir unseren im
August 1789 befreiten Bauern 1790 wieder, wie
er das Versinken von *Adel* und *Klerus* in einer La-
trine beklatscht, in die sich gerade ein Nationalgardist entleert (Abb. 10); Bekanntmachungen zum
Verkauf der Kirchengüter und des Herrenhauses
des emigrierten Prinzen Lambesc, die »Sackgasse

ce Coup cy y n'en reviendrons jamais.

Abb. 10: J.-A. de Peters zugeschr., Donnerwetter! Von diesem Streich werden sie sich nie erholen. Kolorierte Radierung, 175 × 246 mm, 1790. Paris, BN (de Vinck 1521)

der Aristokraten« mit der ebenso ›aufklärerischen‹ wie – als möglicher Galgen – bedrohlichen »Laterne« und den warnend aufgespießten Aristokratenköpfen (unter denen ein Halsabschneider sein Messer schleift), nicht zuletzt die in der »Freiheitsstraße« aushängenden Porträts hingerichteter ›Volksverräter‹ und Revolutionsfeinde vom Bastille-Gouverneur de Launay (14. Juli 1789) über die Intendanten Bertier de Sauvigny und Joseph-François Foulon (22. Juli 1789) bis zum ›Verschwörer‹ Marquis de Favras (19. Februar 1790) visualisieren vollends das Wachsen sozialer Spannungen und den Anspruch des ›Dritten Standes‹, im Sinne von Sieyès nun endlich »alles« zu werden.

13

Mehr noch: erfolgreiche Stiche wurden auch kopiert und als Miniaturen auf Bilderbogen zusammengefügt – teils zu systematischen Darstellungen der Revolution wie in einem historisch-politischen Gänsespiel von 1791,[4] teils einfach zu populären ›Collagen‹ (Abb. 11). Auf dem abgebildeten Beispiel treffen wir links oben wieder den befreiten Bauern und rechts oben den auf »die Aristokraten« scheißenden Nationalgardisten, zugleich Hauptfigur einer früheren Karikatur.[5] Oben in der Mitte zerkleinert ein Bürger mit Freiheitsmütze »die Aristokratie« zu kleinen, für den einfachen Mann genießbaren Stücken, während rechts ein Mitglied des umstrittenen Untersuchungsausschusses der Stadt Paris und der Nationalversammlung zur Aufklärung der Oktober-Unruhen von 1789 verhöhnt wird.[6] Zwischen den Kreisbögen rettet links ein Nationalgardist die *Francia* aus dem Abgrund;[7] umgekehrt überantwortet rechts ein Bürger Zollwächter, die er in die Körbe seines Lastesels gestopft hatte, der Hölle.[8] Die Miniaturen in den mittleren Kreisvierteln stammen sämtlich von einer Karikatur,[9] auf der ein Patriot einen ›befreiten‹ Mönch rasiert, um ihm dann eine Perücke zu verpassen (s.u. Abb. 15), und nebenan eine Nonne, die für ihren nunmehr weltlichen Stand von einer Hutmacherin eine Haube erhält – Anspielungen auf die Annullierung der Klostergelübde durch die Nationalversammlung am 16. Februar 1790. Die daraus folgende Emigration zahlreicher Geistlicher wird rechts unten verspottet.[10] Die Szene des Bastillesturms schließlich war so geläufig, daß der Stecher der Collage dafür keines Vorbildes bedurfte. Gemeinsamer Nenner seines Bilderbogens ist ›der Sieg des freien Bürgers über die Aristokratie‹.

Campes Beobachtungen und die genannten Stiche zeigen vorab: Die Druckgraphik der Französischen Revolution war eine öffentliche Kunst, Bestandteil einer politischen Publizistik von neuartiger Eigenständigkeit, ›demokratischer‹ Offenheit und sozialer Breite. Als ›Massenkunst‹ hatte sie wesentlichen Anteil an der emotionalen Mobilisierung, Politisierung und Bewußtseinsprägung gerade auch des ›kleinen Mannes auf der Straße‹ und damit an der Entwicklung einer revolutionären Massenbewegung überhaupt. Ihre Eigenleistung, die das gedruckte Wort visuell ergänzt, besteht weniger im ›Erzählen‹ von Ereignissen und in der Darstellung materieller Wirklichkeit (Ereignisgraphik) als vielmehr in der allegorischen Deutung und grundsätzlichen Problematisierung politisch-sozialer Zeitfragen; anders als die Werke der Hochkunst sind die Revolutionsstiche keine Einzelschöpfungen, sondern als Paare oder Serien konzipiert; sie bilden Gruppen durch gemeinsame Anlässe, Themen und Motive, stehen also untereinander wie teilweise

auch mit der schriftlichen Publizistik in einem engen Kommunikations- und Wirkungszusammenhang mit einer Vielfalt politischer Richtungen und je nach Zielgruppe unterschiedlicher Stilhöhen. Trotz ihrer Sinnfälligkeit, die sie auch nach 200 Jahren noch als ›Vorbilder‹ der modernen politischen Karikatur ausweist, sprechen die Revolutionsstiche heute nicht mehr unmittelbar, eindeutig und vollständig für sich selbst, sondern bedürfen der Interpretation: erst eigentlich darin, *wie* sie Inhalte und Formen der Bildtradition anverwandelten, einprägten, für neue Ziele aktualisierten und umfunktionierten, zeigt sich ihre ganze innovative Eigenleistung und damit ihr überragender Beitrag zur Kunst der Französischen Revolution überhaupt.

2. Revolutionäre Bilddidaktik

Daß die politische Bildpublizistik, die während der Aufklärungszeit weitgehend auf die kulturellen Eliten und einen sich besonders seit den 1770er Jahren entwickelnden publizistischen Untergrund beschränkt geblieben war,[1] 1789 schlagartig zu einem Massenphänomen wurde, hängt engstens zusammen mit dem didaktischen Grundzug der Französischen Revolution, mit der Einsicht der Revolutionäre, daß die von ihnen erkämpfte Herrschaft des ›souveränen Volkes‹ nur dauerhafte Alltagspraxis werden konnte, wenn das ›Volk‹ in seiner Mehrheit wirklich ›aufgeklärt‹ wurde, wenn es die neuen politisch-sozialen Grundwerte und Prinzipien verinnerlichte. An dieser mit großer Zielstrebigkeit und bemerkenswertem didaktischem Geschick betriebenen Erziehungsarbeit[2] hatte die Kunst wesentlichen Anteil, gemäß dem Motto von Quatremère de Quincy, eines führenden Kunstpolitikers der Revolution: »Legt die Künste in die Hand des Volkes, und sie werden zum Schrecken der Tyrannen.«[3]

Alle Bereiche der Kunst sollten an einer umfassenden, sinnfälligen, regelrechten ›Zeichensprache der Revolution‹ mitwirken. So schrieb der neugewählte Friedensrichter Jacques Boileau aus der burgundischen Kleinstadt Avallon 1791 in einem Leserbrief an die Zeitung des Cercle Social in Paris: »Beginnen wir die nationale Erziehung (...), gebrauchen und vervollkommnen wir die Sprache *der Zeichen*, diese beredte Zeichensprache, die zunächst nur die Sinne anspricht, diese aber so erregt, daß der Eindruck weitergeleitet wird bis hin zum Zentrum der Gedanken; ein solcher Sinneseindruck ist gleichsam ein natürlicher, elektrischer Impuls, der das Herz neu belebt, mit einem heiligen Feuer erfüllt, das – wenn es erst einmal brennt – nicht wieder erlischt.«[4]

Um die neuen Grundwerte ins gesellschaftliche Bewußtsein eindringen zu lassen, muß die revolutionäre Zeichensprache die alten Überzeugungen diskreditieren und verdrängen; sie ist also polemisch und bilderstürmerisch im allgemeinen sowie antikatholisch, antifeudal und antimonarchisch im besonderen. In der Schlußphase der Sansculottenherrschaft brachte die auflagenstarke radikale Zeitung *Révolutions de Paris* in einem Leitartikel über die »Beaux mouvements révolutionnaires«, die recht eigentlich erst mit dem 10. August 1792 begonnen hätten, dies besonders prägnant zum Ausdruck: »Despotismus und Aberglauben haben die Augen beeindruckt, um die Gedanken zu lenken und sich dienstbar zu machen; ein kundiger Gesetzgeber muß alles zu nutzen wissen. Dadurch, daß die Zeichen der Feudalität und der Monarchie beseitigt werden, verlieren sie sozusagen ihren Körper und hören auf, die Sinne der Gewohnheitstiere gefangen zu nehmen. Im übrigen dürfen die Blicke eines Volkes, das zur Republik erhoben wird, nur noch auf solche Gegenstände fallen, die sein Gemüt stärken und dauernd an die erhabenen Grundsätze der Gleichheit erinnern. Diese Vorsichtsmaßnahme, das

Die Bildpublizistik der Französischen Revolution wurde von der Kunstgeschichte bis vor kurzem stiefmütterlich behandelt,[11] von Fachhistorikern nur illustrativ verwendet.[12] Zwar wurde das graphische Material von Renouvier (1863), Gautier (1888), Challamel/Lacroix (1889, 1902) und Dayot (1896–97) über Henderson (1912), Sagnac/Robiquet (1934) und Massin (1963) bis hin zu dem fünfbändigen Monumentalwerk von Michel Vovelle (1986) oft und mit wachsendem technischen Aufwand gezeigt, doch wurde es nur als zusätzliche ›Dokumentation‹ einer davon unabhängigen, selbstgenügsamen Ereignisgeschichte benutzt.[13] Obwohl einige Aufsätze und Ausstellungskataloge schon seit längerem einen Perspektivwechsel empfohlen haben,[14] beginnt man erst neuerdings den genuinen Quellenwert gerade der allegorischen Revolutionsgraphik wiederzuentdecken;[15] wenn die Französische Revolution ganz wesentlich eine Kulturrevolution war, was die neuere Forschung immer deutlicher ergibt,[16] dann dürfte sie besonders auch in nichtschriftlichen Zeugnissen faßbar sein. Der folgende Versuch, sich auf diese Bildwelt im Zusammenhang einzulassen, um aus ihr die mentale Dimension des revolutionären Umbruchs zu erschließen, kann angesichts einer Überfülle von Material und Sachfragen nicht anders als vorläufig sein. Einmal aber galt es, ihn zu wagen.

TERRE DE LA LIBERTÉ ET DE L'EGALITÉ

Cent livres de Rente | *Hundert Livres Leibrente*

Au Cercle Social Rue du Theatre Francois N° 4

Abb. 12: F. Bonne-
ville, Hundert livres
Leibrente für
deutsche Deserteure.
Kolorierte
Radierung,
212 × 276 mm,
August 1792. Paris,
BN (Hennin 11251)

Innere der Häuser von all diesen törichten Sinnbildern der Leichtgläubigkeit und Knechtschaft unserer Väter zu säubern, wird nur jenen gering erscheinen, welche den Grund des menschlichen Herzens nicht erforscht haben.«[5] Dabei machten sich die Revolutionäre bewußt die Erfahrungen der katholischen Symbol- und Zeichensprache seit der Gegenreformation[6] zunutze, wie Regierungskommissare noch 1797 bestätigten, als sie die Stadträte im Département Indre zur Pflanzung von Freiheitsbäumen anhielten: »Die Zeichen üben auf das Volk einen großen Einfluß aus, den alle Gesetzgeber mit Erfolg genutzt haben und den wir nicht vernachlässigen dürfen. Man denke nur daran, wieviel Sorgfalt der Katholizismus darauf verwandt hat, seinen Anhängern ständig die Embleme des religiösen Glaubens vor Augen zu führen.«[7]

Für eine solche Zeichendidaktik bildete nun die Druckgraphik ein noch geeigneteres Medium als Denkmäler,[8] pädagogische Gärten[9] oder auch öffentliche Feste,[10] weil sie mit geringen Kosten in großer Stückzahl schnell herzustellen, zeitbeständig, beweglich und auch in geschlossenen Räumen

und Wohnungen aufzuhängen war, kurz: mit bildlicher Sinnfälligkeit alle Vorzüge der Druckschrift verband: »In ihrem Nutzen wetteifert sie mit der Druckkunst. Sie ermöglicht die billige Vervielfältigung patriotischer und moralischer Darstellungen, deren Anblick die öffentliche Meinung stärker beeinflußt, als man meint.«[11] Gerade revolutionäre Schriften zur politischen Volksbildung setzten denn auch gezielt bildliche Mittel ein. So beschloß der Pariser Jakobinerclub am 27. November 1791, den von ihm preisgekrönten *Almanach du Père Gérard* von Collot d'Herbois, der die Verfassung in zwölf Lehrdialogen popularisierte und zum erfolgreichsten Volksalmanach der Revolution werden sollte, mit Stichen zu illustrieren, um den »Fanatismus« auf dem platten Lande mit seinen eigenen Mitteln zu schlagen.[12] Revolutionäre Katechismen wie der *Ami des jeunes patriotes* des Pariser Druckers Chemin-Dupontès vom Jahre II visualisierten abstrakte Begriffe von »Egalité« über »Liberté« bis »Peuple« durch allegorische Radierungen.[13] Und ein mehrfach nachgestochenes Brettspiel von 1791, das Miniaturen der Revolutionsgraphik zu einer Geschichte Frankreichs aus revolutionärer Sicht verarbeitete, stellt geradezu einen volkstümlichen Bild-Katechismus dar.[14]

La Chûte en Masse

Ainsi l'Étincelle Électrique de la Liberté, renversera tous les Trônes des Brigands Couronnés.

Abb. 13: C. Dupuis, Der massenhafte Thronsturz. Kolorierte Radierung, 214 × 370 mm, 1794. Paris, BN (de Vinck 4209)

Diese massendidaktische Funktion des Bildes ist bei der revolutionären Flugblattgraphik ohne begleitende Lehrtexte zwar nicht gleich offensichtlich, liegt aber auch ihr zugrunde. Sie äußerte sich etwa in den Worten, mit denen der bretonische Abgeordnete Lequinio dem Konvent am 11. Oktober 1792 ein neues Blatt des Stechers François Bonneville übergab, das die österreichischen und preußischen Überläufern ausgesetzte Belohnung verbildlicht hatte (Abb. 12): »Es stellt das Dekret dar, welches Soldaten des Despotismus, die ihre Fahnen verlassen, um den Fahnen der französischen Gleichheit und Freiheit zu folgen, eine Rente von 100 Livres bietet. Bürger, die scheinheiligen Tyrannen (...) haben sich dieses Mittels mit großem Erfolg bedient, um Sklaverei und Aberglauben zu verbreiten; wendet ihr es an, um die Grundsätze der Vernunft und der Freiheit zu verbreiten; wenn ihr so zu den Augen der unwissenden und elenden Landleute sprecht, ist das eins der wirksamsten Mittel, um den Dörfern Bildung zu bringen und einzupflanzen.«[15] Ja, der Wohlfahrtsausschuß suchte solche revolutionäre Bildpropaganda staatlich zu planen und zu lenken, indem er allgemein alle bildenden Künstler zur Schaffung patriotischer Bildwerke aufrief und insbesondere Jacques-Louis David beauftragte, »alle ihm zu Gebote stehenden Fähigkeiten und Mittel zur Herstellung zahlreicher Stiche und Karikaturen einzusetzen, die geeignet sind, in der Öffentlichkeit den Gemeingeist zu beleben und vor Augen zu führen, wie grausam und lächerlich die Feinde der Freiheit und der Republik sind«.[16] Tatsächlich erhielt der Wohlfahrtsausschuß 1793/94 von einem Dutzend Stechern mindestens 18 solche Auftragskarikaturen, darunter am 20. September 1794 auch das Blatt *Der massenhafte Thronsturz* des Architekten, Zeichners und Stechers Charles Dupuis (Abb. 13).

Aus jakobinischer Sicht deutet dieses Blatt den Krieg des republikanischen Frankreich gegen die Koalitionsmächte als ebenso blitzartigen wie überwältigenden ›elektrischen Schlag‹ – ein durch Benjamin Franklins und Galvanis Entdeckungen damals aktueller Vergleich. Auch sonst oft eine zeitgenössische Metapher für die Beschleunigung und Unaufhaltsamkeit der Französischen Revolution, wird die Elektrizität in ihrer Wirkung hier gleich durch zwei Beischriften beschrieben: »So wird der elektrische Funke der Freiheit die Throne der gekrönten Räuber umstürzen«; »die Republikanische Elektrizität versetzt den Despoten einen Stromstoß, der sie von ihren Thronen wirft«. Angetrieben von einem Soldaten in jugendlicher Kraft, der für die »Republikanische Verfassung« von 1793 (Schriftrolle in seiner Hand) kämpft, setzt die revolutionäre Strommaschine die »Erklärung der Menschenrechte« in politisch-militärische Energien um, die als miteinander verbundene Teile einer Stromleitung dargestellt sind: zum einen Energien zur Verteidigung der »Einheit [und] Unteilbarkeit der Republik«, zum anderen die menschheitsbeglückende Parole »Freiheit, Gleichheit, Brüderlichkeit«.

Die Wirkung dieser vereinigten revolutionären Energien auf die in Gestalt greiser, dekadenter Figuren gegebenen gegenrevolutionären Herrscher des europäischen Ancien Régime erscheint wahrhaft ›schlagend‹. Vorab trifft sie »den Schelm« Joseph II., besser: hat ihn getroffen, denn er war schon 1790 gestorben (sein Nachfolger Franz I. wird nicht genannt). Den dahinter auf den Bauch gefallenen Gestalten – Wilhelm V., Erbstatthalter der Vereinigten Provinzen der Niederlande, und dem »feisten« Georg III., König von England – hatte der Konvent im Februar 1793 den Krieg erklärt: von ihnen mußte der erstere wenige Monate nach Veröffentlichung der Karikatur vor französischen Revolutionstruppen nach England fliehen und zusehen, wie ›sein Land‹ in die Batavische Republik umgewandelt wurde. Auch für Pius VI. mit dem sechsstrahligen Papstkreuz, mehrdeutig als »Der kleine Papa« verhöhnt, wirkt der bildliche Sturz wie eine Vorhersage seiner späteren französischen Gefangenschaft und Vertreibung durch die Revolution. Die übrigen karikierten Herrscher erlitten zwar keinen vergleichbaren tatsächlichen ›Sturz‹, waren aber in anderer Form nachweisbar von der Französischen Revolution betroffen: so Friedrich Wilhelm II., der »Tyrann von Preußen« und Verlierer von Valmy, in einer Beischrift des Menschenhandels angeklagt; weiter die russische Zarin, »die dicke Katharina«, verschrien wegen ihrer Libertinage (wie ihr Dekolleté anzeigt), deren Besatzungstruppen der mit Frankreich und der Revolution sympathisierende Freiheitsheld Kościusko im Frühjahr 1794 aus Polen vertrieben hatte (siehe die Beischrift: »Besetzung Polens gescheitert«); schließlich »der spanische Despot« Karl IV., dessen Truppen dem republikanischen Frankreich bald unterliegen sollten, und Viktor Amadeus III., König von Sardinien und Piemont, dessen gegenrevolutionäre Aktivitäten in Turin Bonaparte beenden sollte.

Der Stecher Dupuis hat also historisch durchaus belegte, teils hellsichtig vorweggenommene Tatsachen in eine sinnfällige Karikatur umgesetzt – in ein jakobinisches Propagandabild freilich, das ähnlich wie die ihm entsprechende missionarische Befreiungsparole »Friede den Hütten, Krieg den Palästen« die Revolutionskriege unterschlug.

Die meisten Bildflugblätter der Französischen Revolution waren jedoch nicht solche Auftragspropaganda, sondern spontane, eigenständige Beiträge zur innenpolitischen Meinungsbildung, die einem gesellschaftlichen Bedürfnis nach Materialisierung, Vergegenständlichung und Visualisierung aktueller Streitpunkte, Grundsätze, Ängste und Hoffnungen entsprachen und eine Schlüsselfunktion im damaligen politisch-sozialen Kommunikationssystem erfüllten. Gerade Konservative – oft Leidtragende revolutionärer Agitationsgraphik – waren dafür besonders empfindlich. Der Ende 1790 von Nîmes nach Paris gezogene gegenrevolutionäre Journalist Jacques-Marie Boyer-Brun widmete ein mehrbändiges Werk ausschließlich der Aufgabe, die gegen »Thron und Altar« gerichteten Karikaturen als umstürzlerische Volksverhetzung einer Clique von »Taschenspielern und Schurken« zu entlarven und so ihrer Wirkung zu berauben;[17] denn: »Die Karikaturen sind von jeher ein Hauptmittel gewesen, um dem Volk Dinge nahezubringen, die es – wenn sie nur geschrieben gewesen wären – nicht genug beeindruckt hätten. Ja, indem die Karikaturen dem Volk – noch bevor es lesen und schreiben konnte – verschiedene mitteilenswerte Dinge darstellten, waren sie für es das, was sie noch jetzt sind: *gesprochene Schriftstücke* (écriture parlée). – Wie man gesehen hat, haben die Karikaturen bei allen Revolutionen dazu gedient, das Volk in Bewegung zu setzen, und es ist wohl nicht zu leugnen, daß die Hinterhältigkeit dieses Verfahrens seinen schnellen und schrecklichen Folgen entspricht. – (...) Wenn aber die Karikaturen das Thermometer sind, das die Temperatur der öffentlichen Meinung anzeigt, dann gilt ebenso, daß diejenigen, welche die Schwankungen dieses Thermometers zu regeln wissen, auch die öffentliche Meinung beherrschen können.«[18]

Eben das suchte Boyer-Brun mit seiner *Histoire des caricatures* zu erreichen. Ihre wöchentlichen Lieferungen bestanden aus je 32seitigen kritischen Kommentaren zu je zwei aktuellen, meist allegorischen Darstellungen, die Michel Webert nachgestochen hatte und in seinem Geschäft im Palais Royal ausstellte. Das auf vier Bände pro Jahr angelegte gegenrevolutionäre Unternehmen, für das Boyer-Brun in seiner Tageszeitung *Journal du Peuple* zur Empörung revolutionärer Journalisten offen Reklame machte,[19] konnte nur bis zum 10. August 1792 erscheinen und insgesamt 39 Revolutionsstiche ›entlarven‹. Sein Autor mußte untertauchen, wurde im Januar 1794 verhaftet und zusammen mit Webert am 20. Mai desselben Jahres als »Gegenrevolutionär« guillotiniert. Nicht ohne Grund: traf doch seine Bildkritik hellsichtig eine Schlüsselstelle des Kommunikationssystems der Revolution im allgemeinen und einen Nerv der Volksrevolution im besonderen.

Indem Boyer-Brun die Flugblattgraphik als »écriture parlée« bezeichnet, verweist er auf den Kern ihrer massendidaktischen Funktion im vorindustriellen Frankreich. Für die zwei Drittel der Franzosen, die damals noch überhaupt nicht oder kaum

*Abb. 14: Die kleine
Konterrevolution.
Anonyme
Radierung,
220 × 161 mm,
1791. Paris, BN
(Hennin 10907)*

La petite Contre revolution Tragi-comedie en 4 actes
Executée a Strasbourg, Le 3, 15, 16 et 17 ième Janvier 1791.
M.rs et Dames vous voyez ici
1 L'Emeute Manquée par L Z. 1.er acte
2 Visites des Dames aux Casernes pour debaucher les Soldats 2.ond acte
3 La Sacrée conjuration du Seminaire par L S.t Q. et D. 3.e acte
4 Arrivée des Canons et fuite des Aristo-cruches 4.e acte
Chanson
Vas t'en voir s'ils viennent Jean &c &c &c 19.h

lesen und schreiben konnten,[20] denen das moderne Überangebot nichtschriftlicher Nachrichten fehlte, deren Gehör und Gesichtssinn entsprechend aufnahmebereit und erinnerungsfähig waren,[21] bedeutete das Bild das ›Tor zur Welt‹. Dem einfachen Mann auf der Straße viel unmittelbarer und vollständiger zugänglich als schriftliche Wandanschläge und Flugschriften, die ihm erst vorgelesen werden mußten (so Campe), machte das Bild zusammen mit der Rede und dem Lied für die kleinen Leute überlokale Nachrichten- und Wissensvermittlung, kollektive Kommunikations- und Meinungsbildung, kurz: politische Öffentlichkeit – erst möglich. Eine Vorstellung davon, wie diese Medien zusammenwirkten, vermittelt ein *Die kleine Gegenrevolution* betiteltes Blatt (Abb. 14) von 1791 über politische Unruhen in Straßburg: Die auf einem tragbaren Transparent als Bildergeschichte dargestellten Ereignisse werden von dem Straßensänger und dem Kolporteur nicht nur gezeigt und auf eine allgemein bekannte Melodie mit Violinbegleitung moritatenhaft gesungen, sondern geradezu als Jahrmarkttheater ›aufgeführt‹; zur Bild- und Tonsprache kommt also noch die Körpersprache hinzu; und nach der öffentlichen ›Aufteilung‹ wird der fliegende Händler dem Publikum seine billigen Bild- und Liedblätter über jenes Ereignis feilbieten, die er schon bereit hält.

Nicht zufällig erlebten diese alten Medien einer semioralen Volkskultur, die von der elitären Schriftkultur des Absolutismus und der Aufklärung zurückgedrängt worden waren,[22] mit der Französischen Revolution eine sprunghafte Rückkehr.[23] Sie trugen ganz wesentlich zur Mobilisierung und Politisierung der klein- und unterbürgerlichen Schichten bei, zogen der Politik bisher fernstehende Handwerker und Tagelöhner in den Meinungsbildungsprozeß hinein, verschafften der Revolution erst ihre Massenbasis und trugen zugleich die plebejische Eigenkultur der Sansculotten. Als zentrales Medium der Volksrevolution wurde die Flugblattgraphik von den Revolutionären vergleichsweise spontan, differenziert und vielseitig eingesetzt. Das heißt aber nicht, daß sie nach Form und Inhalten beliebig war. Der Fall Boyer-Brun zeigt vielmehr, daß die Revolutionsgraphik bis in ihre letzten Details absichtsvolle Botschaften und Deutungen propagierte, von zeitgenössischen Betrachtern so verstanden wurde und damit den modernen Interpreten aufford ert, ihre vergessene oder als banal verkannte Sprache zu entschlüsseln.

3. Produktions- und Erfolgsbedingungen einer neuen ›Massenkunst‹

Fragt man nach den Produktions- und Vertriebsbedingungen der Revolutionspublizistik, nach ihren thematischen und gattungsmäßigen Schwerpunkten und deren Entwicklung, nach ihren Stechern und Händlern, ihrer gesellschaftlichen Verbreitung und Rezeption, so kann hier mangels ausreichender Vorarbeiten nur eine vorläufige und lückenhafte Antwort gegeben werden.

1789 brach die revolutionäre Bilderflut keineswegs unvermittelt los; sie hatte vielmehr ein traditionsreiches Druckgewerbe und eine selbstverständliche soziale Praxis des Bildergebrauchs zur Voraussetzung. Im *Ancien Régime* hatten sich Herstellung und Verkauf von Druckgraphik zu einem wachsenden Gewerbezweig entwickelt, der einerseits von regelrechten Verleger-Dynastien, andererseits von einer großen geographischen und sozialen Mobilität kleiner Stecher und Verleger geprägt wurde. Während die Produktion der großen städtischen Zentren hauptsächlich aus Kupferstichen bestand, stellten Provinzverleger etwa in Chartres, Orléans, Rouen und Caen vor allem volkstümliche Holzschnitte her.[1] Soweit diese mehrere hunderttausend zählenden Bilddrucke des *Ancien Régime* bisher überhaupt grob gesichtet sind, waren sie zwar weitgehend unpolitisch, unterlagen aber vom 17. zum 18. Jahrhundert einer langfristigen Säkularisierung: auf Kosten in erster Linie religiöser Bildblätter, deren Anteil an der Bildproduktion von 30 auf 12 Prozent schrumpfte, mehrten sich besonders Stiche mit Genreszenen (von 6 auf 20%), Naturdarstellungen (von 5 auf 19%) und Porträts (von 18 auf 28%).[2] Doch diese Angaben, die sich auf die Verzeichnisse bestimmter Stecher und Verlegern zugewiesener Blätter stützen, vernachlässigen die noch weithin unkatalogisierte Menge anonymer Druckgraphik und damit zugleich zweierlei: zum einen die Kontinuität der religiösen Bildtradition in der Provinz;[3] zum anderen die politisch-soziale Anklage gegen die Kriege Ludwigs XIV., die Regentschaft des Philippe d'Orléans, die Vertreibung der Jesuiten, die Reformversuche der 1770er Jahre und andere aktuelle Zeitfragen, die – teils aus Holland und Flandern nach Frankreich eingeschmuggelt – durch die Maschen von Zensur und Polizei schlüpften und im ausgehenden Ancien Régime an Heftigkeit zunahmen.[4] Zu letzterem dürfte das Vorbild englischer Karikaturen beigetragen haben, die den Pariser Markt ab 1775 überschwemmten.[5]

Wie stark diese Politisierungstendenz der Druckgraphik im späten Ancien Régime auch gewesen sein mag, jedenfalls waren die Bildflugblätter im 18. Jahrhundert ein so allgegenwärtiges Medium der Erbauung, der Information und der Vergewisserung der Welt, daß man von einem »Jahrhundert des Auges«[6] gesprochen hat. Durchschnittlich in 1200 Exemplaren aufgelegt und zu zehn Sous das Stück verkauft, waren die Kupferstiche – und noch mehr die billigeren Holzschnitte – auch für den kleinen Mann erschwinglich. Ihr Vertrieb und Absatz vollzog sich auf zwei Marktebenen zugleich: während die regelmäßigen Annoncen neuer Stiche in der Presse *(Mercure de France, Journal de Paris, Journal de la Librairie)* und der Ladenverkauf provinzialer Buchhandlungen und der Graphikverleger, die ihre Produktion untereinander austauschten, auf die Schicht der Gebildeten zielte, richteten sich die Bildverkäufer auf den Jahrmärkten und die über Land ziehenden Kolporteure mehr an die kleinen Leute;[7] gehörte doch der seine Bilder ausrufende fliegende Händler zum festen Bestandteil der traditionellen Straßenberufe, wie sie die zeitgenössischen Bilderbögen der *Cris de Paris* idealtypisch darstellten.[8] Und wirklich wurde es z. B. für die Pariser Durchschnittsfamilie im 18. Jahrhundert fast selbstverständlich, mehrere Bildblätter zu besitzen; die Tatsache, daß solcher Bilderbesitz von 1700 bis 1780 bei Tagelöhnern stieg (von 56 auf 61% der Nachlässe), bei den schon früher mit Bildern ›ausgestatteten‹ Dienstboten aber zugunsten vermehrten Buchbesitzes sank (von 56 auf 40% der Nachlässe),[9] belegt einmal mehr die Informations- und Akkulturationsfunktion der Bilder für noch nicht alphabetisierte soziale Schichten.

Diese traditionellen Produktions- und Marktbedingungen der Druckgraphik wurden mit der Revolution nicht beseitigt, aber wenigstens in vierfacher Hinsicht verändert. Begünstigt vom weitgehenden Rückzug der Zensur (von Juli 1788 bis August 1792), gelangte die unterschwellige Politisierungstendenz des späten Ancien Régime zum Durchbruch und prägte nahezu die gesamte Bildproduktion der Revolutionszeit; politische Allegorien, agitatorische Satiren und Karikaturen auf Politiker verdrängten die traditionellen Natur- und Genreszenen wie die repräsentativen Porträts der aristokratischen Oberschicht. Getragen wurde dieser tiefgreifende thematische Umbruch nicht von revolutionären Propagandaabsichten (Auftragsgraphik blieb die Ausnahme), sondern von freien, profitorientierten Entscheidungen der Verleger, die sich der Nachfrage anpaßten. Die Politisierung entspricht also letztlich den von der Revolution teils freigesetzten, teils neu geweckten gesellschaftlichen Bedürfnissen.

Eng damit verbunden war eine Aktualisierung der Bildpublizistik; ihr verstärktes Eingreifen in die Diskussion der politischen Tagesfragen verlangte beschleunigte Herstellung und Veröffentlichung. Da die im Ancien Régime übliche aufwendige Kupferstichtechnik dies nicht leisten konnte, griffen die Bildermacher weitgehend auf das viel schnellere Verfahren der Radierung zurück. Hatte die Herstellung eines Kupferstichs Monate gedauert, so konnte nun die Radierung ein aktuelles Ereignis binnen zehn Tagen kommentieren. So besprach die Presse schon am 2. Juli 1791 Karikaturen zum Fluchtversuch der königlichen Familie, der am 22. Juni in Paris entdeckt worden war.[10]

Eine ganze Reihe etablierter Pariser Graphik-Verleger, die es versäumten, sich rechtzeitig auf diese veränderten Produktionsbedingungen und Techniken umzustellen, erlitten 1788/89 so große wirtschaftliche Einbußen, daß sie 1790 aufgeben mußten oder sich wie Pierre-François Basan mit einem Restvermögen vom Geschäft zurückzogen.[11] An ihre Stelle traten kleine Bildermacher und unbekannte Neulinge, nicht zuletzt aus dem Nordwesten (Cotentin) zugewanderte Stecher und Händler. Die Revolutionsstiche, die zu vier Fünfteln weder Künstler noch Verleger nennen, stammen also weithin von einer unüberschaubaren Vielzahl obskurer oder bewußt anonym bleibender Autoren und Hersteller. Drei herausragende Bildermacher mögen die Spannbreite des ›revolutionierten‹ Gewerbes markieren.

Villeneuve in Paris, der sich »Graveur« nannte und seine Werkstatt in der rue Zacharie-St. Séverin hatte, einer Seitengasse der rue Saint-Jacques, vereinigte in einem handwerklichen Ein-Mann-Betrieb revolutionäre Überzeugungsarbeit mit überragender künstlerischer Qualität. Zeichner, Stecher, Drucker und Händler in einer Person, scheint er sich ganz auf die eigene Produktion konzentriert zu haben. Seine anspruchsvollen und sorgfältigen allegorischen Radierungen – meist Aquatintablätter – zeichnen sich ebenso durch Originalität, Grundsätzlichkeit und Hintersinn aus wie durch unmittelbare Sinnfälligkeit auch für den Durchschnittsbürger (z. B. oben Abb. 8 und 9). Offen, kompromißlos und geradlinig propagierten sie freiheitliche, egalitäre und republikanische Überzeugungen, die der demokratischen Basiskultur der Sansculotten nahestanden.

Le Joli Moine
Profitant de l'occasion)

Anders André *Basset*, einer der Hauptverleger in der rue Saint-Jacques. Ganz Kaufmann, stellte er sich jeweils auf das ein, was ›gut ging‹; hatte er vor 1789 mit unverfänglichen Bilderbogen[12] sowie pan-egyrischen Blättern auf Ludwig XVI. begonnen und gelegentlich einen Raubdruck riskiert, so wurde er 1789–1794 durch die Massenproduktion flüchtig kolorierter revolutionärer Karikaturen und Serien von Schmuckplakaten ein reicher Mann, um sich dann unter Napoleon auf Bilderbogen, besonders in Form von Gänsespielen, über die »Grande Armée« und ihre Heldentaten zu verlegen. Als geschäfts-tüchtiger Verleger und Kaufmann mit Sinn für das Volkstümliche, der er in erster Linie war, ließ Basset von ungenannten Angestellten auch erfolgreiche Blätter kopieren. Eine seiner antiklerikalen Karika-turen vom Februar 1790 (Abb. 15) zeigt neben ei-nem politischen ›Rasiersalon‹ auch sein Geschäft mit dem Firmennamen »Au Basset« (auf dem La-denschild der gleichnamige englische Rassehund) so-wie der selbstironischen Beischrift: »Geschäft mit schlechten Abzügen, wo man manchmal auch gute Blätter findet.« Zugleich werden die beiden Grund-formen des Bilderverkaufs dargestellt: während das

Schaufenster im Freien die Produktion (hier Spott-blätter auf Kleriker, Stutzer usw.) öffentlich aus-stellt, um die Passanten in den Laden zu locken, vertreibt ein fliegender Händler die Bilder in den Straßen der weiteren Umgebung; hier ruft er gerade Bassets Kopie einer der erfolgreichsten Karikaturen der beginnenden Revolution aus (s. o. Abb. 1).

Die Rolle Bassets als Großverleger, die auch die Erfolgsbedingungen der weniger bekannten Pariser Bildermacher sichtbar werden läßt, erfüllte Jean-Baptiste *Letourmi* in der Provinz. Aus der Norman-die nach Orléans zugewandert, dort ab 1779 durch Modeblätter, Darstellungen der Montgolfieren und besonders religiöse Wandschmuckbilder zu Reich-tum gelangt, stellte er sich ab 1789 als einziger Provinzverleger ganz auf revolutionäre Bilder um. Die in seiner Werkstatt von hervorragenden Form-schneidern vorbereiteten Drucke waren durchweg gefällig kolorierte Holzschnitte, oft Umsetzungen erfolgreicher Pariser Radierungen (s. o. Abb. 5). Le-tourmi vertrieb diese Produktion über etwa 100 Auslieferungsstellen in ganz Frankreich, in Paris z. B. über den Stecher und Bilderhändler Jacques-François *Chéreau*, ebenfalls in der rue Saint-Jac-ques.[13]

Wie diese Beispiele andeuten, wurde die Druck-graphik mit der Revolution in viel stärkerem Maße zu einem Massenphänomen, als sie es im Ancien Régime gewesen war. Darauf deutet schon die Zahl der erhaltenen Blätter: allein der Katalog der Sammlung Hennin in der Pariser Nationalbibliothek verzeichnet für die Jahre 1785 bis 1796 5300 Nummern, und die in Vorbereitung befindliche Videodisk-Dokumentation der gleichen Institution wird etwa 35000 Blätter enthalten, zum allergrößten Teil Radierungen. Genaue Auflagenziffern sind zwar nicht in allen Fällen belegt, doch dürften die 1000 Stück, die sich der Wohlfahrtsausschuß 1794 bei den von ihm in Auftrag gegebenen Propagandablättern zur Regel machte, einen Mittelwert markieren; ansonsten bewegten sich die Auflagenhöhen in der Regel zwischen 300 und 10000 Stück.[14] Wenn man berücksichtigt, daß viele und oft gerade die politischen Blätter mehrfach nachgestochen und kopiert wurden, so ergeben sich für Allegorien wie den *Großen Schritt* vom *Ancien Régime* des Despotismus zur neuen Zeit der Verfassung (s.u. Abb. 178) oder den *Calculateur patriote* (s.u. Abb. 179) Gesamtauflagen von mindestens 6000 Exemplaren. Daß von Vérités royalistischem Blatt über den letzten Abschied Ludwigs XVI. von seiner Familie Ende 1794, wie ein Polizeibericht dem Innenminister meldete, 50000 Stück verkauft worden seien,[15] ist mit Vorsicht aufzunehmen. Doch erreichten wenigstens die in maßgeblichen Zeitungen der ersten fünf Revolutionsjahre veröffentlichten Stiche Auflagen von 15000–20000 Stück, teilweise sogar erheblich mehr; das gilt vor allem für die Illustrationen der radikalrevolutionären Blätter von Louis-Marie Prudhomme *(Révolutions de Paris)* und Camille Desmoulins *(Révolutions de France et de Brabant)*, im geringeren Maße aber auch für die gegenrevolutionären Organe *Actes des Apôtres* und *Journal de la cour et de la ville*, genannt *Le petit Gautier*.

Die Preise[16] der meisten Radierungen lagen entsprechend niedrig. Mit etwas über fünf Sous war eine durchschnittliche revolutionäre Karikatur nicht wesentlich teurer als eine Flugschrift oder die tägliche Brotration eines Arbeiters. Selbst ein so großes und detailreiches Blatt wie Bassets *Nationalspiel*, das der Verleger in Packen von 20 Stück zum Pauschalpreis von fünf Livres an die Händler abgab, kostete im Einzelverkauf, nachdem der Händler 30 Prozent aufgeschlagen hatte, nicht mehr als acht Sous,[17] belastete also den schmalen Geldbeutel des kleinen Handwerkers nicht über Gebühr.

Als neuartige politische Massenware erwiesen sich die revolutionären Bildblätter auch durch die Ausweitung und Intensivierung ihres Verkaufs – jedenfalls, soviel wir bisher wissen, in Paris. Hier fungierten die rue Saint-Jacques und die anschließenden Gassen westlich der Seine gegenüber der Ile de Saint-Louis nach wie vor als Zentrum nicht nur des Drucks, sondern auch des Ladenverkaufs: damals enge Straßen, in denen sich den ganzen Tag die Menschen drängten; zwischen Pont Neuf und Sorbonne gelegen, umgeben von Kirchen, Schulen und Flugschriften-Druckereien, bildeten sie einen Kommunikationsschwerpunkt der volkreichen Innenstadt.[18] Da aber der dortige Ladenverkauf und der Vertrieb durch fliegende Straßenhändler die wachsende Nachfrage nach politischen Karikaturen offenbar nicht mehr ausreichend befriedigten, vermehrten sich die Bilderbuden an der Seine, besonders an ihren westlichen Uferpromenaden. Das beobachtete Campe im Sommer 1789; das bestätigte 1790 ein Revolutionskritiker, indem er »die widerlichen Karikaturen, welche die Quais bedecken«, zum Problem der Straßenreinigung erklärte;[19] und das bezeugte noch für die Direktorialzeit ein deutscher Paris-Reisender wie der Hamburger Domherr Meyer, als er berichtete, der Quai de Voltaire gegenüber dem Louvre gleiche »einer Ausstellungsgallerie von Kupferstichen. An den Wänden der Gebäude haben die Kunsthändler ihre Waaren aufgehängt: viele treffliche ältere und neuere Blätter, aber auch viel Ausschuß.«[20] Der Marquis de Ferrières aus dem Poitou, 1789–1791 Abgeordneter der Nationalversammlung, behielt einen bleibenden Eindruck von der »Überfülle an Karikaturen«, die darüber hinaus auch »auf den Boulevards und auf allen öffentlichen Promenaden dem Volk zur Schau dargeboten werden«.[21] Und als der revolutionsbegeisterte Komponist und Publizist Reichardt im März 1792 an den Tuilerien und am Palais Royal vorbeikam, war es für ihn und seine Freunde selbstverständlich, vor dem Mittagessen rasch »noch etwas Geld in einigen Kupferstich- und Bücherbuden« anzulegen.[22]

Reichardts publizistischer ›Einkaufsbummel‹ von den Uferpromenaden der Seine zum Palais Royal ist bezeichnend. Denn er führt zum zweiten neuen Umschlagplatz der Revolutionsgraphik, wo deren Verbindung mit der neuen politischen Öffentlichkeit besonders deutlich wird. Ging doch von den fast ständigen spontanen Diskussionsrunden im weiten, gartenähnlichen Innenhof des Palais Royal wie in den Café- oder Clubräumen der ihn umschließenden Arkaden spätestens seit dem Frühjahr 1789 eine besonders militante und breitenwirksame revolutionäre Meinungsbildung aus. Dazu dürften Karikaturen und Agitationsstiche wesentlich beigetragen haben, denn Bilderläden gehörten ebenso zum festen Bestand des Palais Royal wie Schenken, Flugschriften- und Zeitungsstände oder die Gesangsdarbietungen der Société du Caveau. Wer hier Druckgraphik feilbot, verkaufte in der Regel zugleich auch Bücher. So organisierte der Buchhändler Desenne in seinem Laden im Palais Royal 1789 eine Art Club, wo er dem Publikum ständig die neuesten Karikaturen vorführte.[23] Und in dem Laden Nr. 223 konnte sich bis August 1792 der gegenrevolutionäre Graveur und Verleger Webert halten; nach einer Presseannonce seines politischen Freundes Boyer-Brun bot Webert z. B. im Februar 1792 Spottbilder auf die Französische Revolution sowie eine »Sammlung neuer Karikaturen, zur Zeit sechsundfünfzig Blätter«, an.[24] Neben diesen politischen Bildern wurden im Palais Royal freilich auch illustrierte pornographische Drucke angeboten, welche die Polizei immer wieder beschlagnahmte, ohne sie verhindern zu können.[25]

Gemeinsam bedeuteten die skizzierten revolutionären Veränderungen der Bildpublizistik – ihre Politisierung, Aktualisierung, technische Beschleunigung und größere verlegerische Streuung, die Akzentuierung ihres Massenwarencharakters und ihre verstärkte Öffentlichkeit – einen bemerkenswerten Demokratisierungsschub. Auch wer die revolutionären Karikaturen nicht kaufte und in seinem Zimmer aufhängte, konnte sich ihrer öffentlichen Wirkung nicht ganz entziehen, jedenfalls in der Hauptstadt; er sah die Bilder überall, nicht nur in den Auslagen der Verleger, auf den Promenaden und im Palais Royal, sondern auch in Schenken, Gaststätten und Cafés, in den Räumen der Sektionen und politischen Clubs, in den Amtsstuben der neuen Verwaltungen. Trotz mancher Übergangserscheinungen handelte es sich insgesamt um eine andere und auch für ein anderes Publikum bestimmte Druckgraphik als im *Ancien Régime*. Traditionalisten mochten beklagen, daß fromme Katholiken, gebildete Liebhaber und Sammler kaum noch etwas zu kaufen fanden. Doch was die Druckgraphik der Revolutionszeit gegenüber der des *Ancien Régime* an technischer Perfektion und inhaltlicher Gelehrsamkeit verlor, das gewann sie – vom einfacheren Verfahren der Radierung begünstigt – an Zeitnähe, Sinnfälligkeit und Leidenschaftlichkeit, kurz an Popularität: bei aller Volkstümlichkeit freilich eine Graphik nicht des Volkes selbst, sondern für das Volk. Im Vergleich zur alten scheint die neue Bildpublizistik denn auch ein wesentlich breiteres Publikum gefunden zu haben, vor allem politisch bewußt gewordene Bürger und Handwerker. Aktualität, Sinnfälligkeit, Publizität und Volksnähe der Druckgraphik bedingten sich wechselseitig; als Erfolgsbedingungen der gesellschaftlichen Bildwirkung in der Revolutionszeit bieten sie zugleich Auswahlkriterien für den Interpreten. So sind für eine Sozialgeschichte der Revolutionsgraphik die in den *Révolutions de Paris* veröffentlichten Radierungen unverzichtbar, während die aus Aquatintablättern und Textreportagen bestehenden Lieferungen von François Janinets *Gravures Historiques*[26] – eine Art ›patchwork‹ der Revolution – bereits ein verspätet ereignisgeschichtlicher Kommentar waren und in der revolutionären Bildpublizistik kaum eine aktive Rolle spielten. Vollends die kunstvollen Kupferstiche der *Tableaux de la Révolution Française*,[27] die erst im Juni 1791 zu erscheinen begannen und pro Lieferung sechs Livres kosteten,[28] kultivierten eine distanzierte Ereignisgraphik für eine traditionelle Oberschicht, als habe es überhaupt keinen revolutionären Bilderkampf gegeben.

REVOLUTIONSGRAPHIK ALS SCHMELZTIEGEL HISTORISCHER BILDERFAHRUNGEN

4. Verknüpfung unterschiedlicher Realitätsebenen; Brüchigkeit der Normen

Die Graphik der Revolutionszeit stellt insgesamt eine Meisterleistung an Veränderung und Umkehrung älterer Muster dar. Sie basiert fast durchweg auf den oft jahrhundertelang tradierten Modellen visueller Verlautbarungen von Kirche und Staat, aber auch auf Formen der bildlichen Auseinandersetzung mit diesen Institutionen. Als Medium solcher Einflußnahmen hat die Druckgraphik seit dem späten Mittelalter unterschiedlich fungiert. Oft diente sie als *Propagandainstrument*, ja als sinnliche Instanz verborgener, höherer Gewalt oder abstrakter Glaubenswahrheiten; oft genug auch hat sie ›Öffentlichkeit‹ im Sinne einer Gruppe argumentierender Bürger erst hervorgebracht, indem sie ihnen ein von allen gefordertes Idealbild, etwa in Gestalt der Allegorie der Freiheit, vor Augen führte und damit ein *Bewußtsein gemeinsamer Interessen* schuf.

Für die Graphik der Französischen Revolution gilt beides; sie wirkte, aufs Ganze gesehen, ebenso von ›oben‹ wie von ›unten‹ her, denn die je herrschenden Gruppen (ob Royalisten, Girondisten oder Montagnards) wie auch die jeweilige Opposition bedienten sich ihrer. Auch in technischer Hinsicht war die Revolutionsgraphik älteren Traditionen verpflichtet. Beim groben Flugblatt wie beim stilistisch anspruchsvollen Dedikationsstich griff man im wesentlichen auf die seit dem ausgehenden Mittelalter bewährten Techniken von Holzschnitt, Radierung und (gelegentlich) Kupferstich zurück. Indem die revolutionäre Druckgraphik sich ältere Muster aneignete, inhaltlich aber zugleich gegen die Vergangenheit zu Felde zog, erzeugte sie eine Art von ›neuer Unübersichtlichkeit‹, die sowohl als Ausdruck der Krise wie auch als Zeichen des Aufbruchs zu neuen Ufern zu verstehen ist.

Unter dem Oberbegriff Druckgraphik verbirgt sich eine höchst komplexe Gattung.[1] Im einleitenden Kapitel war bereits vom Flugblatt, d. h. vom druckgraphischen Einzelstück politischen Inhalts, die Rede. Dies ist innerhalb unseres Mediums jedoch nur ein spezieller Anwendungsbereich. In der Regel diente der Einblattdruck als Andachtsbild oder als Träger profaner Sachinformationen; auch Merkwürdigkeiten aller Art wurden auf diese Weise unter die Leute gebracht. Vielfach entstanden druckgraphische Werke gar nicht als originäre Erfindung des Stechers, Holzschneiders oder Vorzeichners, sondern als ›Bilder nach Bildern‹[2] (d. h. als Reproduktionsgraphik). Unter diesem Aspekt dienten sie u. a. der Verbreitung und dem Studium von Kunstwerken, vor allem innerhalb der Künstlerausbildung. Daß Druckgraphik in besonderem Maße didaktische Absichten verfolgen kann, wird hieran deutlich. Im 17. und 18. Jahrhundert waren ganze Galerien – häufig zu Büchern, sogenannten Galeriewerken, vereinigt – auf diese Art wiedergegeben worden; aber auch Lehrbücher der Pferdezucht, der Botanik oder der antiken Mythologie wurden mit Stichen bebildert und erhielten dadurch den Rang von Musterbüchern, die oft über Jahrhunderte hinweg feste Traditionsstandards setzen konnten. Berühmte Weltchroniken (wie die von Schedel 1493) oder Ansichten fremder Städte (etwa die der beiden Merian) wurden auf diese Weise zu Bildbänden zusammengefaßt. Überhaupt war die Druckgraphik mit Beginn der Neuzeit zum eigentlichen Medium der Buchillustration avanciert; eine Gattung illustrierter Publikationen, die der Emblembücher, wird uns besonders beschäftigen.

Nicht minder jedoch dienten mit Text unterlegte Stiche, ob in Form des Einblattdrucks oder der graphischen Serie, als aktuelles Nachrichtenmagazin, als ›Bildzeitung‹.[3] »Man braucht nur die Hand auszustrecken«, schreibt Mercier, »und hat auf einem Fliegenden Blatt die jüngste, flüchtigste Geschichte der vier Erdteile zusammen.«[4] Mit anderen Worten: Die Bilder kommen zum Betrachter; dieser muß nicht erst mühsam eine Galerie oder eine Bibliothek aufsuchen, um sich belehren zu lassen. Welche Bedeutung die Zunahme der Flugblätter, der satirischen Drucke und der Bildzeitungen im 18. Jahrhundert für den Umgang mit Kunst als einem alltäglichen Gebrauchsgegenstand und damit für den Demokratisierungsprozeß der Gesellschaft hatte, braucht kaum betont zu werden.

Alle diese Traditionen werden in der Revolutionszeit aktualisiert; mit Vorliebe allerdings das *Einzelblatt* (schon weil sich die Stecher nicht mehr an regelmäßig kaufende Kenner, sondern an ärmere Abnehmer wenden). Dies bringt einen Transformationsprozeß mit sich: die Stecher ›zerstückeln‹ die Traditionsreihen, würfeln die überkommenen Muster durcheinander,[5] schaffen beiseite, was ihnen nebensächlich erscheint, oder verstärken, was vorher beiläufig war. Oft liegt gerade in der Mischung das Neue. Um dieses aufzuspüren, werden im folgenden die einzelnen Bestandteile der Mixtur genauer untersucht als bisher geschehen.

Fast alle Themen, Motive und Bildchiffren der Revolutionsgraphik existieren seit dem 16. Jahrhundert; schon 1792 wies Boyer-Brun unter ausdrücklichem Hinweis auf die *deutsche* Reformationsgraphik darauf hin, daß auf diesem Feld Formen und

Inhalte ununterbrochen weitergegeben wurden; man darf also davon ausgehen, daß den Stechern der Revolution der Einfluß der Reformationsgraphik auf das eigene Werk bewußt war.[6] Die Tradition des illustrierten Flugblatts verdichtete sich zunächst in der lutherischen und päpstlichen, dann in der jesuitischen Bildpropaganda, wechselte – begleitet von den ›Bildzeitungen‹ – schwerpunktmäßig zu den ikonologischen Mustersammlungen, Emblembüchern, Galeriewerken und naturwissenschaftlichen Publikationen über, um sich dann, vor der Französischen Revolution vor allem in Holland und England, erneut zu politisieren. Innerhalb des letztgenannten Gebiets, der politischen Ikonographie, die uns in diesem Zusammenhang besonders interessiert, waren Allegorien, sowohl in Form von Einzelfiguren als auch in szenischer Einbindung, ausgebildet worden, z.B. Tugenden, die über Laster triumphieren, aber auch Monster aller Art zur Diffamierung des Gegners. Übernommen werden konnte der antithetische, agitatorische, anklagende Inhalt der Flugblätter, aber auch die oftmals stark abkürzende, abstrahierende Ausdrucksform der Ikonologien, der Impresen- und Emblemliteratur,[7] schließlich die Methode, bestehende Normen durch Bildsatire zu entwerfen.

Fast scheint es, als bleibe an Originalität für die Graphik der Französischen Revolution nicht viel übrig; und doch kommt die »energetische Umwertung« historischer Potentiale (so Aby Warburg)[8] oft erst durch Rückgriffe auf Abliegendes oder längst Abgelegtes zum Vorschein. Diese These von der *Rückgriffsenergie der Revolution* kann nicht umfassend genug dargestellt werden. Aufgegriffen wurden ägyptische Symbole wie das strahlende Auge des Osiris, das römischen Schriftstellern wie Plutarch und Macrobius bekannt war, in der offiziellen Propaganda Ludwigs XIV. wie bei Mystikern und Protestanten Fuß fassen konnte und in der Revolution als Attribut der *Vernunft* und der *Wahrheit* auftauchte.[9] Andere Symbole, wie der Pileus, das altrömische Attribut des befreiten Sklaven, wurden mit der phrygischen Mütze, der Kopfbedeckung des Galeerensklaven, vermengt und zum Zeichen der Freiheit erkoren (wobei die Mütze, analog zum Geßlerhut, umgekehrt den Charakter einer Zwangskappe zur Demütigung des Königs annehmen konnte). Auch der *Freiheitshut* (Abb. 16) war längst eingeführt; schon in der *Iconologia* des Cesare Ripa kommt er vor.[10] Das schönste vorrevolutionäre Beispiel in Frankreich ist wohl Saint-Nons *Libertas krönt Franklin* von 1778 (Abb. 17).[11] Wird der Hut,

Abb. 17: J. C. R. de Saint Non, Franklin wird von der Freiheit gekrönt. Aquatinta-radierung, 249 × 200 mm, 1778. Paris BN (Série N)

Dessiné & gravé par M. L'Abbé de Saint

wie im letztgenannten Beispiel, auf eine Stange gehoben, so kann er sich wiederum mit der Tradition
des Maibaums verbinden, der auf Volksfesten üblich
war, und kann nun zu dem mit einem *bonnet rouge*
geschmückten Freiheitsbaum mutieren.[12] Seit Jahrhunderten geläufig waren Motive wie die *Waage der
Gerechtigkeit* (oft als *Menschenwaage* eingesetzt),
der *Felsen* als Zeichen der Beständigkeit oder der
Widerstandskraft, das *Schiff*, welches den Staat oder
die Kirche, Monarchen oder Gläubige durch wilde
Gewässer trägt, das *Auge der Vorsehung* und vieles
andere mehr.

Traditionen dieser Art waren freilich ambivalent, denn sie konnten die Neuheit der revolutionären Ideen verdecken oder, als Ausdruck esoterischer Gelehrsamkeit, dem populistischen Anspruch der Revolution zuwiderlaufen. Darum wurde z. B. die Freiheitsmütze gegen den Willen von Robespierre und Pétion eingeführt, und Fabre d'Eglantine sprach sich offen gegen die Magie von Bildsymbolen aus.[13] Aber das Neue bedurfte einer Beglaubigung, es mußte von der Natur selbst gedeckt sein oder wenigstens als natürlich, als ›schon immer dagewesen‹ und nur vorübergehend unterdrückt, erscheinen; kurzum, das Neue bedurfte der Legitimation durch das Alte. Daher konnten sich ungewohnte Allegorien wie etwa die 1782 erfundene *Philopatrie*[14] oder selbst die *Fraternité*, welche 1792 innerhalb der freimaurerischen Trias *Liberté, égalité, obéissance* das Gehorsamspostulat ersetzte, kaum durchsetzen.

Den Widerspruch zwischen der Magie der Zeichen und der Rationalität der Inhalte, die durch sie gefestigt werden sollten, konnte die Revolution um so weniger überwinden, als ihre Protagonisten selbst an einer neuen Geheimsprache interessiert sein mußten, um sowohl die Esoterik der Freimaurer als auch die katholische Symbolwelt beerben zu können.[15] Bezeichnend für die Rückgriffslust der Revolutionszeit ist schon die Tatsache, daß ihre Bilderfindungen mit dem Wort »emblème« eingeführt und mit den Worten »abstraction, abstrait« bekämpft werden.[16] Mit dem Stichwort *Emblem* wird eine Gattung aufgerufen, die im Absolutismus ihren Höhepunkt erreicht und der Festigung des Gottesgnadentums und des katholischen Glaubens gedient hatte; mit *Abstraktion* wird deren spezifische Schwäche, der Mangel an Verständlichkeit und Realitätsbezug, behutsam benannt.[17]

Wie verzwickt sich diese Rückgriffsstrategie und das Bedürfnis nach Legitimation aus der Vergangenheit darstellt, mögen im folgenden einige signifikante Einzelblätter belegen, die zugleich eine erste Antwort auf die Frage nach der dennoch innovativen Leistung der Revolutionsgraphik geben. In erster Linie, noch vor der Emblematik, ist da die Tradition der allegorischen Personifikation zu beachten. Diderot hat in der *Encyclopédie* die Embleme von den allegorischen Personifikationen oder Handlungen unterschieden, allerdings wenig konsequent, so daß er den Vermischungstendenzen der Revolution in diesem Punkt Vorschub leistete.[18] Mit seiner Warnung vor einem exzessiven Gebrauch

der Allegorien wie auch mit seiner Mahnung zur Einfachheit[19] hat er die moderne Kritik an gewissen Erscheinungen der Revolutionsgraphik vorweggenommen; mit der Beanstandung des hieroglyphischen oder rätselhaften Charakters der allegorischen Zeichen, die doch einen komplexen Sachverhalt der Phantasie zugänglich machen sollten,[20] hat Diderot heutigen Analysen vorgegriffen. Zugleich hat er der revolutionären Allegorese wichtige Impulse gegeben; mit seiner Forderung nach einer *kritischen Ikonologie*[21] hat er spätere Werke, vor allem die *Iconologie* von Cochin und Gravelot, geradezu provoziert.

Allegoriensammlungen gab es seit dem 16. Jahrhundert. In der *Iconologia* des Cesare Ripa von 1603 wurden über 400 Musterbeispiele publiziert, die im 17. und 18. Jahrhundert zwar variiert, aber nicht grundsätzlich verändert wurden; 1638/39 brachten Baudoin, 1791 Gravelot und Cochin eigenständige und zeitgemäße Varianten heraus, die auf die Revolutionsgraphik einwirkten. Ergänzend dazu waren in anderen, oft kabbalistischen, Werken ägyptische oder griechisch-römische Gottheiten abgebildet. Unter ihnen steht die Allegorie der Natur obenan. Sie wurde häufig in der Gestalt der ägyptischen Göttin Isis dargestellt. Ein Stich G. Marcels von 1686 zeigt die Druidengrotte von Chartres mit der *Isis Multigamma* (Abb. 18). Dieser Kult der vielbrüstigen Fruchtbarkeitsgöttin (die als *Artemis von Ephesos* auch im griechisch-römischen Kulturkreis eine bedeutsame Rolle spielte), hatte in Paris eine eigene Tradition. Daß Isis die ›Zeugungsgöttin‹ der Stadt war und ein Heiligtum auf der *Ile de la Cité* besaß, verfochten Gilles Corrozet seit 1532 und nach ihm Aufklärer wie Court de Gébelin und andere.[22] Alexandre Lenoir schrieb im Jahre 1800: »Wir finden Isis mit all ihren Attributen in der christlichen Jungfrau Maria wieder (...). Kein Wunder, daß wir unsere Gotteshäuser mit den gleichen Emblemen geschmückt sehen, die sich an den ägyptischen Isistempeln finden.«[23] Diesen Autoren galt Notre-Dame als »Iséum«, während der Illuminist und spätere Girondist Nicolas de Bonneville aufgrund der Lautverwandtschaft einen Isistempel in Issy bei Paris vermutete.[24]

Der Isiskult erlebt also zur Zeit der Französischen Revolution einen Höhepunkt, und die Druckgraphik ist das Medium, in dem dieser Kult verbreitet und anschaulich ›bewiesen‹ wurde. So ist es nicht erstaunlich, daß David dem *Brunnen der Erneuerung* auf dem Platz der abgerissenen Bastille 1792 die Form einer sitzenden Isisstatue gab (Abb. 19), wie sie bei Enea Vico 1559 und, stehend, bei Montfaucon 1724 graphisch überliefert war.[25] Aber zur Göttin der Vernunft konnte Isis nur durch intellektuelle Manöver werden, die eine gewisse Vernachlässigung des anschaulich Vorgegebenen beweisen. Anläßlich der Weihe von Notre-Dame zum *Tempel der Vernunft* wurde diese neue Göttin am 10. November 1793 in den Formen einer Isisstatue auf

La Fontaine de la Régénération

Sur les débris de la Bastille, le 10 Aout 1793.

Paris chez l'éditeur, rue Honoré N.° 1497. Section Butte des Moulins.

einem Felsenhügel im Inneren der Kirche inszeniert – ein Ereignis, das in der Druckgraphik propagiert wurde.[26] Auch das *Monument der Natur* in
dem zum *Tempel der Vernunft* bestimmten Straßburger Münster, wiederum druckgraphisch überliefert, wurde als Isisstatue gestaltet (Abb. 20). Eindeutig wird hier der Chartreser Typus aufgegriffen,
allerdings mit dem bezeichnenden Unterschied, daß
das Monument sich nicht mehr in einer Grotte verbirgt, sondern auf dem Gipfel eines Felsenpodests
ausgestellt wird.[27] Auch als Begleitfigur der Allegorie der Gleichheit taucht eine der vielbrüstigen Isis
verwandte Personifikation gelegentlich auf, in einem jakobinischen Bürger-Katechismus wird sie sogar popularisiert.[28] In all diesen Beispielen bestätigt
sich die These einer *Dialektik der Aufklärung*: Der
Kult der Vernunft ließ sich ohne ein hohes Maß an
Gefühlskoeffizienten nicht inszenieren. Dies aber
war ohne einen erneuten Durchbruch mythischer
Vorstellungen nicht zu leisten, die dann zu solch wi-
dersprüchlichen Fusionen führen mußten.

*Monument élevé à la Nature dans le Temple
de la Raison à Strasbourg la 3.me décade
de Brumaire l'an 2 de la République.*

29

Abb. 21: Herkules
als Tugendheld.
Holzschnitt, aus
Andrea Alciati,
Emblemata 1531/
1880, Nr. 138

Abb. 22 (rechts):
Herkules besiegt die
Hydra. Kupferstich
145 × 82 mm, aus
Ménestrier 1662/
1979, 141

Die Druckgraphik, als das eigentliche Medium dieser neuen Verbindungen, veranschaulicht auch die Fortentwicklung der alten Freiheitsallegorie zu der der Republik.[29] Mit dieser wiederum verknüpft sich das Bild des *Herkules*, einer alten Tugend- und Herrscherallegorie, die nun sowohl für das neue französische Volk als auch für die ›radikal‹ erneuerte französische *Republik*[30] stehen kann. Schon bei Alciati gilt der stehende, von seinen zwölf Arbeiten ausruhende Herkules (Abb. 21) als Inbild der Tugend und der Überwindung aller nur denkbaren Laster; aber er erscheint (in Form eines Medaillons) auch schon neben einer Pappel (*Populus alba*), die dann in der Revolution, aufgrund des Namens, zum *Volksbaum* avancierte.[31] Rabelais ist bereits die Vorstellung geläufig, daß Herkules »die Welt von Ungeheuern und Tyrannen säuberte«.[32] Im 16. und 17. Jahrhundert steht Herkules jedoch in ganz Europa für die ordnungsstiftende Leistung des absoluten Herrschers; Maximilian ließ sich als *Hercules Germanicus*, François I. als *Hercule gaulois*, Gustaf Adolf als *Schwedischer Hercules* darstellen.[33] Auf Ludwig XIV. anspielend, schrieb der Emblematiker Ménestrier 1662: »Es ist unnötig, darauf hinzuweisen, daß der Held, den dieser Herkules (Abb. 22) darstellt, unser Monarch ist, und (...) seine unermüdlichen Arbeiten (...) sind Grund genug, ihn mit diesem Halbgott zu vergleichen.«[34] Bei van Veen (den Diderot in der *Encyclopédie* zitiert) tritt Herkules, als Überwinder der Hydra, in Verbindung mit dem Tod auf, da erst dieser den Neid endgültig besiege; bei Cochin und Gravelot verkörpert er, bereits unabhängig vom Herrscher, Stärke und Mut.[35] Diese Bedeutungen werden nun, mit der Revolution, dem französischen Volk unterlegt, so daß Herkules in Davids und Moittes Zeichnungen zu einer gigantischen Statue des französischen Volkes[36] als Summe dieser Tugenden auftreten kann; in Medaillons mit dem girondistischen Wahlspruch »Einheit und Stärke« verkörpert Herkules die Nation.[37]

Auch werden neue Taten ersonnen, die Herkules zum Ruhme Frankreichs vollbringt; so gelingt es ihm, das königliche Szepter zu zerschlagen, während er vergeblich versucht, ein Faszienbündel, das Emblem der Einheit, zu brechen.[38] In einem Aquatintablatt Hennequins schnipst ein riesenhafter Herkules zwergenhafte Vertreter der beiden oberen Stände durch die Luft.[39] In den *Révolutions de Paris* erscheint der Heros, in Form einer Radierung, als Grenzwächter Frankreichs, der das Land gegen die feudalistischen Potentaten schützt (Abb. 23). Da das Projekt in monumentaler Gestalt nie ausgeführt werden konnte, ist die Graphik wiederum das einzige Zeugnis dieses Vorhabens. Herkules tritt hier in voller Aktion auf; die allegorischen Vorbilder werden also aktualisiert und politisiert, wofür freilich die Historienmalerei (wenigstens seit Rubens) als Bindeglied diente. Eine szenische Allegorie hatte David unter dem Titel *Die Revolution in Nantes 1790* geplant, und auch sein wohl für die Oper bestimmter Entwurf *Der Triumph des französischen Volkes* versucht den allegorischen Zug durch Handlungsabschnitte (Überwindung des Feudalismus) zu verlebendigen;[40] aber erst Hennequin brachte dieses Genre, mit seinen graphisch überlieferten Projekten *Frankreichs Erneuerung durch die Verfassung* (Abb. 24) und *Der Lyoner Aufstand, durch den Genius der Freiheit niedergeworfen* (letzteres allerdings nur in einer Zeichnung überliefert) zur Vollendung.[41] Die *Erneuerung* zeigt links den durch die *Verfassung* erstarkten Franzosen in Gestalt eines jugendlichen Heroen, rechts die Allegorien des Fanatismus, der Überheblichkeit und der blindwütigen Torheit, deren Angriffe erfolgreich pariert werden. Übrigens haben wir es nicht mit einem bloßen Propagandablatt zu tun; die *Verfassung* verhüllt ihr Haupt und macht damit auf die schwierige Situation Ende des Jahres 1793 aufmerksam: der Sieg der Revolution ist infolge der zunehmenden Bedrohung von außen, die Truppenaushebung und Diktatur im Innern zur Folge hat, in Frage gestellt. Der Form nach handelt es sich um eine fiktive, phantasiereiche Rekonstruktion der in den Akademien tradierten antiken Gruppe des »Sterbenden Galliers«, ergänzt um eine Allegorie der Verfassung, deren verhülltes Haupt, ebenso wie der Kampf selbst, anzeigen soll, daß der Sieg noch nicht erfochten, die Erneuerung noch ungewiß sei. Das Blatt ist mehrfach überkodiert und in der verbalen Redundanz den Emblemen nicht unverwandt; wie dort Motto und Beischrift sich gelegentlich überschneiden, so hier die Feststellung, die gegnerischen Waffen prallten stumpf vom Schild des Gesetzes ab. Was die Komposition angeht, so haben wir eine Zusammenstellung von Statuen vor uns, die im Grunde nur durch den metaphorisch verstandenen Hintergrund zur Szene vereint wird, durch den Strahlenkranz und das Felsengebirge. Die beiden entscheidenden Instanzen der ›hohen‹ Kunst zur Zeit der Revolution, Natur und Antike, sind damit aufgerufen.

Statue Colossale proposée par le journal des Révolutions de Paris, pour être placée sur les points les plus éminens de nos frontières.

Abb. 23: Das Volk in Gestalt des Herkules vernichtet die Könige. Radierung, 100 × 142 mm, aus Les Révolutions de Paris, Nr. 217, 10.–18. Frimaire des Jahres II (30. November– 8. Dezember 1793)

Sous les traits d'un jeune homme ardent et plein de vigueur, le Français regénéré par la Constitution, s'attache à elle, et vole au bonheur, tandis que le fanatisme aveugle, l'orgueil, et la féroce ignorance émoussent leurs traits contre son égide.

A Lyon, chez L'Auteur, Maison Negrat, aux Brotteaux et chez Allier et Comp.e Place des Terreaux, N°. 169. A Paris, chez Sauvage, M.d d'Estampes, Quai Voltaire 9.

Abb. 24: Philippe-Auguste Hennequin, Die Erneuerung Frankreichs durch die Verfassung. Radierung, 350 × 480 mm, Ende 1793. Paris, BN (Histoire de France, 14. September 1791)

Ein Problem bleibt bei Darstellungen dieser Art auf der Strecke: der gefühlsmäßige Zusammenschluß der Gestalten, der noch für Diderot der eigentliche Motor des Kunsterlebnisses gewesen war. Daran arbeitete Prud'hon in seiner *Französischen Verfassung, die auf der unverrückbaren Grundlage der Menschenrechte und der Bürgerpflichten auf der Weisheit beruht* (Abb. 25). Minerva bindet (durch Handauflegung) das *Gesetz* und die *Freiheit*, die wiederum der *Natur* die Hand reicht. Im Verzicht auf das Pathos eines Hennequin oder David erreicht Prud'hon eine Lösung, die im Grunde Rokoko und Romantik, gleichsam unter Ausschluß des

Abb. 25: Copia nach Prud'hon: Die französische Verfassung. Kupferstich, 450 × 536 mm, 1793. Paris, BN (Histoire de France, M 100915)

revolutionären Pathos, vereint: Während die tändelnde Bewegung der Natur noch die Anmut des Rokoko suggeriert, nimmt der Gesichtsausdruck der übrigen Figuren (und selbst der Katze) schon die Sentimentalität von Abziehbildern des Biedermeier an. Ikonographisch handelt es sich noch immer um eine klassische Zusammenstellung, in der Form aber hat eine an Greuze orientierte Zurschaustellung bürgerlicher Privatgefühle Platz gegriffen, die den öffentlichen Charakter revolutionärer Tugendinszenierungen völlig fahren läßt. Insofern ist mit diesem 1793 entstandenen Kupferstich Copias ganz entschieden ein virtueller Schlußstrich unter die Revolutionsallegorese gesetzt. Allerdings zeigt das Nebeneinander der unterschiedlichen Lösungen bei David, Hennequin und Prud'hon auch etwas von der Vielfalt der Ausdrucksmöglichkeiten der angeblich so gegängelten Druckgraphik dieser Zeit.

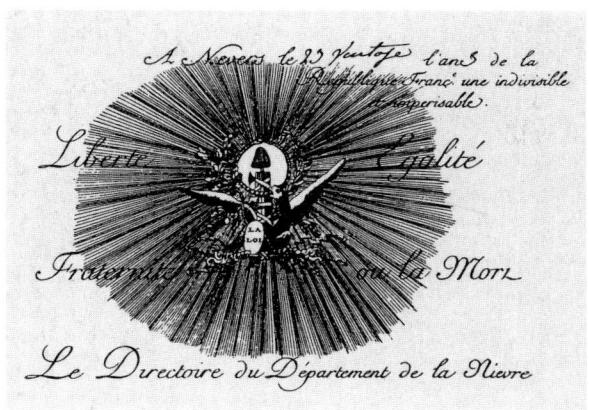

Die Frage der Traditionsbindung und ihrer revolutionären Umwidmung betrifft selbstverständlich nicht nur die Personifikationen. In den abstrakteren Bildzeichen – Insignien und Vignetten zumal – tritt der Gegensatz von absolutistischer Herkunft und revolutionärer Wirkung sogar deutlicher zutage. Vorab zwei Beispiele: Ein kurz vor der Terrorherrschaft, im Sommer 1793 entstandenes Blatt (Abb. 26) zeigt über einer Basis mit der Inschrift »Einheit, Unteilbarkeit der französischen Republik« ein Faszienbündel mit Freiheitsmütze und Totenkopf, als Mittelpunkt eine Lanze, links ein Schild mit einem strahlenden Auge (entsprechend der Devise »Freiheit, die Sonne ist das Auge der Bergpartei«[42]) und die Verfassung von 1793, während in der Umschrift Gehorsam für die selbstgewählten Gesetze gefordert wird; rechts ein Schild, wo aus einem Gewitterhimmel die phrygische Mütze auftaucht und die Feinde der Republik zu Boden gestreckt werden; in der Umschrift wird an die Kämpfe aus diesem Anlaß erinnert. Eine andere Vignette (Abb. 27) zeigt einen Adler, der in den Krallen ein Blitzbündel und eine Gesetzestafel hält, auf seinen Schwingen ein Faszienbündel mit phrygischer Mütze und Lorbeerzweigen trägt und von einer Strahlenglorie hinterfangen ist, deren Rund aus der Schlange, die sich in den Schwanz beißt, gebildet wird.[43] So geläufig wie dieses Symbol, das den Kreislauf von Zeit und Ewigkeit meint (Abb. 28), sind auch die anderen Bildzeichen, von denen hier nur der Adler mit Blitzbündel (Abb. 29) hervorgehoben sei. Neu sind nicht die Motive, wohl aber die spezifische Art ihrer Verknüpfung und Aktualisierung. Wir fassen damit Endprodukte einer jahrhundertelangen emblematischen Tradition, die als Wurzel der Revolutionsgraphik bis zum heutigen Tage kaum beachtet wurde.

5. Allegorische Verdichtung unter Rückgriff auf Embleme und magische Zeichen

Die Emblematik, 1531 mit den *Emblemata* des Andrea Alciati inauguriert, unter dem Einfluß der Hieroglyphik wie der Impresenliteratur des späteren 16. Jahrhunderts in ganz Europa mächtig ausgebildet,[1] stellt eine in der Verbindung von Bild und Text neuartige Kunstausübung dar: Ein humanistisch gebildeter Gelehrter lieferte jeweils einen Sinnspruch, den ein Holzschneider oder Stecher in einer bestimmten, festgelegten Art zu illustrieren hatte. Die Summe dieser Bildtexte ergab in Buchform eine Art magischer Summe der Welt und Überwelt. Mit der Verrätselung von Figuren und Gegenständen boten die Embleme den Fürsten und Patriziern zugleich eine Art bildlicher Selbstdarstellung, die geeignet war, ihre Herrschaft sinnfällig darzustellen und moralisch zu legitimieren. In dieser Doppelbedeutung lag von Anfang an ein gewisser Widerspruch: Als verrätselte Zeichen forderten Embleme das Sonderwissen Eingeweihter, vor allem derer, die sie erfunden hatten, und ihrer Auftraggeber. Als Zeichen mit allgemeiner moralischer Sinngebung wiederum enthielten sie eine normative Dimension, die nur einzulösen war, wenn das Geheimnis wenigstens teilweise gelüftet werden konnte. Beidem kommt ein dreiteiliger Erklärungsmodus entgegen: ein intentionales Stichwort, *Motto* oder *Lemma* genannt; ein allegorisch gemeintes Bild, in der Fachsprache als *Ikon* oder *Pictura* bezeichnet; und schließlich ein *Epigramm*, in der Regel ein Zweizeiler, der, nach dem Vorbild der sogenannten *Anthologia Graeca* geformt, die Auslegung von *Lemma* und *Ikon* weitertreibt – eine gewisse Mehrdeutigkeit, die den eigentlichen Reiz des Emblems ausmacht, die moralische Absicht aber bestehen läßt. Die Graphiker der Französischen Revolution neigen nun ganz entschieden dazu, dem Leser diesen eigenen Deutungsspielraum abzunehmen und zu größerer Eindeutigkeit vorzustoßen. Dabei kommen sie indes zu ganz gegensätzlichen Lösungen: Entweder setzen sie auf die eindeutige Wirkung des Bildes und verkürzen den Text, oder aber sie erweitern die Bildlegende (das ursprüngliche Epigramm) und fügen noch innerbildliche Schriftsätze hinzu. Die Vignetten (wie etwa oben Abb. 26) deuteten eine Vorherrschaft des Bildes an; aber in der Mehrzahl der Fälle, in denen ein offizieller Anlaß bestand – wie bei den Stichen, die der Nationalversammlung oder dem Konvent gewidmet waren – dehnte sich das Reich der Schrift gewaltig aus. Die Emblemtradition übte also auch wegen ihrer Verbindung von Bild und Schrift größten Einfluß auf die Revolutionsgraphik aus. Doch bot diese Tradition noch weitere Vorzüge: Mit der humanistischen Gelehrsamkeit der emblematischen Bildsprache stand – trotz aller Bindung an Gottesgnadentum und katholische Kirche – ein weitgehend säkularisiertes Arsenal allegorischer Ausdrucksformen zur Verfügung. Von ihm blieb selbst

Abb. 27: N.-M. Gatteaux/ P.-A. Tardieu, Freiheit, Gleichheit, Brüderlichkeit oder Tod, Holzschnitt, 113 × 191 mm, 1792. Paris, BN (Hennin 11312)

Abb. 26: Die französische Republik. Radierung, Umrandung trikolorefarben koloriert, 80 × 80 mm. Dies Exemplar der Plakette ist von dem Konventskommissar Albitte unterschrieben, 1793/94. Paris, BN (Hennin 11832)

Abb. 28: Crispin de Passe d. Ä., Aus Arbeit entsteht Ruhm. Kupferstich, 99 × 99 mm, aus Rollenhagen 1611/13, I, 80 (Neuausg. 171)

Abb. 29: Adler und Blitzbündel. Kupferstich aus Boria 1581, 49

dann noch genügend Material übrig, wenn man die kirchlichen und herrscherlichen Motive eliminierte. Aber sogar in diesem Bereich, d. h. bei den Personifikationen und Gegenständen, die vormals der Festigung geistlicher oder weltlicher Herrschaft dienten, konnte bei einiger Umwandlungsenergie vieles genutzt werden.

Das erste Beispiel (Abb. 30), eine Aquatintaradierung von Jean-Antoine Duplessis, wurde dem Nationalkonvent präsentiert, wie die elaborierte Bildlegende ausweist. Der Stecher, der sich gleich zweimal nennt, fügt hinzu, daß er auch der Verleger ist; seine Darstellung »ist käuflich in Paris, beim Stecher selbst, in der rue de la Calandre beim Palais Royal, gegenüber der rue St. Eloi No. 11«. Offenbar handelt es sich um eine Auftragsarbeit der protestantischen Kirche, denn über der Widmung des Künstlers finden wir eine zweite, in die Worte gefaßt: »Der französischen Nation, die dankbaren Protestanten.«[2] Wir blicken auf einen tonnengewölbten Innenraum, der sich links zu einer Platzanlage weitet; diese ist nach Berninis Beispiel von einer Kolonnade gesäumt und von Statuen ›Großer Männer‹ (Montesquieu, Voltaire, Rousseau) bekrönt. In dem Doppelgehäuse agiert eine gewaltige, in mehrere Gruppen unterteilte Menge, deren Verhalten nicht leicht zu entziffern ist, weil sich in ihnen unterschiedliche Realitätsebenen unvermittelt begegnen. So lagern im Vordergrund links (neben leibhaftigen Persönlichkeiten, Protestanten, die offenbar der ›realen‹ historischen Sphäre des Jahres II zuzuordnen sind) Allegorien: *Abundantia* (die Fülle) und *Ceres* (die Landwirtschaft), umgeben von *Merkur* (dem Handel) und ergänzt durch eine Bacchantin, die auf Frankreichs Reichtum an Wein hinweisen soll.[3] Im Freien wie im Innenraum stehen Altäre; auf dem einen, nach antikem Vorbild gestalteten, ist das Dankesopfer bereits entzündet,[4] während auf dem anderen, der als Säulenbasis geformt ist, die Menschen- und Bürgerrechte wie ein Gesetzbuch aufgeschlagen sind. Sie werden von einer römisch gerüsteten, mit Helmbusch und Hermelin versehenen Allegorie Frankreichs präsentiert und von der Allegorie der Vernunft oder Philosophie gehalten. Diese gibt das Licht ihrer Fackel dem geflügelten Genius der Freiheit weiter, der eine Fahne mit der Aufschrift »In Freiheit leben oder sterben« trägt; die Fahnenstange ist mit Kokarde und phrygischer Mütze geschmückt. Nichts anderes als die seit der Antike geläufige Fama ist hier, der Bildlegende zufolge, für die Freiheit usurpiert. Überdies wird die phrygische Mütze auch im Freien, im Scheitel des Triumphbogens, von einer allegorischen Gestalt, die ein Faszienbündel führt, gleichsam schützend über die Menge gehalten, während auf der Innenwange darunter Geschichte eingemeißelt ist: Ludwig XVI. leistet hier den Eid auf die neue Verfassung.[5]

Was bis hierher auffällt, ist zunächst ein extremer Traditionalismus, der den Eindruck hervorruft, der Stecher habe in der architektonischen wie in der ikonographischen Gestaltung dieses Blattes geradezu eine *Summe* abendländischer Bildformeln wiedergeben wollen. Sodann begegnen wir einer merkwürdigen Motivüberfrachtung, die verbal oft kaum nachzuzeichnen ist.[6] Auch der Stecher wird der Bildfülle sprachlich kaum Herr; er bringt z. B. den Löwen der *Francia* (als Hinweis auf die revolutionären Streitkräfte) in der Bildlegende nur noch als Nachtrag unter, da er ihn im Kontext nicht mehr aufführen kann.

Wie erklärt sich diese Redundanz an Objekten und Symbolen; warum muß alles mehrfach gesagt, gestützt, bekräftigt werden, so daß der Kern der Sache dahinter fast verschwindet? Offenbar hat dies mit jener Fusion aus Allegorese und Naturalismus zu tun, einer Mischung, die wirkt, als sei kein Verlaß mehr auf gängige Normen, oder als seien diese durch immer neue ›Beweise‹ auf ihren Wahrheitsgehalt hin zu prüfen. Es scheint, als sei mit der Revolution der übliche Bedeutungsgehalt der Gegenstände in seiner Signifikanz bedroht. Welche Bedrohung aber durch diese quantitative Vermehrung und eine ›störende‹ Verschränkung von Symbolen abgefangen werden soll, wird sich erst am Ende erweisen.

Auf der rechten Seite des zentralen allegorischen Aufbaus (zu diesem ›Trophäenbaum‹ gehört auch die am Boden angekettete Allegorie des Fanatismus, die, den Dolch in der Hand, im Begriff steht, ihre Maske fallen zu lassen) finden wir uns abermals mit zwei Szenen ganz unterschiedlicher Art konfrontiert: Im Vordergrund ein Festzug mit teils zeitgenössisch, teils antik gekleideten Protestanten, die der *Francia*, der Bildlegende zufolge, »charakteristische Zeugnisse ihrer Kunst, Wissenschaft und ihres Gewerbefleißes« verehren, ein goldgetriebenes Modell der Bastille, Erzeugnisse der Textilmanufakturen, eine Uhr, eine Armillarsphäre, geometrische Zeichnungen und ein Ruderblatt;[7] ein Veteran (mit der Inschrift »La Loi«) führt den Zug, in dem sich auch Kinder finden, zum Altar der Freiheit, an dem die Erwachsenen den Bürgereid leisten werden. Dahinter, auf Rängen angeordnet (denen auf der Gegenseite die Zuschauer auf dem Dach der Kolonnade entsprechen), die Konstituante, deren Präsident, inmitten des Innenraums, von einem aus den Wolken hervorbrechenden Lichtstrahl erleuchtet wird. Dieses Motiv, wie überhaupt die Absicht des Blattes, religiöse Toleranz zu bekunden, verweist auf ein deutsches Blatt von 1630 zurück (Abb. 31).[8] Allerdings fällt dort der Lichtstrahl des Hl. Geistes nicht auf den Fürsten oder auf den Redner, sondern auf den Gekreuzigten, und wodurch der Redner des Revolutionsstichs eigentlich erleuchtet wird, erfahren wir nicht. Doch spielen Lichtstrahlen dieser Art in der Revolutionsgraphik eine große Rolle, meist allerdings antithetisch verwendet, d. h. gegen die (im übertragenen Sinne verstandene) Finsternis

des *Ancien Régime* abgehoben. Hier dagegen ist anschaulich, aber ohne Übernahme des Inhalts, christliche Bildrhetorik nach barockem Vorbild inszeniert. Was davon übernommen wird, ist der Anschein des Natürlichen – die Wolken, aus denen der Lichtstrahl hervorbricht, verleihen dem Ganzen den Charakter des von der Natur selbst Sanktionierten und zugleich des Mysteriösen, Geheimnisvollen. Diesen Zwiespalt (oder: diese doppelte Fundierung ihres Anspruchs) bringt die Bildlegende mit dem unbestimmten Wort »la Divinité« (»göttliche Vorsehung«) zum Ausdruck. Solche Unbestimmtheiten konnte die Revolutionsgraphik nie aufgeben, aber auch nie bewältigen, mußte sie doch ebenso den aufgeklärten wie den gläubigen Bürger ansprechen –

Robespierre, der Erzaufklärer, wußte sehr wohl, warum er sich gegen den Atheismus erklärte.[9] Der Stich (und das gilt wiederum für die Revolutionsgraphik grundsätzlich) lebt von dieser Verunklärung ebenso wie von der *Mischung der Realitätsebenen*. Bemerkenswert ferner die Ambivalenz der Protagonisten: Wer die Hauptfigur ist, wer den Gnadenakt letzten Endes vollzieht, die römisch gerüstete *Francia* im Zentrum oder die von oben erleuchtete Gestalt im Hintergrund – das soll bewußt offen bleiben. Ein weiteres kommt hinzu: der Redner kann sich nur durch den Lichtstrahl überhaupt ›halten‹; der Strahl allein wertet ihn auf. Die Bildgewichte müssen also durch abstrahierende ›Maßnahmen‹ gegeneinander abgewogen werden; denn, anders als in einem Barockgemälde, ist diese Komposition nicht nur aus komplexen, sondern aus ganz unzusammenhängenden und perspektivisch unverzahnten Teilen gefügt.

Trotz aller Inszenierungskünste und visuellen Verschränkungen aber reicht die bildliche Darstellung offenbar nicht aus; mehr als einmal ist der Betrachter zur Entzifferung des Inhalts auf die Bildlegende

Abb. 30: Jean-Antoine Duplessis, Der französischen Nation von den dankbaren Protestanten gewidmet. Aquatintaradierung, 403 × 597 mm, 1793. Paris, BN (de Vinck 6443)

35

ABBILDUNG WELCHER GESTALT VOR DEM GROSMÄCHTIGSTEN KEYSER CARLN DEM V. UFM REICHSTAG ZU AUGSPURCK IM IAHR CHRISTI MDXXX DEN XXV TAG DES BRACH MONATS CHURFURST IOHANS ZU SACHSEN MARKGRAVE GEORG ZU BRANDENBURG-AHNSPACH HERZOG ERNST ZU LÜNEBURG LANDGRAV PHILIP ZU HESSEN FURST WOLF ZU ANHALT UND DIE FREYEN REICHSSTATE NÜRNBERGK UND REUTLINGEN IHRES RECHTEN UHHALTEN IN DEN SCHRIFFTEN DER PROPHETEN UND APOSTELN BEGRUNDVESTIGTEN UND IN IHREN LANDEN UND GEBIETEN WIEDER AUFGE RICHTETEN EVANGELSCHEN GLAUBENS BEKANTNUS GETHAN UND SOLCHS IN TEUTSCHER UND LATENESCHER SPRACH MIT ALLER FREUDICKEIT UNDERTHANIGST UBERREICHT HABEN

angewiesen. Die Literarizität, genauer, die *Abhängigkeit des Bildes vom Text*, ist ein weiteres Charakteristikum dieser sich so rational gebärdenden Umbruchphase der französischen Geschichte, die das Bild einschließlich seiner magischen Wirkungen zwar brauchte, ihm aber zugleich stärker mißtraute als alle Epochen vorher.[10] Besonders auffallend zeigt sich die Verquickung von Text und Bild in der Vignette unterhalb des Bildfelds, einer Art Altar, auf dem die Büste von Rousseau, dem Verfasser des *Gesellschaftsvertrags*, von einem Strahlenkranz hinterfangen, thront, während zu den Seiten die Allegorien der Freiheit (mit Ölzweig, Schwert und dem besänftigten monarchischen Löwen) und der Gleichheit (mit Richtscheit und Lot) in Bild und Schrift die neue Verfassung als das ›Evangelium‹ der neuen Zeit präsentieren. Auf der Front des Altars wird (als sei es ein Antependium) nicht etwa eine Glaubenswahrheit, sondern eine historische Nachricht übermittelt, nämlich die Geschichte der Unterdrückung und Befreiung der französischen Protestanten. Es ist also in der Vignette, wie in der Hauptszene, eine *Verlaufsstruktur* wiedergegeben: die Revolution wird als Erfüllung der Zeit begriffen, indem unten die Vergangenheit, oben die Gegenwart zur Sprache kommt – auch sie als eine Summe, denn die Widmung von 1793 kommentiert Ereignisse von 1790 und 1791.

Was mit diesem ideologisch so aufgeladenen Stich verbrämt wird, ist übrigens nichts anderes als die nüchterne Tatsache, daß von nun an die Protestanten für die Kosten der Revolution zur Kasse gebeten werden durften. Indem links die Landwirtschaft ins Licht gerückt und in der Bildlegende erklärt wird, daß sie die Quelle allen Reichtums sei, verrät sich ferner, daß die wahre Grundlage des Staatswesens nicht in der Erklärung der Menschenrechte auf der Säulenbasis, sondern in den Getreidebündeln des Vordergrunds zu suchen sei. Es werden also neben den Ideen durchaus auch die Fakten enthüllt und beschrieben. Dieses Nebeneinander gehört zur Doppelstruktur der Revolutionsgraphik nicht minder als das gespaltene Verhältnis zu älteren Bildformeln.

Das *Protestantenblatt* ist kein Einzelfall. Mischungen aus überhöhenden Allegoresen und Realitätsbindungen auf ein und demselben Stich finden sich allenthalben, so etwa in einer Radierung, welche die *Neugliederung Frankreichs* in Départements anstelle der alten Provinzen unter dem Stichwort der Rechtsgleichheit propagiert (Abb. 32). Man könnte sich in die Geographiestunde einer Schule versetzt fühlen, so realitätsnah sind Teile des Blattes gestaltet. Einer Reihe aufmerksamer Bürger werden die neuen Grenzziehungen mit Hilfe eines Zeigestabs erläutert. Können die ›Schüler‹ als reale Personen gedacht werden, so sind die ›Lehrer‹ offensichtlich als Allegorien zu werten und auch von solchen umgeben: die Karte Frankreichs wird von einem geflügelten Genius gehalten, der andererseits die neue Einteilung des Landes mit einem Zirkel vermißt. Dieses Zeichen der Rechtsgleichheit prangt auch auf einem Schilde, den eine weitere Frauengestalt bei sich führt. Daß sie als Statue, mithin als Allegorie, gedacht ist, ergibt sich schon daraus, daß sie auf einem Sockel steht; auch streckt sie nach dem Vorbild antiker Herrschergestalten die Rechte wie in einem Gestus der Mildtätigkeit zum Publikum hin.

Inventions et découvertes du XVIIIᵉ siècle

sammengehöriger Symbole, zu denen auch andere als erzählerische Momente gehören können, ferner die Ordnung der Komposition durch ein gemischtes Kommunikationssystem aus realen und allegorischen Gestalten.

Die stilistischen und ikonologischen Brüche der Revolutionsgraphik, wie sie das *Protestantenblatt* und die *Neugliederung Frankreichs* beispielhaft vor Augen führten, prägen sich in vielerlei Gestalt aus und reichen bis zur Aufkündigung des überlieferten Kontexts. Zwar können einzelne Gestalten oder bedeutungsgeladene Objekte erhalten bleiben, aber ihre Botschaft wird nicht mehr anschaulich vermittelt; es kommt zu einer Krise zwischen Zeichen und Bezeichnetem.[12] Mit anderen Worten: Das klassizistische Bindeglied, das die antikisierenden Fragmente immer noch zusammenhielt, kann entfallen, so daß die Darstellungsinhalte nicht mehr ›funktionieren‹. Was dann entsteht, ist oft ein bloßes Konglomerat, eines jedoch, das für die Kunst der Moderne höchst bedeutsam ist. Jean Clair hat nachgewiesen, daß etwa die Bildwelt eines Magritte ohne Versatzstücke aus Emblemen und Symbolen des 16. und 17. Jahrhunderts kaum denkbar ist.[13] Viele Beispiele der Revolutionsgraphik halten sich in dieser Hinsicht ›zwischen den Stühlen‹. Sie stellen Personen, Ereignisse, Dinge oft nebeneinander, ohne ihnen ein gemeinsames semantisches Dach geben zu können. Aber sie gehen nicht so weit, das so entstandene Gebilde als neue *Form* (im Sinne einer Poetisierung oder Verfremdung der Alltagswelt) zu akzeptieren: der Gegenstand ist künstlerisch noch nicht so gleichgültig geworden, daß er einfach ausgewechselt werden könnte. In der Radierung *Erfindungen und Entdeckungen des 18. Jahrhunderts* (Abb. 33) sind verschiedene Errungenschaften der Zeit, wie Nutzung der Dampfkraft, Umwandlung chemischer Substanzen, aber auch Geräte wie Blitzableiter und Teleskop, oder Experimente wie Weltraumforschung, Erkundung fremder Erdteile, Ballonfahrten, Flugversuche, nebeneinander gestellt; die beiden Frauen im Vordergrund, die Astronomie und Chemie vorstellen, können allenfalls noch durch ihr antikisierendes Gewand als Allegorien gelesen, ansonsten aber ebensogut als Bedienerinnen ihrer Apparate verstanden werden. Die Personifikationen des Erfindungsgeistes sind zu bloßen Statisten geworden.[14] Offenbar ist die geschlossene Welt der Bildallegorese durch das nüchtern aufzählende Verfahren in anderen Erfahrungsbereichen, namentlich naturwissenschaftlichen Lehrbüchern, ›gestört‹ worden; oder: das enzyklopädische Wissen hat den hermetischen Charakter des ikonographischen Systems gesprengt. Die *Encyclopédie* selbst liefert hierfür Beispiele, indem sie handwerkliche Verrichtungen (z. B. von Küfern oder Lederdruckern) in einzelne Abläufe zerlegt oder technisches Gerät nebeneinander aufhäuft.[15]

Vor ihr wird der Altar des Vaterlandes sichtbar. Der Zeigestab der Gestalt, die unterhalb des Genius auf die Karte weist, ist mit einem Auge versehen, das üblicherweise Szepter krönt. Insofern ist auch diese Gestalt allegorisch zu verstehen; sie verkörpert wohl die Wachsamkeit. Ihr zu Füßen liegen Gestalten, welche verschiedene Provinzen darstellen (Lothringen, Bretagne, Artois, Normandie).[11] Kennzeichnend für solche Stiche ist also die freie Kombinatorik unzu-

Hält man gegen solch nüchterne ›Sachbuchillu-strationen‹ eine Aquatintaradierung mythologisch-allegorischen Charakters wie den *Triumph der Bergpartei* von Lélu (Abb. 34), so erweist sich diese Komposition nicht minder als bloße Anhäufung von Personen und Sachen. Am plausibelsten wirkt noch, daß die Bergpartei in Form eines wirklichen Berges veranschaulicht ist. Aber schon diese Grund-idee wird entwertet, indem die auf dem Gipfel, unter einer Eiche sitzende Allegorie der Gleichheit aber-mals einen Berg in Händen hält, das Symbol der

Mieux vaut tard que jamais !

Abb. 35: Besser später als nie! Die Vereinigung der drei Stände. Radierung, 224 × 193 mm, 1789. Paris, BN (de Vinck 2027)

zweiten Blick wird man gewahr, daß Merkur den Zug mit den drei Allegorien anführt, daß sie auf einem »char civique« Platz genommen haben, und daß dieser Zug bereits einen beträchtlichen Weg zurückgelegt hat – ein heiliger Hain, über dem der Tempel der *Concordia* schwebt, war offenbar der Ausgangspunkt. Eine Überfülle an mythischen Gestalten und Bildzeichen vermengt sich wie angehäuftes Strandgut in diesem Blatt – ein Pathos *à la Louis XIV* verbindet sich mit der Nüchternheit der *Encyclopédie*. Während im Lehrbuch die Abstreifung der Überwelt oder der mythischen Verkleidung möglich ist, bleibt sie hier, wie überständig auch immer, erhalten. Andererseits kann die von den Enzyklopädisten ausgelöste Einsicht in die Künstlichkeit der Welt und die Mathematisierung der Realität[16] auch hier nicht länger verdrängt werden. Erst die Besinnung auf die Traditionen der Volkskunst, in denen Champfleury das Bindeglied zwischen der älteren und der Revolutionsgraphik erkannte, oder die Umkehrung der ›hohen‹ Mythologeme durch die ›niedere‹ Sprache der Karikatur, werden dann auch im politisch-didaktischen Bereich der Druckgraphik zur Umkehrung führen. Ausgehend vom *Triumph der Bergpartei* können wir jedoch zunächst zwei näherliegende Lösungen ins Auge fassen. Sie bestehen darin, entweder auf den ohnehin so gefährdeten Bildzusammenhang ganz zu verzichten und die Zeichen getrost sich verselbständigen zu lassen, oder aber die Zerstückelung durch Konzentration auf wenige oder gar ein einziges Zeichen zu mindern – ein Zeichen, das im günstigsten Fall dann auch zum beherrschenden Kompositionsfaktor wird, so daß sich auf diesem Umweg wieder eine bildmäßige Geschlossenheit herstellt.

Die Tendenz zur Verselbständigung zeigt sich etwa in jener Radierung (Abb. 35) der drei Stände, wo innerhalb einer ›realen‹ Landschaft mit Burg und Handelsschiff im Hintergrund, Kanone und Pflug, Anker und Getreide im Vordergrund eine Anzahl Standesinsignien gegeben werden, die dann für das Zentrum eine repräsentative Darstellung der Ständevertreter erwarten lassen. Statt dessen sehen wir sie nur als Bild im Bilde, und zwar innerhalb eines überdimensionalen Dreiecks, das dieses Zeichen der Einheit aus der Königsikonographie aufnimmt.[17] Obendrein wird die Spitze von einer Mitra, einem Krummstab und einem Kreuzstab bekrönt. Damit ist die ›Natürlichkeit‹ der Szene gesprengt; offensichtlich hat sich das Zeichen als bildbeherrschende Größe aus der Emblemtradition durchgesetzt. Mit der Banderole »Freiheit, Eigentum und Verfassung« oberhalb der Ständevertreter und der Unterschrift »Alle sind Bürger« hat sich, wenngleich verkümmert, auch die emblematische Trias von *Lemma*, *Ikon* und *Epigramm* gehalten.

Montagne (oder ihr »Emblem«, wie es in der Beischrift heißt), während auf einem Schild, links darunter, ein drittes Mal ein Berg zu sehen ist. Der ›reale‹ Berg genügt also nicht; er muß als ›Zeichen‹ zweifach wiederkehren. Redundanzen herrschen allenthalben: Nicht weniger als sieben phrygische Mützen, drei Faszienbündel, drei Feldzeichen, ein halbes Dutzend Fahnen werden aufgeboten. Alles wird mehrfach, und womöglich in unterschiedlichen Realitätsgraden, präsentiert. Dem entspricht, daß die Bildsymbole schon innerhalb der Radierung durch nicht weniger als zwölf Inschriften erläutert oder ergänzt werden – zusätzlich zu einer ausführlichen Bildlegende unterhalb der Darstellung. Nichts könnte die Krise der Bildsymbolik besser verdeutlichen als diese ›Versuchung‹ der Revolutionsgraphik, das Bild durch die Schrift in seiner Bedeutung festzulegen, offensichtlich in der Befürchtung, die Ambivalenz des Bildzeichens (z.B. Feuer als Spender von Wärme und Licht wie als Element der Zerstörung) lasse keine eindeutige Botschaft zu. Vor allem aber ist der Bildkontext samt seinen Bewegungsimpulsen brüchig geworden. Im vorstehenden Fall suggeriert das ganze Blatt eine im höchsten Grade dramatische Aktion: Herkules und Minerva schlagen die Feinde der Republik zu Boden, kämpfen die Laster nieder, schaffen Wohlstand herbei. Schon dieser Handlungsstrang erweist sich innerhalb der Gesamtkomposition und im eigenen Teilfeld als bloßes Bruchstück. Umsonst kämpft Minerva; ihre Feinde liegen schon am Boden. Merkurs Gespann findet kaum Platz; die Rosse scheuen, der Gott weicht aus. Herkules endlich scheint eher die Zimbeln schlagende Frau als das Laster zu seinen Füßen zu treffen. Ganz unberührt von diesem Vorgang, gleichsam exterritorial, in ruhiger Würde, thront oberhalb der Szene die Allegorie des öffentlichen Wohlergehens, die Tugendkette um den Hals, und darüber, wieder in einem eigenen Bereich, die Allegorie der Freiheit und Gleichheit. Erst auf den

Abb. 36: Die
Verschwörung
Babeufs. Aquatinta-
radierung, Platte
250 × 250 mm,
1796. Paris, BN
(Hennin 12215)

CONJURATION DE BABOEUF L'AN IV.

La France sous la forme d'une Mère nourrice, jeune et vigoureuse admire l'harmonie de
sa Constitution, des Authorités établies, et des Départemens. l'Anarchie furieuse et jalouse ?,
conseillée par un Serpent astucieux va plonger ses poignards dans le sein de la Patrie. Mais
le Génie deffenseur de la République, l'arrête dans ses fureurs.

Eine ähnliche Verselbständigung zeigt eine Radierung aus Anlaß der Verschwörung Babeufs
(Abb. 36), wo sich die Strahlenglorie mit den Namen der Départements aus einer ansonsten halb
erzählerisch, halb allegorisch gegebenen Darstellung aussondert. Die Allegorie, die Furie der *Invidia*, kann sich angesichts dieses abstrakten Einbruchs in die konkrete Erzählung gar nicht richtig
entfalten.[18] Daß hier zwei unterschiedliche Bild-
systeme aufeinanderprallen, zeigt sich wiederum
im Vergleich mit einer emblematischen *Invidia*
(Abb. 37), wo sich die Allegorie innerhalb eines ein-
heitlichen Handlungskontexts bewegen kann. Es
genügt also nicht, vom Gegensatz zwischen stati-
scher und szenischer Allegorie innerhalb der Revolutionsgraphik zu sprechen;[19] vielmehr kommt es
auf den Entfaltungsspielraum einer Allegorie an,
und dieser richtet sich wiederum danach, ob die Methode der Bilderzählung einhellig oder doppelbödig
ist.

Als ein Beispiel anderer Art, doch nicht weniger
exemplarisch, erweist sich eine jener revolutionären
Fayencen, die Champfleury ans Tageslicht hob
(Abb. 38).[20] Das Gebrauchsgerät – im vorliegenden

Falle ein Schreibservice in Form von Faszienbün-
deln – bringt mit der Vermehrung der Symbole zugleich deren Entwertung zum Vorschein. Champfleury war es auch, der in einem eindrucksvollen
Kapitel auf die engen Verbindungen zwischen dem
Illuminatenorden, den Freimaurern und den Ikono-
logen der Französischen Revolution hingewiesen
hat. Die Parteigänger Philippes von Orléans – Cus-
tine, Lafayette, Montesquiou, Guillotin – waren
Freimaurer, desgleichen die Berater Neckers und
viele andere, Abbé Sieyès nicht minder als Cloots,
und Robison zufolge[21] hatte 1789 die Loge des
Großen Orients in Paris allen Freimaurern die Unterstützung der Revolution empfohlen. Kein Wun-
der, daß die revolutionären Embleme, Wahlsprüche,
Symbole vielfach der Freimaurerei entlehnt waren.
Die in der Revolution so beliebte Medaille mit dem
Spruch »Einigkeit macht stark«, von Faszienbün-
deln mit der gleichen Inschrift auf Latein (*Juncti
roborantur*) gerahmt, wurde 1776 anläßlich des
Treffens der schottischen Freimaurer in Paris ge-
schlagen; freilich gehen Spruch und Emblem letzten
Endes auf altrömische Vorbilder zurück. Auch der
Handschlag, die flammenden Herzen, der Hahn mit
Waage, der Bienenkorb und vieles andere kommt
aus der Freimaurerei oder ist (wie das schon erwähnte gleichseitige Dreieck als Zeichen der Egalität) auf dem Wege über die Freimaurerei in die

LE COMPTE RENDU

Revolutionsikonographie eingedrungen, die ihrerseits viele Sprüche und Symbole (etwa das Winkelmaß, das Richtlot, die Kelle) den alten Handwerksgenossenschaften entlehnte. Die Innovation besteht inhaltlich darin, daß den alten Zeichen teilweise neue Bedeutungen unterlegt wurden, stilistisch darin, daß durch die Konfrontation unterschiedlicher Bildsprachen die Wahrnehmung verändert und stimuliert wurde. Champfleury, der darüber als erster Rechenschaft gab, publizierte auch eine Tafel, die er *Analogie zwischen freimaurerischen und revolutionären Emblemen* nannte (Abb. 39).[22] Damit wollte er offensichtlich zum Ausdruck bringen, daß zwischen freimaurerischen und revolutionären Bildzeichen gar nicht grundsätzlich unterschieden werden könne. Allerdings hat der vor allem volkskundlich interessierte Champfleury die humanistische Gelehrtentradition weniger genau verfolgt und daher den freimaurerischen Einfluß überschätzt.[23]

Die andere Möglichkeit, der Traditionsfülle Herr zu werden, bestand, wie schon angedeutet, in der Reduktion der Anzahl der Zeichen und ihrer Einbindung in einen sinnlich-anschaulichen Rahmen. Hierfür einige Beispiele. Zunächst ein Blatt, das die Wiederberufung des Reformministers Necker im August 1788 zum Gegenstand hat (Abb. 40). Die Komposition wird beherrscht von einer zu Boden geworfenen Furie des Hasses, die von der Kraft des

nun veröffentlichten Berichts über den Haushalt 1781 niedergehalten wird. Verstärkt durch stattliche Bände[24] dient dieser Bericht zugleich als Ruhmessockel für Neckers Büste, die den Platz des barocken Tugendhelden einnimmt. Aber der heterogene Aufbau verrät die ganze Brüchigkeit einer solchen Übernahme. Es ist eben nicht mehr *eine* allegorische Gestalt, sondern ein Artefakt, eine (keineswegs idealisierende) Büste, und ein Büchersockel, die diesen Aufbau leisten und von dem einzigen allegorischen Bestandteil, der Furie, trennen.[25] Doch obwohl zusammengestückelt, erweist sich Neckers Ruhmesblatt, das die Vernichtung der alten und die Genese der neuen Ideen – auf einer aus aller Umgebung herausgehobenen ›Weltbühne‹ – exemplarisch vereint, als ein Vorläufer jener Verdichtungsentwürfe, in denen dann *ein* Symbol dominieren wird.

So gibt etwa eine Radierung in Form eines Medaillons (Abb. 41) – abermals exterritorial, ja in weltraumhafter Leere – eine Flammenschale wieder, die das Streben nach Einheit veranschaulichen soll. »Unter diesem Vorzeichen haben schon das mächtige Rom und das Volk der Franken sich als würdig erwiesen«, lautet die Umschrift, mit der an die Gerichtsreform vom Mai 1788 erinnert wird. Bekräftigt wird die Einheitsthematik durch Schriftrollen, die gleichlautende Beschlüsse unterschiedlicher Provinzialstände vorstellen. Abgesehen von dieser Buchstabenflut zeigt das Blatt einen hohen, aus der Emblemtradition übernommenen Abstraktionsgrad; ein einziger Gegenstand dominiert als *Ikon*. In einer Variante (mit veränderter Umschrift) erscheint das Flammen-Medaillon zusammen mit vier weiteren Darstellungen, die ebenfalls aus der Emblemtradition schöpfen; sie zielen auf Freiheit durch Gesetzestreue, auf Versöhnung durch Gerechtigkeit und auf Eintracht durch Förderung der Künste ab. Die Flammenschale wird auf das Feuer der Vestalinnen und den Zusammenhalt der alten Franken rückbezogen, ist also Schmelztiegel der Vergangenheit par excellence.

Ähnlich konzipiert sind jene Medaillons, die als zusätzliche Bildmitteilungen unter ganz spröden Ereignisstichen der Revolution vorkommen, um deren Inhalt allegorisch zu überhöhen. So findet sich unter dem *Ballhausschwur* von Flouest (Abb. 42) ein querovales Medaillon (Detail: Abb. 43) mit der Umschrift: »Inmitten von Gewittern geleitet es uns in den Hafen der Freiheit.« Subjekt ist ein sturmgepeitschtes Schiff, das einem mit der Freiheitsmütze bekrönten Felsen zustrebt. Zwar hat auch hier die Verbindung dreier unterschiedlicher Vorstellungen (Gewitter als Element der Bedrohung und Reinigung, Fels als Symbol der Unerschütterlichkeit, Staatsschiff als Zeichen für Sicherheit und gemeinschaftlichen Schutz) eine widersprüchliche Bildtextur zur Folge.[26] So kann die Bedeutung nur noch über den Intellekt entschlüsselt werden; anschaulich kann man sich das kleine Schiff angesichts des Sturms und des rauhen Felsens, der keine Hafenbucht erkennen läßt, nur schwer als Hoffnungsträger vorstellen; der ganze Vorgang wirkt wie ein aussichtsloses Unterfangen. Aber die Komponenten sind gleichwohl zu einer einzigen, natürlich wirkenden Szene zusammengefügt, deren Hauptmotiv der Freiheitsberg bildet. Es könnte sein, daß die Bedeutung des Staatsschiffs[27] hier hinter der Gewitter- und Windmetaphorik zurücktritt (Abb. 44).

L'EGALITÉ TRIOMPHANTE *ou* LE TRIUMVIRAT PUNI.

DIE WAAGE

Bei dem Versuch, zu einer eindeutigeren Aussage zu finden, erlangen einige Symbole besonderes Gewicht. Zu ihnen gehört die Waage als Zeichen der Gerechtigkeit, oft verbunden mit Richtscheit und Lot als Symbolen der Gleichheit. In einem noch vor Ausbruch der Revolution entstandenen Medaillon (Abb. 45) sind die Waagschalen geradezu überladen. Es handelt sich um einen komplizierten Meßvorgang, um die Abwägung zwischen dem Gewicht der ererbten Ehrentitel und dem der bürgerlichen Leistungen. Kronen, Orden, Bänder auf der einen Schale, Grundrisse, Musikinstrumente, Uhren auf der anderen. Das Resultat: »Ererbte Früchte und Arbeitsfrüchte« *(»honorum insignia«, »instrumenta artium«)* halten sich die Waage. Die Fülle der

Gegenstände verdeckt, daß die Gleichheit nur Fiktion ist. Doch wird dieses glückliche Ergebnis nicht in Frage gestellt, denn ein Genius stellt es fest; über ihm die königliche Familie in Gestalt von Himmelskörpern, die Senatoren, Pairs und Mitglieder des Ministerrats als Sterne.[28] Diese Abwägung von Leistung gegen Geburt (Privilegien, Insignien usw.) hat Tradition: Bei Rollenhagen hält ein Arm unter dem Motto »Miß jedem das Seine zu« Waage und Richtscheit aus den Wolken;[29] van Veen drückt Gleichmut durch eine Waage aus, deren Schalen sich im Gleichgewicht befinden;[30] bei Baudoin herrscht Gerechtigkeit, wenn Schwert und Gesetz sich die Waage halten;[31] vor dem Tode wiegen Herrscherinsignien und Ackergerät gleich viel (eine egalitäre Tendenz).[32] Zahlreich sind die Versuche, mit Hilfe der Waage einen Wertvergleich, eine moralische Abwägung anzustellen. Dabei kommen unter dem Vorzeichen der Tugend schon ähnliche Resultate zustande wie in dem Medaillon von 1788: Nicht Krone, Insignien und Amtswürden, sondern die Künste halten den Staat in Ordnung, heißt es bei Sambucus;[33] bei Baudoin hält die Allegorie der Wissenschaft eine Waage in Händen, die sich zugunsten der guten Bücher senkt, da diese mehr wert seien als alle Reichtümer der Welt;[34] der Palmzweig der Tugend wiegt schwerer als Krone und Szepter, sagt Corrozet schon 1543 (Abb. 46).

Anders spielt ein Aquatintablatt mit dem Titel *Der Triumph der Gleichheit* (Abb. 47) nach Robespierres Sturz mit diesem Zeichen. Zwar wird ein komplizierter Balanceakt wiedergegeben; die geflügelte Allegorie der *Égalité* – die, mit Schwert und Waage versehen, bis auf die fehlende Augenbinde der *Justitia* gleicht – versucht, sich auf der Spitze des Richtscheits zu halten; am Boden ihre vernichteten Gegner (Robespierre, Couthon und Saint-Just, die Schlüsselfiguren des Wohlfahrtsausschusses), die als ›reale‹ Versatzstücke kaum in diese allegorische Umgebung integriert sind. Dieser Gegensatz und die Tatsache, daß Richtscheit und Lot doppelt vorkommen, zeigt die fortdauernde Krise des Zeichens an.

Abb. 47: Villeneuve, Der Triumph der Gleichheit. Aquatintaradierung, 277 × 205 mm, 1794. Paris, BN (Hennin 11927)

Abb. 46: Jean Cousin zugeschr., Der Palmzweig wiegt schwerer als aller Reichtum. Holzschnitt, 65 × 59 mm (ohne Rahmung) aus Gilles Corrozet, Hecatongraphie, Paris 1543, Nr. 98

Abb. 45: Ergebnis des Rats vom 27. Dezember 1788. Radierung, 72 × 72 mm, 1788. Paris, BN (Histoire de France, M 98265)

Gleichwohl beherrschen *Justitia*/*Égalité* und ihre Waage das Bildfeld; die Vielzahl der Figuren am Boden bleibt bloßes Beiwerk. Also trotz allem ein Mehr an Eindeutigkeit. Dieses Ergebnis ist durchaus wertneutral und wird hier nicht als ›Fortschritt‹ gewertet, ist Eindeutigkeit doch allzu häufig – statt mit Klärung und Befreiung – mit Unterdrückung des je anderen verbunden. Gerade die Waage ist mit dieser Ambivalenz behaftet. So erinnert ein anderes Blatt, das gleichfalls nach dem 9. Thermidor entstand (Abb. 48), wiederum mit Hilfe von Schwert und Waage (hier vor strahlendem Auge von einem Arm aus den Wolken gehalten), in satirischer Umkehrung daran, daß Robespierre für sich ebenfalls das Ideal der *Égalité* in Anspruch nahm, darunter aber etwas anderes, die Egalität der Hinrichtung, verstand. Opfer aus allen Ständen sind daher präsent. Das Blatt belegt erneut die Umwandlungsenergie der Revolutionsgraphik. Es basiert auf Emblemen wie *Das Gesetz regiert, die Waffen schützen* (Abb. 49), wo ebenfalls ein schwertbewehrter Arm aus den Wolken hervorbricht; anstelle der Waage bürgen dort Gesetzestafeln für Gerechtigkeit.[35]

DAS AUGE

Eines der subtilsten und entwicklungsfähigsten Symbole ist das Auge. Vom Auge des Osiris und dem Auge der göttlichen Vorsehung war oben schon die Rede; auch haben wir das Auge als Attribut der Wachsamkeit und in Verbindung mit der Waage bereits angetroffen. Die Ambivalenz dieses Symbols ist seit seiner Verwendung in der ägyptischen Kunst offenkundig. Als Ausdruck der Weisheit Gottes ist es gerade auch Symbol des nicht offenkundigen, des nicht sichtbaren, ja des geheimen Wissens und daher von vornherein mit kryptischen Vorstellungen verbunden. Osiris führt das mit einem Auge bekrönte Szepter, und diese Tradition wird noch in der neuzeitlichen Emblematik aufgegriffen, um die Wachsamkeit des gerechten Herrschers zu versinnbildlichen (Abb. 50). Als Zeichen der Allweisheit Gottes ist das Auge in der emblematischen Tradition oft einem Dreieck, das die Dreifaltigkeit symbolisiert, einbeschrieben, häufig von einem Lichtkranz umgeben. Als Zeichen seiner gottgegebenen Erleuchtung kann ein Fürst das Auge auf der Brust tragen,[36] doch kann das Auge auch im Herzen oder auf der Handinnenfläche erscheinen; es zeigt damit an, daß jede menschliche Handlung und Regung von der Weisheit Gottes gelenkt sein soll.[37] Auch werden, wie später in der Revolution, Auge und Waage (als Zeichen dafür, daß Gott über die Einhaltung der Gerechtigkeit wacht) in *einem* Emblem zusammengeführt.[38] In der Aufklärung ist das lichterfüllte oder vom Licht hinterfangene Auge Zeichen der Erkenntnis; darum erreicht auch die Ikonographie des Diogenes, der mit der Laterne einen Menschen sucht, in der Aufklärung ihren Höhepunkt.[39] Doch finden sich sowohl das Lichtauge als auch der Topos von der Menschensuche durch Erleuchtung in der Revolutionszeit, die in dieser Hinsicht als die geradlinige Fortsetzung, ja Erfüllung der Aufklärung erscheint – dies um so mehr, als das Auge sich in der Aufklärung allmählich von der Verbindung mit Gott gelöst hatte (auch die Nennung Jahwes schwindet zusehends), so daß es für andere Aussagen verfügbar wird.

Zur Zeit der Aufklärung wird das Auge häufig von den Freimaurern verwendet (Abb. 51): Einem gleichseitigen Dreieck als Zeichen der Vollkommenheit einbeschrieben, kann es als Ursprung eines Lichtstrahls aufgefaßt werden. Zum Zeichen, daß dieser nur Auserwählte erfaßt, werden aus dem Anfang des Johannesevangeliums die Worte »Das Licht leuchtet in der Finsternis, aber die Finsternis hat es nicht begriffen« zitiert. Das Licht bricht sich in einem Spiegel, doch bedarf es eines göttlichen Auges und eines Bibelzitats, um diesem Vorgang eine tiefere Bedeutung zu unterlegen. Nüchterne Naturerfahrung verbindet sich mit magisch-kryptischen Interessen – vergleichbar dem berühmten Stich nach Ledoux, auf dem der Zuschauersaal des Theaters in Besançon durch die Pupille eines Auges gespiegelt wird.[40] In jedem Falle hat das Licht-Auge wesentlichen Anteil an der Säkularisierung der Gottesvorstellung. In der Revolutionsgraphik wird das Auge in jeder der beschriebenen Bedeutungen verwendet, als erleuchtendes, überwachendes, richtendes Auge, und in jeder Funktion ist es unlöslich mit dem erhellenden oder versengenden Lichtstrahl verbunden. Fragwürdig wird die Revolutionssymbolik nur dort, wo sie unerbittlich eindeutig wird und alle nicht offiziellen Wahrnehmungsmöglichkeiten ausschließt. Dies aber betrifft eher die Zeit des Weißen Terrors als die der Jakobinerdiktatur.

Kurz gefaßt läßt sich der Weg, den das Licht-Auge in der Revolutionsgraphik nimmt, so beschreiben: Das Auge löst sich, noch am Himmel stehend, von der Identifikation mit dem Symbol Gottes und wird zu einer Art Vorsehung neutralisiert. In dieser Bedeutung kann es sich auf die Erde herabsenken, zum Attribut aufgeklärter Personen oder Ideen werden. Von da kehrt es als Zeichen des Höchsten Wesens wieder ans Firmament zurück; doch dient es auch als Waffe und kann als rächend-richtendes Auge erneut Allmacht demonstrieren. Deutungen dieser Verlaufsstruktur folgen nur allzu leicht dem Schema, diesen Weg der propagandistisch-didaktischen Graphik als Kreislauf zu beschreiben, der von der kirchlich-absolutistischen Ikonographie zu aufklärerischen Absichten führt, dann aber, über eine ›militante‹ zeichenhafte Reduktion, in neue autoritäre Inhalte umschlägt. Das graphische Material zeigt jedoch, daß dies alles Hand in Hand geht und in jeder Verlaufsphase alles möglich ist, so daß man daraus den Schluß ziehen darf, daß die aufklärerische Tendenz als Unterströmung stets präsent blieb. Ein Stich Gauchers etwa zeigt das Auge (wie im eben besprochenen Fall in ein Dreieck einbeschrieben und mit jenen Worten versehen, die Erlösung aus dem Dunkel verheißen) als Symbol ausgleichender Gerechtigkeit. Marie-Antoinette präsentiert Necker unter diesem günstigen ›Stern‹ dem König als Minister, während hinter diesem Podium eine begeisterte

Bevor wir diese ausloten, ist an die nicht minder ursprüngliche Bedeutung der Wachsamkeit zu erinnern. Das Auge Gottes, das den Menschen erleuchtet, überwacht ihn auch. Diese Eigenschaft hebt die in der ersten Bedeutungsschicht angelegte Emanzipation virtuell wieder auf. So oszilliert das Auge als Symbol zwischen Erkenntnis und Kontrolle hin und her. Es wäre also falsch, diesen Befund als lineare Zunahme von Überwachungssignalen zu deuten: Einerseits finden wir schon in der emblematischen und aufklärerischen Tradition das Auge als Zeichen des rächenden Gottes, andererseits setzt sich in der Revolution das lichtstrahlend-aufgeklärte Verständnis dieses Symbols fort. Von daher wird man einen Rückfall in Mythos und Magie allenfalls partiell feststellen können. Allerdings bleibt das Auge stets ein Hoheitszeichen; diese ›Altlast‹ vermögen weder die klassische Aufklärung noch deren revolutionäre Ausprägung abzuschütteln.

45

DÉCLARATION DES DROITS DE L'HOMME ET DU CITOYEN,

Décretés par l'Assemblée Nationale dans les séances des 20, 21, 23, 24 et 26 août 1789, acceptés par le Roi.

PRÉAMBULE

LES représentans du peuple François, constitués en assemblée nationale, considérant que l'ignorance, l'oubli ou le mépris des droits de l'homme sont les seules causes des malheurs publics et de la corruption des gouvernemens, ont résolu d'exposer, dans une déclaration solemnelle, les droits naturels, inaliénables et sacrés de l'homme, afin que cette déclaration, constamment présente à tous les membres du corps social, leur rappelle sans cesse leurs droits, et leurs pouvoirs, afin que les actes du pouvoir législatif et ceux du pouvoir exécutif, pouvant être à chaque instant comparés avec le but de toute institution politique, en soient plus respectés : afin que les reclamations des citoyens, fondées désormais sur des principes simples et incontestables, tournent toujours au maintien de la constitution et du bonheur de tous.

EN conséquence, l'assemblée nationale reconnoît et déclare, en présence et sous les auspices de l'Être suprême, les droits suivans de l'homme et du citoyen.

ARTICLE PREMIER.

LES hommes naissent et demeurent libres et égaux en droits, les distinctions sociales ne peuvent être fondées que sur l'utilité commune.

II.

LE but de toute association politique est la conservation des droits naturels et imprescriptibles de l'homme : ces droits sont la liberté, la propriété, la sûreté, et la résistance à l'oppression.

III.

LE principe de toute souveraineté réside essentiellement dans la nation, nul corps, nul individu ne peut exercer d'autorité qui n'en émane expressement.

IV.

LA liberté consiste à pouvoir faire tout ce qui ne nuit pas à autrui. Ainsi, l'exercice des droits naturels de chaque homme n'a de bornes que celles qui assurent aux autres membres de la société, la jouissance de ces mêmes droits ; ces bornes ne peuvent être déterminées que par la loi.

V.

LA loi n'a le droit de défendre que les actions nuisibles à la société. Tout ce qui n'est pas défendu par la loi ne peut être empêché, et nul ne peut être contraint à faire ce qu'elle n'ordonne pas.

VI.

LA loi est l'expression de la volonté générale ; tous les citoyens ont droit de concourir personnellement, ou par leurs représentans, à sa formation ; elle doit être la même pour tous, soit qu'elle protege, soit qu'elle punisse. Tous les citoyens étant égaux à ses yeux, sont également admissibles à toutes dignités, places et emplois publics, selon leur capacité et sans autres distinctions que celles de leurs vertus et de leurs talens.

VII.

NUL homme ne peut être accusé, arrêté ni détenu que dans les cas déterminés par la loi, et selon les formes qu'elle a prescrites. Ceux qui sollicitent, expédient, exécutent ou font exécuter des ordres arbitraires, doivent être punis ; mais tout citoyen appelé ou saisi en vertu de la loi, doit obéir à l'instant, il se rend coupable par la résistance.

VIII.

LA loi ne doit établir que des peines strictement et évidemment nécessaires, et nul ne peut être puni qu'en vertu d'une loi établie et promulguée antérieurement au délit, et légalement appliquée.

IX.

TOUT homme étant présumé innocent jusqu'à ce qu'il ait été déclaré coupable, s'il est jugé indispensable de l'arrêter, toute rigueur qui ne seroit pas nécessaire pour s'assurer de sa personne doit être sévèrement réprimée par la loi.

X.

NUL ne doit être inquiété pour ses opinions, mêmes réligieuses pourvu que leur manifestation ne trouble pas l'ordre public établi par la loi.

XI.

LA libre communication des pensées et des opinions est un des droits les plus précieux de l'homme ; tout citoyen peut donc parler, écrire, imprimer librement ; sauf à répondre de l'abus de cette liberté dans les cas déterminés par la loi.

XII.

LA garantie des droits de l'homme et du citoyen nécessite une force publique ; cette force est donc instituée pour l'avantage de tous, et non pour l'utilité particulière de ceux à qui elle est confiée.

XIII.

POUR l'entretien de la force publique, et pour les dépenses d'administration, une contribution commune est indispensable : elle doit être également répartie entre tous les citoyens, en raison de leurs facultés.

XIV.

LES citoyens ont le droit de constater par eux-mêmes ou par leurs représentans, la nécessité de la contribution publique, de la consentir librement, d'en suivre l'emploi, et d'en déterminer la quotité, l'assiette, le recouvrement et la durée.

XV.

LA société a le droit de demander compte à tout agent public de son administration.

XVI.

TOUTE société, dans laquelle la garantie des droits n'est pas assurée, ni la séparation des pouvoirs déterminée, n'a point de constitution.

XVII.

LES propriétés étant un droit inviolable et sacré, nul ne peut en être privé, si ce n'est lorsque la nécessité publique, légalement constatée, l'exige évidemment, et sous la condition d'une juste et préalable indemnité.

AUX REPRÉSENTANS DU PEUPLE FRANÇOIS.

à l'aspect de la Verité le Prêtre se dépouille & abjure le mensonge.

*Abb. 52 (links):
L. Laurent nach
Jean-Jacques-
François Le Barbier,
Umrahmung der
Erklärung der
Menschenrechte.
Von Jaufret verlegte
Radierung,
535 × 386 mm,
Paris 1790 (?). Paris,
BN (de Vinck 4222)*

*Abb. 53: Beim
Anblick der
Wahrheit legt der
Priester das
Meßgewand ab und
schwört der Lüge
ab. Radierung,
1791 (?). Paris, BN*

*Abb. 53 A: Guyot
nach M.-A. Croisier,
Das Auge des Genies
oder das Wappen
Neckers, bei Basset
verlegte Aquatinta-
radierung,
437 × 322 mm,
1789. Paris, BN
(de Vinck 1385)*

Menschenmenge Beifall spendet.[41] Über der *Erklärung der Menschenrechte* leuchtet das Auge aus strahlendem Lichtdreieck auf (Abb. 52); hier erscheint es in überzeugender Logik als reines Zeichen im geronnenen allegorischen Kontext. Auch als ›Augensonne‹ kommt es in solchem Zusammenhang vor.[42] Als Zeichen einer auf Vernunft gegründeten Hellsicht kann das Auge bestimmten Persönlichkeiten als Attribut zuerkannt werden: Rousseaus Weitblick und umfassendes Wissen (die gewagteste Profanisierung des Auges Gottes, da unmittelbar mit der Büste des Philosophen verbunden) kann es ebenso ausdrücken wie (als Mittelpunkt eines allegorischen »Schildes« gefaßt) das Vertrauen auf Neckers wachsame Hellsicht (Abb. 53 A).[43] Als Attribut von Allegorien treffen wir das Auge bei der den katholischen Klerus entmachtenden *Wahrheit* an (Abb. 53), die ihren göttlichen Ursprung darin erweist, daß sie von einem strahlenden Auge im Dreieck überwölbt wird. Einen Handspiegel in ihrer Rechten, zeigt sich »La Vérité« als schöne Vision dem revolutionären Volke, das bei ihrem Anblick unwillkürlich in die

Knie gegangen ist. Die gleißenden Strahlen des göttlichen Auges durchbrechen und vertreiben die Nebel und die dunklen Wolken der Verblendung des alten Irrglaubens, so daß auch der Priester, der schon mit einem Fuß auf den Stufen des heidnischen Altars der Wahrheit steht, nicht umhin kann, sein Kasel abzulegen und sich somit seines Amtes zu entledigen. Im Vordergrund zertrümmert ein Heraklesknabe mit einer schweren Keule bewaffnet – gleichsam im Kampf mit der vielköpfigen lernaeischen Hydra – die Insignien der vergangenen Kirchenherrlichkeit: Bischofsinful, Krummstab, Patriarchenkreuz, Tiara und liturgisches Gerät. Nur noch schemenhaft erblickt man im Hintergrund die Umrisse einer gotischen Kathedrale.

La Liberté soutenue par la Raison protège l'Innocence & couronne la Vertu

La Liberté armée du Sceptre de la Raison foudroye l'Ignorence et le fanatisme

A Paris chez Gamble et Coipel, rue des Vignes au coin du Boulevard

FÊTE CÉLÉBRÉE EN L'HONNEUR DE L'ÊTRE SUPRÊME.
Le 20 Prairiale l'an 2.me de la Rép.
Le véritable Prêtre de l'Être suprême, c'est la Nature, son temple l'Univers, son Culte
la Vérité, ses fêtes, la joye d'un grand Peuple rassemblé pour resserer les doux noeuds de
la Fraternité, et Jurer la mort des Tirans.

Abb. 57: Fest zu Ehren des Höchsten Wesens. Radierung, koloriert, 261 × 229 mm, 1794. Paris, BN (de Vinck 6313)

Die *Republik* führt das Auge;[44] die *Vernunft* trägt es auf der Brust (Abb. 54), oder – seltsame Vermengung – es strahlt aus einer Fackel auf, die ihr beigegeben ist.[45] Dabei begegnen wir bereits einer Mutation: hilfreich kann diese Augenfackel sein, wenn sie die *Freiheit* unterstützt (Abb. 55), aber sie kann auch zur Waffe werden, von der Blitze gegen *Torheit und Fanatismus* ausgehen (Abb. 56). Dann wieder kann sich dieses polyseme Symbol verselbständigen, von den Allegorien lösen und erneut zum Himmel auffahren,[46] wo es auch zum Zeichen des Höchsten Wesens werden kann; in dieser Eigenschaft (Abb. 57) verrät es seine Nähe zum christlichen Gott oder zu Jahwe abermals durch die Einbindung in ein Dreieck, das unterdessen freilich auch zum

Symbol der Gleichheit avanciert ist. Aus dieser Position der Allmacht kann es rächend und richtend auf die Erde zurückwirken. In Form von Waagschalen, die als Auge und Ohr gebildet sind,[47] bürgt es für eine alles überwachende Gerechtigkeit; Blitze zeugend und schleudernd kann es vom Himmel herab die Mächte der Vergangenheit vernichten.[48]

DAS FEUER

Schließlich das Feuer: Eine Radierung, welche *Die Verbrennung der Adelstitel* behandelt (Abb. 58), gibt zwar eine Vielzahl an Gegenständen wieder (Kronen, Mitren, Waffen, Palmen, Schmuck, Wappen, Adelstitel, Rechtsurkunden, allerlei Getier, darunter einen Drachen), doch wird dieser ›Trophäenbaum‹ ganz von der aufzüngelnden Bewegung der Flamme erfaßt und so diesem einen Motiv bildlich untergeordnet.[49] Daher nimmt man schon bei flüchtigem Hinsehen das Wesentliche wahr: Die Herrlichkeit des *Ancien Régime* geht hier in Flammen auf. Einfacher ist eine Vanitasvorstellung, die das Ende einer ganzen Epoche verkündet, während der ganzen Revolutionszeit nicht ins Bild gesetzt worden. Wiederum lassen sich zahlreiche Emblemata als Vorbild anführen (Abb. 59). Was aber bei Boissard oder Rollenhagen Einsicht in die Vergänglichkeit alles Irdischen auslösen soll,[50] wird hier zur Demonstration eines historischen Umbruchs. Der Vanitasgedanke wird von einer klassenspezifischen Motivation verdrängt – in ›Höllenflammen‹ braten die Aristokraten.[51] Diese Politisierung des Moralischen stellt eine wesentliche Leistung der Revolutionsgraphik dar.

Das Pendant zur *Verbrennung der Adelstitel*, Perées *Erneuerung des Menschengeschlechts* von 1795 (Abb. 60), zeigt, nicht minder dicht, als ein Ergebnis des Zerstörungsprozesses den neuen Adam, dem es nun aufgegeben ist, die Menschenrechte in die Tat umzusetzen. Auch hier eine Vielzahl von Motiven, doch sind diese ganz an den Rand gedrängt; die Natur selbst, so die Kernaussage, übt in Gestalt des Neuen Menschen die Herrschaft aus. Dies wird noch dadurch bekräftigt, daß ein Blitz das Werk der Zerstörung vollendet. Der Mythos wird beschworen, aber der Macht der Natur subsumiert. Entscheidend ist aber, daß hier aus *politischen* Beweggründen naturrechtlich argumentiert wird. Darin unterscheidet sich dieser Stich von einem motivisch verwandten Emblem bei Rollenhagen (Abb. 61), das einen nackten Mann zeigt, der unter Zurücklassung aller Auszeichnungen zu Gott emporstrebt.

Das schlagendste Beispiel bildmäßiger Geschlossenheit durch Reduktion des Zeichens stellt, in klarem Gegensatz zur eben besprochenen *Bergpartei*, ein Einzelstück dar (Abb. 62), das allerdings nicht zur Druckgraphik gehört. Es ist ein Aquarell, dessen Beischrift jedoch vermuten läßt, daß es als Vorlage für einen Stich entworfen wurde. Hier ist die Allegorie der Bergpartei mit ihrem ›Emblem‹ so verwoben, daß die Figur wie eine natürliche Bekrönung des Berges wirkt, dessen Umriß noch in der Bewegung der Arme und der Waffe anklingt. Auf alle weiteren Motive ist verzichtet. Ob die unten aufragenden

L'ABOLITION DES TITRES DE NOBLESSE
par le Decret de l'Assemblee Nationale en juin 1790.

Des Aristocrates l'espérance est alarmée
Grande titres, vains honneurs, nous n'êtes que fumée
Qui se seroit douté d'un tel evenement.
C'est ainsi que chez nous la pluie abat le vent.

VIVE LA MONTAGNE

VIVE LA REPUBLIQUE UNE ET INDIVISIBLE

Abb. 62: Béricourt, Es lebe die Bergpartei, die eine und unteilbare Republik. Aquarell, um 1793, 460 × 355 mm, Paris, BN (Hennin 11796)

6. Populäre Flugblattgraphik und Karikatur

Die Begriffe *Flugblatt* und *Karikatur* sind nun etwas genauer zu bestimmen. Im Grunde war die gesamte Revolutionsgraphik, soweit sie nicht in Zeitschriften oder Almanachen erschien, ›fliegende‹ Ware. Dem entsprach der (einleitend besprochene) Verkauf auf Straßen und Plätzen, bei Bouquinisten und in Jahrmarktsbuden. Aber es gab innerhalb dieses Mediums doch deutliche Zäsuren: Blätter, die mit dem gebildeten, mit antiken und humanistischen Vorbildern vertrauten Käufer rechneten und daher Embleme und Allegorien benutzten, Blätter also, in denen in bereits vorgedachten Kunstformeln über die Realität reflektiert wurde. Anders die Flugblätter, die den kaum lesekundigen oder gar den analphabetischen Käufer erreichen wollten, daher auf gelehrte oder hochstilisierte Ausformungen und Kommentare verzichten mußten und diese Einbuße durch eine derbe, direkte, oft lustige Bildsprache wettmachen wollten. Zielte die sorgfältig elaborierte Graphik auf Verschlüsselung und Vorrangwissen ab, so das anspruchslose Massenflugblatt und die Karikatur auf die didaktische Offenlegung jenes Wissens, aber auch auf die Erziehung des Volkes und seine Einbeziehung in das große ›Welttheater‹ der Revolution. Bei aller Durchmischung der künstlerischen Niveaus kann man diese beiden Ausdrucksformen auch hinsichtlich der formalen Mittel und ihrer Traditionsbindung scheiden: Die ›Oberschichtengraphik‹ verwertet die Antike, die ›Unterschichtengraphik‹ die populäre Ereignis- und Zeichenwelt der ›Volkskunst‹.

Die Bildsatire läßt sich zwar wie die Emblematik bis auf die Antike zurückführen; im 18. Jahrhundert zehrte sie aber weit mehr von den Grotesken der graphischen Musterbücher des Manierismus, vermischt mit Drolerien aus Kapitellen, Gewänden, Chorstühlen und bemalten Refektoriumsdecken des Spätmittelalters. Aus beiden Traditionen wiederum entstanden die ersten Porträtkarikaturen, mit denen sich selbst so bedeutende Künstler wie Annibale Carracci, Gianlorenzo Bernini oder Giovanni Battista Tiepolo beschäftigten. Ein spezifisch karikaturistisches Repertoire, das, über die bloße Verzerrung und Aufladung von Gesichtszügen hinaus, ganze Verhaltensweisen und Vorgänge zu prägen und zu wenden vermochte, bildete sich jedoch erst allmählich heraus. Dafür bedurfte es nicht nur stupender Kürzel und paradoxer Versatzstücke, die ›auf Verabredung‹ bereitlagen, sondern vor allem einer auf Kritik und Unterhaltung bedachten Öffentlichkeit, wie sie sich im Zuge der englischen Reformpolitik des 18. Jahrhunderts herausbildete. Politik und Alltagskonventionen waren nicht zufällig die beiden Arenen, in denen die Karikatur öffentliche Aufmerksamkeit errang, ja sogar mit der ›hohen‹ Kunst konkurrierte.[1] Damit soll nicht gesagt sein,

Spitzen etwa Fahnenstangen oder Lanzenschäfte darstellen sollen (wenn sie überhaupt gegenständlich gemeint sind), bleibt offen. Die Figur selbst, *Bergpartei* und *Republik* in einem, schaut zurück, hält Feinde ab, und ist doch in ihrer Körperhaltung nach vorn gerichtet; insofern verkörpert sie auch die Staats- und Bürgertugend der Wachsamkeit. Bei aller Bedeutungsverschränkung aber haben wir hier ein einziges, großzügig einfaches Bildmotiv vor uns, eines, das auch aus der Ferne zu entziffern ist, somit plakative Wirkung besitzt.

Zugleich rühren wir mit diesen Arbeiten schon an die Grenze des verschlüsselten, symbolisch oder allegorisch überhöhten Sinnbilds und berühren damit die andere Hauptströmung der Revolutionsgraphik, die simple, rudimentäre, allenfalls auf Traditionen der ›Volkskunst‹ rekurrierende Darstellungsweise.[52]

Abb. 65: Jeannot, immer Jeannot. Holzschnitt, 1789. Paris, BN

Abb. 63: Der Dritte Stand trägt die Last des Staates. Radierung, 57 × 57 mm, 1789. Paris, BN (Histoire de France, M 98454)

Abb. 64: Cornelius Boel, Die Liebe ist stärker als Atlas, Kupferstich, aus van Veen 1608/1970, 37

daß der Witz der Hochkunst oder der Emblematik fremd war: Menestrier etwa bildet ausdrücklich »des emblêmes satyriques« ab.[2] Die Tatsache, daß der moralische Sinn verdeckt bleiben sollte, eröffnete die Freiheit eines spielerischen Umgangs mit dem Sujet.

Bezeichnend für die Unsicherheit über Zweck und Form der Karikatur ist die noch zur Jahrhundertmitte in England geführte Debatte, ob die Darstellung grotesker Physiognomien oder bestimmter Absonderlichkeiten als (selbstwertige) Karikatur oder als (moralisch läuterndes) Sittenbild gelten solle. Auch stellte sich jedesmal, und in jedem Land wieder anders, die Frage, wo die Grenzen des Erlaubten lagen. Daher zogen sich die Zeichner vielfach auf den Wortwitz oder auf die bloße ›Verrückung‹ von Figuren aus ihrem angestammten ›Platz‹ zurück. Hogarth etwa vermochte es, fast ohne Verzerrungen, aber mit kleinen Abweichungen von der Normalität und mit hintergründigem Wortkommentar, herkömmliche Verhaltensweisen in Frage zu stellen.

Aus all diesen Voraussetzungen erklärt sich der merkwürdige Doppelcharakter der französischen Revolutionskarikatur, die bald auf groteske Formeln, bald auf die Physiognomielehren, welche den Charakter eines Menschen aus seiner Gestalt ablesen zu können glaubten, zurückgreift, sich zwar oft auf die ›charge‹, die tendenziöse Verzerrung, stützt, oft aber auch nur auf das anspielungsreiche Wort. Im letztgenannten Fall muß man den satirischen Sinn wissen oder erraten; *sehen* kann man ihn alsdann nicht.

Trotz ihrer teilweise unausgegorenen Formen hatte die Karikatur eine gewaltige Bedeutung für die Revolution. In gewisser Weise ist sie das Herzstück der Flugblattgraphik überhaupt. Daß mit ihrer Hilfe ein heftiger Bilderkampf entbrannte, wie ihn Hogarth unter dem Aspekt der Handelskonkurrenz schon prognostiziert hatte,[3] nun aber politisch gewendet, ist unbestreitbar. Am schärfsten sahen dies die Königstreuen, und unter ihnen wiederum Boyer-Brun, dessen *Histoire des caricatures de la révolte des Français* eine an Schärfe kaum zu überbietende Polemik, aber zugleich eine höchst bedenkenswerte Theorie der zeitgenössischen Revolutionskarikatur lieferte. Eine auf Juli 1792 datierte *Allegorie auf die Mildtätigkeit Ludwigs XVI.*[4] dient dem Werk als Frontispiz – unmittelbar nach der Gefangensetzung des Königs eine mehr als deutliche Parteinahme.

Durch die Karikatur, heißt es in der Einleitung, sei es dahin gekommen, daß das Volk »gelernt hat, Herrscher zu hassen, von denen es nur Wohltaten empfing, und daß es die heiligsten und höchsten seiner Pflichten vergaß (...). Ich werde zeigen, daß den Parteibanden alle Mittel recht waren, Altar und Thron umzustoßen, und ich werde nachweisen, daß die Karikaturen eines der Mittel waren, die sie mit einem Höchstmaß an Kunstfertigkeit, Beharrlichkeit und Erfolg angewandt haben, um das Volk zu verwirren und zu einer Erhebung anzustiften.«[5]

Wichtig sind, auch in diesem Bereich der einfachen, für das ›niedere‹ Stadt- oder Landvolk berechneten Drucke, die Mischformen – Nahtstellen der revolutionären Bilddidaktik. Zu ihnen gehört offensichtlich ein Blatt (Abb. 63), das mit der Umschrift *Erklärung der Allegorie* die Unzulänglichkeit dieser Graphik bereits offenlegt. Dies, obwohl es sich dem Inhalt nach um ein Blatt handelt, das völlig eindeutig ist.[6] »Der Dritte Stand«, wird uns erklärt, »trägt allein das Gewicht des Königreiches, unter dem er sich beugt; ein Adliger, anstatt ihm seine Lage zu erleichtern, lehnt sich an und vergrößert damit das Gewicht; der Priester scheint ihm helfen zu wollen, die Last zu tragen, doch nur mit seinen Fingerspitzen.« Offenbar rechnete der Hersteller mit einem unbedarften Betrachter, der noch dazu einen Vorleser benötigte. Das einzige ›Abstraktum‹ hier ist das lilienverzierte Königreich, das der Bürger oder Bauer auf seinen Schultern trägt wie Atlas die Weltkugel; diese einzige Anleihe bei der Ikonographie des Barocks[7] oder der Emblemliteratur (Abb. 64) ist nur scheinbar unstimmig eingebracht (ein Globus für ein einzelnes Land!); offenbar soll damit auf den universellen ›Erlösungsanspruch‹ der Französischen Revolution angespielt werden.

52

Abb. 66: Das wird nicht ewig so weitergehen. Kolorierte Radierung, 175 × 245 mm, 1789. Paris, BN (de Vinck 2808)

Ça n'durra pas toujour.

Wie diese Radierung, so zeigen viele Flugblätter, die das Thema der drei Stände aufgreifen, einen Anflug von Satire, ohne schon im vollen Sinne Karikaturen zu sein. Auf der anderen Seite sind solche Blätter zurückhaltend mit gelehrten Anspielungen, vor allem dort, wo es galt, die Landbevölkerung aufzuklären. Dies betrifft z. B. die Darstellung von Personifikationen unterer Schichten des Dritten Standes. Unter ihnen ragt die volkstümliche Figur des Jeannot hervor. Darunter wird der ›dumme Hans‹, der Bauer, verstanden, der, von den Städtern verlacht, doch bei jeder Gelegenheit seine Schläue unter Beweis stellt. Am Vorabend der Revolution, 1788, wurden Jeannot-Stücke in volkstümlichen Pariser Theatern mit großem Erfolg aufgeführt.[8] Jeannot wird auf Holzschnitten als Eselsreiter gezeigt (Abb. 65). Er führt eine niedergebrannte Laterne und eine Fahnenstange, an der ein leerer Napf hängt – triviale Vanitas-Symbole. »Die Geschlagenen zahlen die Zeche«, steht auf seinem Wimpel; dadurch wird der Spott über den ›dummen Jungen‹ in Gesellschaftskritik überführt. Dies noch deutlicher in den Versionen, die Jeannot zu Fuß, mit Feldfrüchten schwer beladen, über Land ziehend darstellen (s. oben Abb. 4): Von seiner Arbeit, wird damit bedeutet, lebt das ganze Volk. Jeannots Kopfbedeckung hat sich nun deutlich zur phrygischen

Mütze gemausert, und im Hintergrund erscheinen, ganz klein und ohne jede Last, Vertreter von Adel und Klerus. Wird damit die Aktivität des Bauern innerhalb des Dritten Standes beschworen, so wird andererseits noch immer Klage erhoben: Die Hunde beißen ihn, den ›letzten‹ Vertreter des Volkes, und ein höfisch gekleidetes Äffchen gibt ihm die Peitsche. Ein kunsttheoretischer Ausspruch aus der Mitte des 18. Jahrhunderts (»die Bürger von Paris sind die ewigen Affen des Hofes«[9]) wird damit in neuer Bedeutung auf den Bauern übertragen – eine Spitze gegen das von der Feldarbeit zehrende und den Bauern verachtende Stadtbürgertum? Jedenfalls soll das Blatt den Betrachter aufrütteln. Auf ihn richtet sich Jeannots Blick; ihm scheint er zuzurufen: »Das wird nicht ewig so weitergehen.« In einer etwas anspruchsvolleren Abwandlung (Abb. 66), die aber immer noch auf Verständlichkeit beim einfachen Abnehmer Wert legt, wird die Ständekritik dadurch zugespitzt, daß hier die Vertreter der beiden ersten Stände provozierend deutlich und auf ihre Hoheitsrechte pochend ins Bild gerückt sind.

Abb. 67: Villeneuve,
Diogenes verhilft
Marat ans Tages-
licht. Aquatinta-
radierung,
207 × 173 mm,
1793. Paris, BN
(Histoire de France,
M 101590)

Daß Jeannot in den beiden letztgenannten Versionen den Betrachter mit der Laterne zu ›erleuchten‹ versucht, verbindet die Ikonographie des *Jeannot* mit der des *Diogenes*, der mit seiner Laterne den ›wahren‹ oder ›neuen‹ Menschen sucht. Diogenes war deshalb in der Revolution so beliebt, weil er sowohl für einfache, natürliche Lebensweise bürgen und damit für einen Mann des Volkes gelten als auch für klassische Bildungshorizonte und humanistische Ideale einstehen konnte – mit einem Wort, er war antiker Herkunft und doch nicht vom *Ancien Régime* vereinnahmt. In Marat fand, so Villeneuve in einem beeindruckend schlichten Aquatintablatt, der revolutionär wiederbelebte Diogenes seinen ›Menschen‹ (Abb. 67). Indem Jeannot-Stiche auf diese allegorische Gestalt anspielen, enthüllen sie sich ebenfalls als doppelschichtig, hintergründig und für die unterrichtete wie für die einfache Bevölkerung attraktiv. Diese Mischstruktur reicht in der Revolutionskunst sehr weit; sie gilt auch für Davids *Tod des Marat*, wo mit dem Thema des sterbenden Heros der antikische Bildungshorizont ebenso angesprochen ist wie das Bedürfnis der einfachen Leute nach einem nüchtern-authentischen und zugleich vertrauenerweckenden Bericht über den Tod ›ihres‹ Heiligen.[10]

Eine Mischung aus ›hohen‹ und ›niederen‹ Elementen zeigt ein einfaches Blatt Weberts mit einer seltsamen Wippe (Abb. 68): Auf der einen Seite Pest, Hunger und Krieg, die dreifache Geißel der Menschheit, auf der anderen die Allegorie der Verfassung. An der Stelle ihres Kopfes sitzt das Buch der Konstitution von 1793; gepfählt mit einem Assignaten-Stab, hält diese so merkwürdig zusammengesetzte Gestalt Schwert, Bischofskreuz und Krummstab unter den Armen, Pfründen und Orden in Händen. *Sie wiegt schwerer*, höhnt der Zeichner: zweifellos wird die papierne Verfassung die Krebsübel der Vergangenheit besiegen! Offenkundig spottet dieses Blatt nicht nur der revolutionären Hoffnungen, sondern auch ihrer verrätselten allegorischen Bildmittel, die hier so unvermittelt auf einen groben Holzklotz treffen.

Wie diese Radierung, so wirkt auch ein letztes Beispiel für die Durchmischung der populären Graphik mit Elementen der allegorischen Hochkunst (Abb. 69) für heutiges Empfinden fast schon satirisch, doch darf man kaum annehmen, daß dies so gemeint war. Das Blatt zeigt die drei Stände, die unter dem Zeichen der Gleichheit ganz wörtlich egalisiert sind. Das alte Mittel der Isokephalie, der gleichen Kopfhöhe, das schon in der Kunst des Mittelalters oft als Ausweis gleichen Ranges eingesetzt worden war, veranschaulicht hier unfreiwillig den Zwangscharakter dieser neuen Art von Gleichrangigkeit. Nobilitiert wird die naturalistische Darstellung der drei Standesvertreter (von denen der Bürger hier als Nahrungsmittelproduzent und seefahrender Kaufmann auftritt) durch zwei Anleihen bei der Hochkunst: durch die über den Figuren schwebende Allegorie der Gleichheit (mit flammendem Herzen, Faszienbündel, Richtscheit und Lot) und durch die beiden Medaillons, die, nach dem Vorbild von ›Einsatzbildern‹ in großen Gemälden, ein höheres Niveau garantieren. Sie stellen den Vertretern von Adel und Klerus (zusätzlich zu den Standesattributen) das Palais Bourbon und Notre-Dame wie einen Schutzschild zur Seite; dem Bürger, der dagegen nichts aufzubieten hat, gehören dafür (in Gestalt des Ozeanschiffes) die Reichtümer der Erde insgesamt.

La Bascule Patriotique

Il est Claire que le Nouveau Regime emporte la Balance
Nu° 1 la Peste 2 la Guerre 3 la Famine
au Palais Royale Chèz Webert N° 203

Abb. 68: Michel Webert, Die Verfassung besiegt Pest, Hunger und Krieg. Radierung, 98 × 150 mm, 1792. Paris, BN (de Vinck 4311)

Les trois Ordres avec leurs atributs, sous le niveau.

A Paris Chès Crépy rue St Jacques à St Pierre

Abb. 69: Die drei Stände mit ihren Attributen unter dem Waagbalken. Radierung, 134 × 237 mm, 1789 verlegt bei Crépy in Paris. Paris, BN (de Vinck 2026)

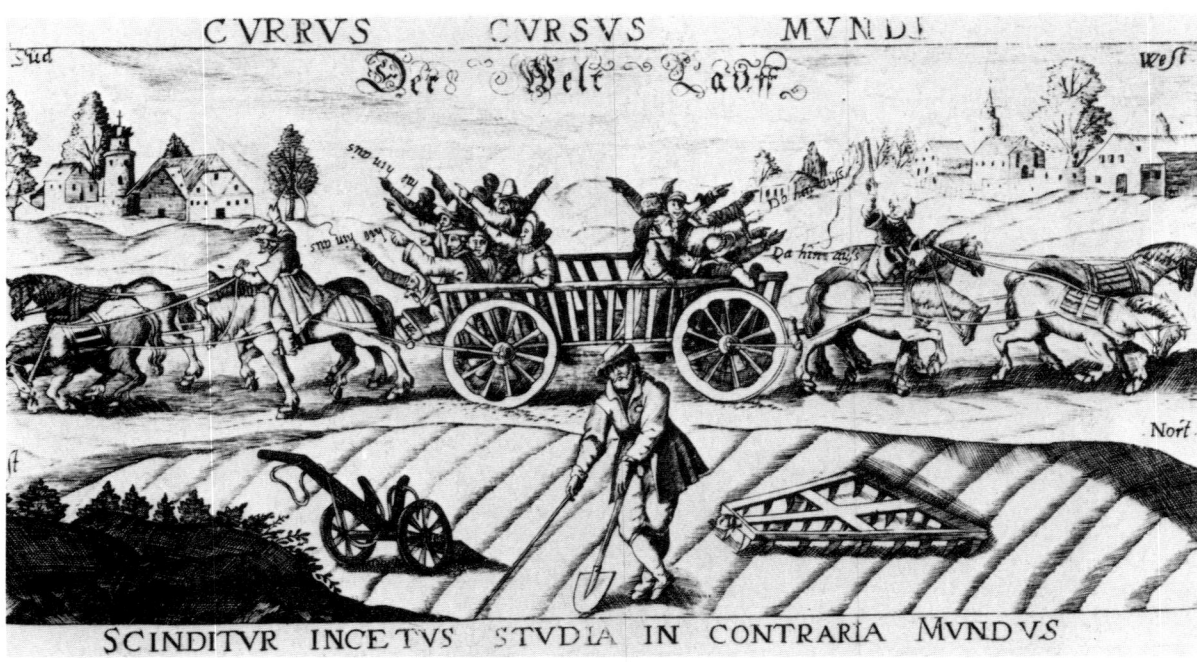

Wie sehr die populäre Graphik der Revolution auf volkstümlichen Flugblatt-Traditionen basierte, deren Semantik aber zu verändern verstand, zeigt etwa die Radierung *Der Karren, der von den drei Ständen in entgegengesetzte Richtungen gezogen wird* (Abb. 70). Diese simple Graphik geht auf ein illustres Vorbild zurück, auf den Peter Isselburg zugeschriebenen Kupferstich *Der Welt Lauff* (Abb. 71). Ein Wagen wird dort von zwei Viergespannen in zweierlei Richtungen gezogen; »hie hin aus«, »da hin aus« schreit, ebenfalls in zwei Blöcke aufgeteilt, das Volk auf dem Gefährt. Im Vordergrund ein weiser Bauer, der in aller Ruhe seine Arbeit verrichtet und mahnend auf die dem Stich beigegebenen (hier nicht abgebildeten) Verse verweist. Der Revolutionsstich zeigt demgegenüber zweifellos von einer gewissen Verarmung. Andererseits beweist er eigenen Witz, indem er den Landmann aus der Rolle des neutralen Beobachters löst, in das Kräftemessen einbezieht und seine positive Rolle so verstärkt, daß er als Sieger aus dem Wettkampf hervorgeht. Dies wird noch dadurch zugespitzt, daß der wackere Landmann allein gegen zwei Gegner antritt: Fürst und Bischof lenken eine vom Hl. Geist geleitete, mit Ruhmesgöttin und Palmen versehene ›Kanzel-Kutsche‹, die von edlen Rossen und Hunden gezogen wird, in die Vergangenheit zurück, während ein Bauer, der laut Fahneninschrift die ganze Nation vertritt, mühsam vorwärts schreitet und mit zwei Ochsen seine Ackerfurchen zieht. Doch während er arbeitet, ist seine Egge in die Räder der Kutsche geraten; sie wird deren Fahrt aufhalten; der Wahlspruch »alles hat einmal ein Ende« ist ihr schon angeheftet.

Im Bild, von oben links nach unten rechts:

TABLEAUX MEMORABLES ... QUI ONT DONNE LIEU A LA REVOLUTION

dans le temps passé foulée aux pieds le tiers — TAILLE IMPOTS CORVÉE 1 — *les plus utille etoient etat portoit tout le fardeau*

il y a trop longtemps de mes ennemis je veux — REVEIL DU TIER ETAT 2 — *que je vis sous lopression enfin brisser mes fers*

ARRIVÉE EN FRANCE PENDANT LES ANNÉE QUATRE VINGT 9·90·91

la noblesse est abolie pour conte marquis baron cheval. A ORLEANS CHEZ — SUPRESSION DES ARMOIRIE LETOURMI 3 — *toujours les titres de prince dete de monseigneur sont suprim*

le temps present veut que fardeau des impots — DETTE NATIONAL 4 — *chaqun suporte le grand de la france*

Oft sind die Blätter, die sich auf die Tradition der volkstümlichen Bilderbögen und Massendrucke berufen, in der Technik des kolorierten Holzschnitts gehalten. Zu ihnen gehört eine Darstellung (Abb. 72), die möglicherweise als Titelblatt einer Serie gedacht war. Schon die Überschrift – *Bilder von Denkwürdigkeiten, die sich in der Revolution zugetragen haben, welche Frankreich in den Jahren 1789, 90 und 91 erlebt hat* – zeigt, daß es sich um eine Folge jener ›Bildzeitungen‹ handelt, die seit dem 16. Jahrhundert geläufig waren. Zu diesem Zweck mußten die Darstellungen trotz aller Beschriftung sinnfällig genug sein, um auch von Leseunkundigen verstanden zu werden, und dafür waren allgemeine, im Bewußtsein jedes Bürgers verankerte Typisierungen unerläßlich. Vor allem Standestypisierungen gehörten dazu, und darum handelt es sich hier. Indem Letourmi vier erfolgreiche Einzeldarstellungen anderer Stecher kopierte[11] und zu einem Bilderbogen zusammenfügte, konnte er zusammenhängend von der Unterdrückung, vom Erwachen und von der Erhebung des Dritten Standes berichten, um schließlich ein friedliches Zusammenwirken aller Stände in Aussicht zu stellen. Da es in seiner Bildfolge vor allem um die Finanzlasten geht, durfte drastisch argumentiert werden, was wiederum der Anschaulichkeit zugute kommt. Wo aber ideologische Belange behandelt werden, gleicht der Holzschneider diese

der Alltagserfahrung der Zielgruppe, offensichtlich der Landbevölkerung, an. Dies gilt vor allem für das dritte Bild, in dem die Adelstitel mit Dreschflegeln niedergeschlagen werden. Zur Drastik gehört auch die starke, einfache Farbgebung, in der solche Drucke in aller Regel gehalten sind: Karmin- und Weinrot, ein sattes Grün, Zitronengelb, Rotbraun, Schwarz, Dunkelblau und Violett sind die gebräuchlichen Farben. Auf differenzierte Zwischentöne und zarte Rokokofarben ist völlig verzichtet. Diese mitunter grelle Buntfarbigkeit hatte in Frankreich Tradition: die Bilderbogen aus Epinal, häufig Einzelblätter mit Moritatenstoffen, waren bereits im Umlauf.

Abb. 72: J.-B. Letourmi, Denkwürdige Ereignisse während der Revolution. Holzschnitt, koloriert, 548 × 742 mm, 1793. Paris, BN (Histoire de France, 1790/91)

Abb. 73:
J.-B. Letourmi, Die
Verfolgung und
Festnahme des
Königs in Varennes
am 22. Juni 1791.
Holzschnitt, je
283 × 380 mm,
1791. Paris, BN (de
Vinck 3948, 3949)

Abb. 74: Die
Ermordung Marats.
Aquatintaradierung,
149 × 150 mm, Paris
1793. Paris, BN
(de Vinck 5289)

Zu den ›Denkwürdigkeiten‹ der Revolution gehört ein Ereignis, das wiederum Letourmi in Holzschnitten (Abb. 73) festgehalten hat: Die gescheiterte Flucht der königlichen Familie aus Paris und ihre Festnahme in Varennes am 22. Juni 1791. Nach diesem Ereignis war der König der Gefangene seines Volkes; damit hatte die Revolution einen Punkt erreicht, hinter den es kein Zurück mehr gab. Für die Bildsatire heißt dies, daß sie nun ihr zentrales ›Objekt‹ gefunden hatte und die Demontage der Monarchie an einer Person durchexerzieren konnte – ein bedeutsamer ›Fortschritt‹, denn die revolutionären Ideen waren reichlich abstrakt. Karikatur und Massenflugblatt hingegen argumentieren nicht abstrakt; selbst wo sie abstrahierende Bildformeln verwenden, bleibt ihr Inhalt konkret. Letourmi allerdings nutzt den Vorteil, daß er hier keine symbolische, sondern eine reale Handlung zu schildern hatte, noch kaum satirisch; sein Stil bleibt nüchtern, rudimentär. Eine roh gezeichnete, aber hinreichend mit Details (wie Mauern, Toren, Ecktürmen, Wohnhäusern) versehene Architekturfolie dient als Ausweis der Authentizität. Der eigentliche Vorgang ist nur beiläufig gegeben; ein Zug, die Kutsche, Angehörige der Nationalgarde und Zuschauer, die die Arme hochreißen – das ist alles. Weder die Zeit (die Ergreifung spielte sich um Mitternacht ab) noch die näheren Umstände sind beschrieben; und wie im ersten Beispiel sind die Gesten auf ein stereotypes Mindestmaß beschränkt. Von einer ausgeprägten Körpersprache kann keine Rede sein; die Gesichter gleichen einander, und sämtliche Pferde sind aus zwei Standardvorlagen gewonnen. Gerade diese – wahrhaft ›holzschnittartige‹ – Struktur verhilft der Darstellung zur Glaubwürdigkeit. Das Bild will nichts anderes sein als ein nackter, nüchterner Rapport; daß es nur Formeln bietet, fällt um so weniger auf, als der Text sich wie ein Polizeibericht liest.

Ähnlich verhielt es sich nach der Ermordung des Marat: Die damals in aller Eile ausgeführten simplen Radierungen – hier ein Beispiel (Abb. 74) – geben eine Schablone wieder, die gerade darum als getreuer Bildrapport akzeptiert wurde: die schuhförmige Sitzbadewanne, den bis zuletzt ›für das Wohl des Volkes‹ tätigen Abgeordneten, Charlotte Corday im gestreiften Kleid. Die ›hohe‹ Kunst dagegen, nämlich die noch Wochen und Monate nach dem Mord publizierten Ehrenstiche oder gar Davids berühmtes Gemälde *Der Tod des Marat* verliehen dem Ereignis die panegyrische Aura, welche eine hervorragende Begebenheit seit je beansprucht hat. Um den Gegensatz auf der Ebene der publizierten Graphik zu verdeutlichen, sei dem einfachen Sensationsblatt ein hochstilisierter Entwurf gegenübergestellt (Abb. 75). Dort wurde der Augenblick, hier wird die Ewigkeit bedacht. Der einfache Sansculotte Marat, von der ›Reaktion‹ erdolcht, ist dem Adligen Lepelletier de Saint Fargeau, der für den Tod des Königs gestimmt hatte und dafür von seinem Diener

Abb. 75: Entwurf zu einem Doppelkenotaph zu Ehren Marats und Lepelletiers, Kupferstich, 695 × 500 mm, 1793. Paris, BN (de Vinck 5343)

erstochen worden war, zur Seite gerückt. Auf einem Grabmal, das aus einem Kenotaph in Form eines umgekehrten Pyramidenstumpfs und einem bekrönenden Obelisken besteht, sind, jeweils von einem Schlangenring als Zeichen unsterblicher Größe gefaßt, die Bildnisse der beiden Revolutionsmärtyrer präsentiert. Wie bei Schadows wenig früherem Grabmal des Grafen von der Mark[12] ist das Monument von den drei Parzen umgeben, die den Lebensfaden spinnen und zerschneiden – eine andere Realitätsebene als die des Grabmals wird damit angesprochen, und doch ist es nicht die des Betrachters; daß die Parzen aber von den Stufen herabzusteigen scheinen oder auf Wolken schweben, erhöht

den illusionistischen Charakter dieser Allegorie. Oben kündet, von acht Sternen gesäumt, eine Strahlenglorie vom ewigwährenden Ruhm der beiden Heroen. Die zeitbedingten Zeichen hingegen (Eichenlaub und Faszienbündel auf dem Kenotaph, die Phrygenmütze auf dem Obelisk und die das Mahnmal umgebenden Pappeln als Bäume des Volkes) bleiben so zurückhaltend, daß der Aspekt der Zeitlosigkeit durchaus überwiegt. Bezeichnenderweise gleichen die Mittel der Nobilitierung dem eines Fürstengrabs.

DANS LE DÉP? DE SEINE ET OISE CHAQUE ANNEE DEUX ROSIERES

LA VERTU DE LA
ROSIÈRE MISE
À L'ÉPREUVE

LA ROSIÈRE DÉSIGNÉE
ET PRÉSENTÉE
AU SEIGNEUR

SONTS COURONNÉES L'UNE A ROSNY ET L'AUTRE A DUORDAN

LES FIANCAILLES
DE LA ROSIERE

LE COURONNEMENT DE LA ROSIÈRE

A ORLEANS CHEZ RABIER BOULARD

CINQ EXEMPLAIRES
ONT ETE DEPOSEE

Abb. 76: Krönung zweier Rosenmädchen. Holzschnitt, 597 × 733 mm, 1795 verlegt bei Rabier-Boulard in Orléans. Paris, Musée des arts et traditions populaires (ATP Ico: 51.30.28E)

Was Letourmi und anderen in der Druckgraphik gelang, nämlich die Wiederbelebung einer jahrhundertealten schablonenhaften Bildwelt für die kaum lesefähigen Schichten des Volkes, erreichten die Brüder Lesueur in Aquarell und Gouache. Wenngleich diese ›naiven‹, starkfarbigen Bilder[13] auch nicht reproduziert wurden, so wurden sie doch serienweise hergestellt, auf Jahrmärkten verkauft und in so großer Anzahl vertrieben, daß sie fast eine der Druckgraphik vergleichbare Wirkung erzielten. Auch muß wenigstens erwähnt werden, daß es revolutionäre Wandzeichnungen gab, die, auf öffentlichen Gebäuden angebracht, den ›Mann auf der Straße‹ in einer der Druckgraphik vergleichbaren Weise agitieren konnten, zumal sie ähnlich rudimentäre Mittel benutzten.[14]

Die populäre Graphik überlebte den Sturz Robespierres besser als die elaboriert-jakobinische, konnte sie sich doch auf vorrevolutionäre Traditionen berufen. Wenn daher 1795 der alte Brauch der Krönung von ›Rosenmädchen‹ wieder auflebte, so wurde diese Zeremonie in Art einer der älteren Bildzeitungen dargestellt (Abb. 76). Der (noch weit ins 19. Jahrhundert hinein geübte) Volksbrauch, tugendsame Jungfern durch einen Kranz aus Rosen zu ehren, wird hier in ›kontinuierender Erzählung‹[15] wiedergegeben: die einzelnen Stadien des Rituals werden nach Art einer Bildrolle miteinander verzahnt, enger und anspruchsloser noch als die Phasen der *Flucht nach Varennes* bei Letourmi. Die beiden Auserwählten werden einer Tugendprobe unterzogen, nach bestandener Prüfung wird jede ihrem Kavalier vorgeführt und gekrönt – ein volkstümliches Pendant zur mythischen *Krönung des Tugendhelden* in der Hochkunst des Barocks, möglicherweise auch zu den esoterischen Ritualen der Rosenkreuzer.

Abb. 77: Der
Freiheit zu Ehren.
Aquatintaradierung,
273 × 390 mm,
1792 verlegt bei
J. Chéreau in Paris.
Paris, BN (Histoire
de France, 30. Juli
1792)

{ *Amour sacré de la Patrie* ⎫   HOMMAGE A   { *Sous nos drapeaux que la l'ictoire* ⎫
{ *Conduit soutient nos bras vengeurs* ⎪   { *Accoure a tes mâles accens,* ⎪ } *aux armes*
{ *Liberté, liberté cherie* ⎬   LA LIBERTE.   { *Que ses ennemis expirans* ⎬
{ *Combat avec tes defenseurs, bis* ⎭   *A Paris chez J. Chéreau Rue St. Jacques aux 2 Colonnes N° 257.*   { *Voient ton triomphe et notre gloire* ⎭

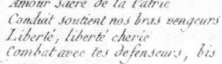

FETE DÉDIÉE À LA VIEILLESSE.

Ein anderes Feld, auf dem volkstümliche Sitte
und Darstellungsweise zusammenkamen, war das
der Feste im Freien. Häufig mit einfachen Liedstrophen versehen, stellen solche Radierungen und
Holzschnitte etwa eine *Ehrung an die Freiheit* dar
(Abb. 77), die aus nichts anderem als einem Tanz
oder einer Schmückung der örtlichen Freiheitsstatue mit Girlanden und Blumen bestand. Die Akteure
selbst laufen hinzu, knien, halten Requisiten; ihre
Begeisterung wird durch Erheben oder Ausbreiten
der Arme ausgedrückt; Licht und Schatten wechseln
so rasch wie auf kolorierten Drucken die Farbe. Ein
›buntes‹ Treiben wird dadurch suggeriert. Einen dif-
ferenzierteren Einblick zugleich in dörfliche Revo-
lutionsbräuche und in die volkstümliche Graphik
der Zeit gibt Pierre-Alexandre Wille mit seinem *Fest
zu Ehren des Alters* (Abb. 78) von 1794.[16] Eine Allegorie des Gesetzes fällt zunächst ins Auge, doch ist
sie, anders als die *Freiheit* auf dem naiveren Blatt,

von der Seite gesehen, so daß, ganz wie bei bukoli-
schen Gemälden eines Fragonard oder Pater, das
Interesse des Betrachters unvermerkt auf das Verhalten der ländlichen Einwohner gelenkt wird. Vor
der Statue zwei Tänzer im offenen Halbkreis; rechts
ein Zug mit Ehrenwagen, auf dem, bekränzt, zwei
alte Leute sitzen – »Ehre dem Alter« steht über ihnen. Die Mädchen im Zuge führen eine Fahne mit
dem obligaten Spruch: »Wir schwören, nur junge
Republikaner und Verteidiger des Vaterlandes zu
ehelichen.« Im Hintergrund tanzen weitere Festteil-
nehmer um eine fahnengeschmückte Pappel. Darstellungen dieser Art bilden die Kehrseite der oftmals ›papierenen‹ offiziellen Zeremonien; offenbar
agitieren sie auch gegen die klassizistische Steifheit
allegorischer Stilisierungen in den Arkanzonen zeit-
genössischer Graphik. Möglicherweise verbirgt sich
hinter solch einfachen Blättern jedoch mehr an Propaganda als in manch einem Pariser Ehrenstich.
Denn auch die gemütliche Kulisse der Bauernhäuser
kann nicht darüber hinwegtäuschen, daß es hier um
Aushebungen geht – der Schwur auf der Fahne
spricht Bände.

Abb. 78: J. Duplessi-
Bertaux nach Pierre-
Alexandre Wille,
Fest zu Ehren des
Alters. Aquatinta-
radierung,
435 × 620 mm,
1795. Paris, BN
(de Vinck 6356)

REFRAINS PATRIOTIQUES

Si vous aimez la danse,
Venez accourez tous,
Boire du Vin de France. (bis)
Et danser avec nous.

Dansons la carmagnole
Vive le son vive le son,
Dansons la carmagnole
Vive le son du canon.

A Paris Rue du Théâtre Français, N.° 4.

Ah! ça ira ça ira ça ira,
Le Peuple en ce jour sans cesse repete :
Ah! ça ira ça ira ça ira,
Réjouissons nous le bon temps viendra.

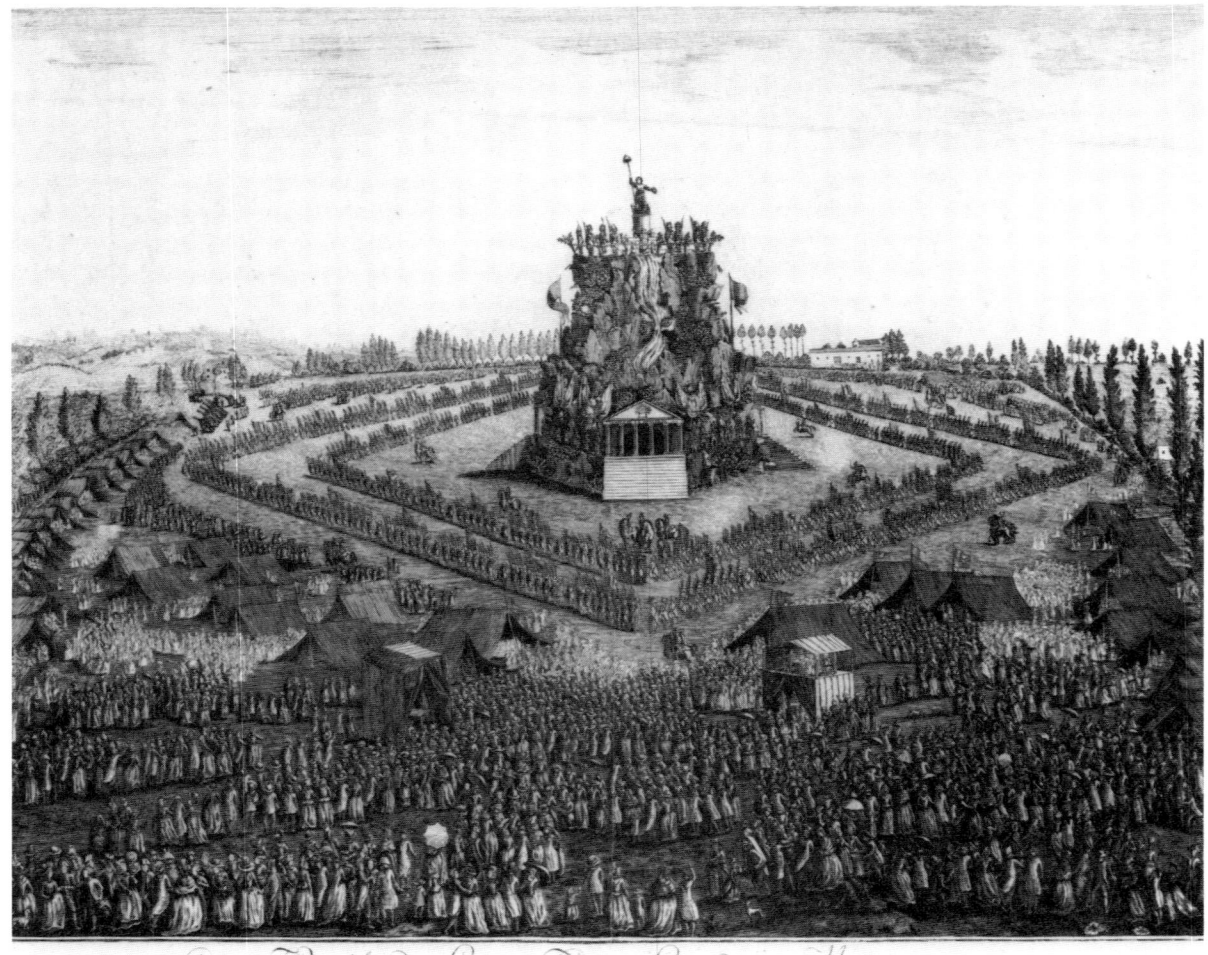

Camp Federatif de Lion Tera Le 30 Mai 1790

Abb. 81: Die Almosen des Dritten Standes. Radierung, 123 × 165 mm, 1791 (?). Paris, BN (Hennin 10550)

LES AUMÔNES DU TIERS-ÉTAT

(a) *Le Clergé et* (b) *la Noblesse l'un par lautre soutenus demandent l'aumône au Tiers-état* (c) *mais d'une manière bien différente; l'un par la voie de la Tyrannie, et l'autre avec le langage du Charlatanisme*

Daß derart harmlos wirkende Festdarstellungen tatsächlich mit politischen Ereignissen verknüpft waren, zeigen auch Radierungen wie *Die Sansculotten tanzen die Carmagnole, während die österreichischen Husaren vor den französischen Kanonen fliehen* (Abb. 79) – ein Blatt, das dadurch hervorsticht, daß es offenbar beide Parteien verhöhnt.

Bemerkenswert bleibt (bei aller latenten Bedrohung), daß in diesen Darstellungen das ›Volk‹ nur in kleinen Gruppen auftritt und dort sich selbst überlassen erscheint. Bei der Wiedergabe offizieller Feste dagegen, dort also, wo wirklich ›Massen‹ auftreten, wird die Graphik diesem neuen Phänomen nicht gerecht. Zu dem *Lyoner Bündnisfest* vom 30. Mai 1790 z. B. (Abb. 80) werden die Teilnehmer in geordneten Zügen herangeführt und vom zentralen Kultbild der Freiheit durch ein doppeltes Soldatenkarree abgeschirmt. Nur in wenigen Fällen wurde das *Bild der Menge* als eine neue künstlerische Aufgabe begriffen.[17]

Erst in letzter Zeit ist die gewaltige Rolle der Karikatur in der Französischen Revolution deutlich geworden.[18] Auch wir haben sie bisher kaum behandelt, allenfalls trafen wir auf latent satirische Drucke, oder auf solche, deren satirische Absicht noch nicht in einem spezifisch karikaturistischen Vokabular ausgedrückt war. Daher ist auf die spezifischen Mittel dieses Herzstücks der revolutionären Bildpublizistik nun näher einzugehen. Zunächst ein Blatt, das Kleriker und Adlige als Almosenempfänger des Dritten Standes darstellt (Abb. 81). Die Gesichtszüge der beiden hohen Standesvertreter sind verzerrt, der Priester ist darüber hinaus äußerst beleibt gegeben – ein beliebtes, freilich seit der Antike be-

kanntes Mittel der Verhöhnung.[19] Kleriker wie Adliger üben Druck aus; der eine mit Hilfe einer »scharlatanischen Sprache«, der andere »auf dem Wege der Tyrannei«, wie die Beischrift sagt. Wie neu dieser Inhalt, die Offenlegung der Unterdrückung, war, zeigt sich gerade in der Insuffizienz des Bildes: Zweierlei Text dient seiner Unterstützung, neben der Legende die Fahneninschriften »Fürchtet Gott« und »Zahlt oder … «. Was das Bild betrifft, so ist nicht die ›Zeichnung‹ zweier Übeltäter neu, wohl aber die Absicht, damit Standeshierarchien abzubauen und gesellschaftliche Konflikte kämpferisch vorzutragen. Ganz offensichtlich geht die französische Karikatur darin über die englische hinaus – und dies sollte über dem zweifellos affirmativen, ja opportunistischen Charakter der Mehrzahl der Revolutionsdrucke nicht übersehen werden. Während in England Arm und Reich, fast schon so distanziert wie Dick und Dünn, im Bild persifliert werden konnten, so daß die Stoßkraft der Satire, wenngleich von hohem politischen Anspruch,[20] sich vielfach im befreienden Lachen erschöpfte, entwickelte sich die Karikatur in Frankreich, wenn auch künstlerisch ärmer, zu einem politisch effektiveren Mittel der gesellschaftlichen Veränderung, zu einem Instrument, das rasch zur scharfen, ja tödlichen Waffe werden konnte.[21]

Tout irait bien si tout le monde Rioit comme Moi

Quand ce ra la Poule au Pot ?

Das erste und häufigste Mittel der Karikatur ist seit dem 16. Jahrhundert die Verformung des Gesichts und des Körpers, die Hervorhebung von normabweichenden Qualitäten, oft nicht einmal in übertreibender Nachahmung der Realität, sondern in freier Erfindung, was voraussetzt, daß das ›soziale Gedächtnis‹ der Zeitgenossen etwa mit dem dicken Bauch Eigenschaften wie Gefräßigkeit, Habgier, Eroberungswille, Aneignung von Schätzen und dergleichen verbindet. Gerade dieses ›Zeichen‹ wird in der Revolutionsgraphik außerordentlich häufig angewandt. Dickbäuchig wie jener Priester kann, um nur ein Beispiel zu nennen, auch ein Vertreter des Dritten Standes am Vorabend der Einberufung der Generalstände gezeichnet werden (Abb. 82).

Der ihm in den Mund gelegte Ausspruch »Alles ginge gut, wenn jeder lachte wie ich« weist ihn vordergründig als harmlosen Optimisten aus; dahinter steht freilich der Anspruch des Dritten Standes, die gesamte Nation zu repräsentieren und damit die Güter und Privilegien der beiden anderen Stände zu vereinnahmen. Die Karikatur prognostiziert damit etliche erst im Verlauf des Jahres 1789 gefaßte Beschlüsse. Diesen Hintersinn bestätigt auch das Gegenbild, der ›Pessimist‹ in Gestalt eines verarmten Adligen, der ein Huhn aufgespießt hat. »Wann wird das Huhn im Topf sein«, seufzt er und spielt damit auf die Absicht Heinrichs IV. an, jedem Bauern sonntags sein Huhn im Topf zu verschaffen. Der Adlige hat nicht einmal das, was dem Bauern gebührt, lautet die Klage. Wie dieses Beispiel zeigt, verbindet sich die im 18. Jahrhundert künstlerisch so bedeutsame ›Beredsamkeit des Leibes‹ mit einer Botschaft durch die Kleidung.[22]

Wie die Verarmung des Landadels durch die zerrissene Hose, so wird der völlige Niedergang der Sansculotten nach Robespierres Sturz durch einen zerlumpten Anzug demonstriert (Abb. 83). Unter Anspielung auf den niedergeschlagenen Sansculottenaufstand vom Mai 1795 werden innerhalb dieser Verfallsgeschichte zwei Etappen unterschieden: Zu Beginn des Aufstands, am 1. Prairial (20. Mai 1795) tritt der Sansculotte noch ›großspurig‹ auf, er fordert sein Recht und sein Brot; nach der Niederlage am 4. Prairial (23. Mai) hat er den Hut abgenommen (d. h. seine Ansprüche begraben), nun bittet er

LE jacobin du 1ier Prairial   LE jacobin du 4ieme Prairial .

Abb. 83: Sansculotte am 1. und am 4. Prairial des Jahres III (20. und 23. Mai 1795). Radierung, koloriert, 144 × 198 mm, 1795. Paris, BN (de Vinck 6464)

l'Abbé d'Autre-fois .   I   l'Abbé d'Aujourd'hui .

um Brot. Zwar ballt er laut Inschrift die Faust, doch ist sein Gestus alles andere als bedrohlich: Die Bittgebärde kontrastiert mit dem Zeigegestus, der halbe Kniefall mit dem Ausfallschritt des ersten Zustands – deutlich sind Angeberei und Unterwürfigkeit durch körpersprachliche Mittel signalisiert, unterstützt durch die erhobene bzw. gesenkte Lanze und die wilde Mähne im Gegensatz zum wirr fallenden Haar. Solch ein ›Vorher‹ und ›Nachher‹ ist in der Revolutionsgraphik häufig anzutreffen, etwa bei den Priestern, die von ihrem ›Aberglauben‹ lassen und den Bürgereid auf die Verfassung schwören (Abb. 83 A).[23]

Abb. 83 A: Der Priester von früher. Der Priester von heute. Anonyme Radierung, koloriert, 225 × 180 mm, 1789/90. Paris, BN (de Vinck 3057)

Abb. 85: Tragisches Ende der Republik. Radierung, 235 × 295 mm, 1794. Paris, BN (Hennin 11813)

Zur Körpersprache und der Kleidungsbotschaft gehört das Spiel mit dem Anstößigen – wiederum seit der Reformation ein geläufiges Mittel, Verachtung sinnfällig und allgemein verständlich zu demonstrieren. Schon Champfleury fielen die »facéties scatologiques« der Reformationssatire auf;[24] und wie die Lutheraner ihre Notdurft in die Tiara des Papsttums verrichteten,[25] so nutzen die Jakobiner Dekrete des Königs (Abb. 84)[26] oder Brevia des Papstes[27] als Wischpapier. Auch die Gegner werden auf diese Weise verächtlich gemacht: *Sansculotten, mit Braunschweigs Manifest bewaffnet, verfolgen den Herzog und seine Soldaten, die von heftigen Koliken heimgesucht werden.*[28] Und selbstverständlich wird diese Waffe nach Robespierres Sturz gegen die Republikaner gerichtet (wie überhaupt die Konterrevolution die revolutionäre Bildsprache ausgiebig zu nutzen verstand): *Das tragische Ende der Französischen Republik* nennt sich eine Radierung (Abb. 85), in der ein überständiger Jakobiner, noch mit den Beschlüssen der Konstituante von 1793 bewaffnet, einen Mitbürger »an die Arbeit, auf die Guillotine« befiehlt, worauf dieser ihm nur erklärt,

er setze die vierte Farbe auf die Trikolore. Die Pyramide, die vorher das immerwährende Königtum, dann die ewige Dauer der Republik versinnbildlicht hatte, ist in sich zusammengefallen, die phrygische Mütze hängt am Galgen, und Voltaire ruft aus: »Wann wird nur dieser Unsinn ein Ende nehmen!« Auf der Pyramide schließlich weist ein Medaillon die Gleichheitsapostel als Esel aus.

*Abb. 87: Die könig-
liche Tiersammlung.
Aquatintaradierung,
140 × 229 mm,
1792. Paris, BN
(de Vinck 4930)*

Damit wird ein weiteres Mittel der Karikatur benannt, die Verwandlung menschlicher Körper in
Tiergestalt. Seit Äsop und Lafontaine war es üblich,
am Beispiel von Tieren menschliche Schwächen zu
rügen; Goethes *Reineke Fuchs* ist uns das geläufig-
ste Beispiel.[29] Im Spätmittelalter hatte die Tierausle-
gung ihren festen Ort in der Theologie;[30] in der
Emblematik und der politischen Ikonographie des
16. und 17. Jahrhunderts warnt der Pfau u. a. vor
Eitelkeit, der Eber vor blindem Zorn, die Schild-
kröte ruft zu Beständigkeit und Genügsamkeit auf,
zu Wachsamkeit und Fürsorge der Adler. Zumeist
sind es Herrschertugenden oder Ermahnungen an
die Adresse des Fürsten, die so umschrieben werden.
Wenn im 17. Jahrhundert die Grausamkeit und Willkür eines Fürsten gerügt werden soll, kann dies
durch die Verwandlung des betreffenden Übeltäters
in einen Hund mit Menschenantlitz geschehen; ein
Flugblatt bringt die Parabel dann unter die Leute
(Abb. 86). Als eine direkte Nachfolge dieses ›Got-
tesgerichts‹ erweist sich die *Ménagerie Royale*, welche der königlichen Familie 1792 zwar noch ihre
Gesichtszüge und Perücken zugesteht, ihre Körper
aber in Schafe, Böcke und Pfauen verwandelt
(Abb. 87). Menschenköpfe auf Tierkörpern kennt
die Revolutionsgraphik wesentlich häufiger als
Tierköpfe auf Menschenkörpern; aber selbst so war
die Identität oft nicht gewährleistet, vor allem da,
wo Vertreter ausländischer Mächte auf diese Weise
angegriffen wurden. Daher muß in der großartigen
kolorierten Radierung (Abb. 88), die Papst und
Kaiser, Katharina von Rußland, den englischen,
spanischen und preußischen König und andere
Herrscher zeigt, jeder der auf diese Weise bildlich

deformierten Würdenträger zusätzlich schriftlich
benannt werden, auch William Pitt, der als Finan-
cier der Ersten Koalition und als Seele der Verschwörung gegen Frankreich begriffen, in Fuchsge-
stalt den Vordergrund beherrscht.

Auch die Verwendung des Tierbildes speziell zur
Degradierung eines Herrschers, oder auch nur zur
Diffamierung eines Gegners, ist keine Erfindung der
Revolution. In der Reformationszeit wurde bei-
spielsweise Calvin als Schwein und der Papst als
Schweinereiter dargestellt,[31] Jesuiten und katholi-
sche Priester allgemein wurden als Schweineherde
gebrandmarkt.[32] In der Emblematik kann das
Schwein Gier, Abhängigkeit, Barbarei, aber auch
Mißachtung der Wahrheit und Tugend symbolisie-
ren[33] – womit es sich als geeignet für die Projektion

Abb. 88 (oben): Die erste europäische Koalition gegen Frankreich. Radierung, koloriert, 163 × 248 mm, 1794. Paris, BN (Histoire de France M 102897)

auf den König erwies. Freilich bedeutet es eine Verarmung, wenn die Satire in Bild oder Wort zu dem Mittel, Menschen als Schwein oder Ratte zu bezeichnen, Zuflucht nehmen muß; es wäre aber historisch unhaltbar, dafür die Revolutionsgraphik besonders zu rügen: offenbar war dergleichen zu allen Zeiten üblich, und noch A. Paul Webers humorlose Karikaturen fallen in dieser Hinsicht hinter die Möglichkeiten der Gattung zurück.[34] Wie sich aus den zahlreichen Belegen ergibt, ist die jüngst geäußerte Annahme, das metaphorische Bild des Schweins sei von der Revolutionsgraphik so gut wie

neu geschaffen worden, ganz verfehlt, ebenso die These, in der Revolution sei nur der König so ›gezeichnet‹ worden.[35] Mit Vorliebe wurde diese Metapher z. B. auf Priester angewandt.[36]

Vom Tier mit Menschenhaupt zum Monster ist es nicht weit, und so kann ein übel beleumundeter Herrscher oder ein gefährlicher Gegner (wie im 16. und 17. Jahrhundert)[37] auch als Drache dargestellt werden. Das Mißtrauen gegen den Einfluß der Marie-Antoinette schlug sich schon seit 1787 in einem vielfach abgewandelten Spottbild nieder, das die Königsgattin als Harpyie zeigt (Abb. 89). Desgleichen konnte die Erstürmung der Bastille als Kampf gegen die Hydra der Aristokratie verbildlicht werden (vgl. unten Abb. 110). Von diesen Drucken zeigt der erste eine solche Sorgfalt der Ausführung, der andere eine solche Differenzierung, ja Porträttreue der Gesichter, daß trotz der Anonymität die Autorschaft geübter Stecher anzunehmen ist. Überhaupt werden wir sehen, daß Künstler ersten Ranges sich in der Revolution als Karikaturisten betätigten und

Abb. 89 (links): Louis-Alexandre Bouteloup, Marie-Antoinette als Harpyie. Radierung, 232 × 312 mm, 1791 (?). Paris, BN (de Vinck 1150)

RIQUETTI-TONNEAU
ou
les deux n'en font qu'un

Abb. 90: Vicomte Mirabeau (Bruder des Politikers) als Faß. Radierung, 171 × 131 mm, 1791. Paris, BN (de Vinck 1945)

diese Art visuellen Ausdrucks als veritable Kunst bewertet und bezahlt wurde. Eine von Hogarth erträumte und von Daumier kaum erreichte Durchbrechung der hierarchischen Abstufungen zwischen den Kunstgattungen wird in der Revolution, noch vor Goyas *Caprichos*, kurzfristig Wirklichkeit.

Trotz des herben Bildvokabulars der zuletzt behandelten Blätter ist festzuhalten, daß die Mehrzahl der Revolutionskarikaturen spielerische Züge trägt oder, unter völligem Verzicht auf karikaturistische Mittel, auf Situationskomik setzt. Spielerisch ist zunächst die Erweiterung der körpersprachlichen Mittel durch signifikante Objekte. Der dickbauchige und genußfreudige Vicomte Mirabeau etwa wurde als »Mirabeau-tonneau« verunglimpft (Abb. 90), und in einer populären Radierung wird ›Ludwig der Letzte‹, der als Trinker galt, vom Straßburger Jakobinerclub symbolisch in einem Burgunder-Weinfaß bestattet (vgl. unten Abb. 131); dabei wird diese Projektion als so bekannt vorausgesetzt, daß der König selbst weder erwähnt noch dargestellt zu werden braucht. Als Metapher für übertriebene Genußfreudigkeit ist das Faß wenigstens seit der Renaissance in der Bildsatire üblich. Ein vor 1614 entstandenes Blatt (Abb. 91), das die Wirkung des Weins auf die vier Temperamente (versinnbildlicht in vier Tieren) zeigt, mag als herausragendes Beispiel genügen.

Oft tritt das spielerische Element in der Weise zutage, daß auf Puppentheater oder Kinderspiel zurückgegriffen wird.[38] Dankbares Objekt dafür war die englische Krone; auf sie kaprizierten sich u. a. die Auftragsarbeiten des großen Karikaturen-Wettbewerbs, der 1793 vom *Comité du Salut Public* ausgeschrieben wurde[39] – eine in der Geschichte der Bildsatire einmalige Förderungsmaßnahme, die keineswegs, wie man befürchten könnte, nur langweilige Ergebenheitsadressen zeitigte. Einmalig auch, daß bei diesem Anlaß die Karikatur bestimmt wird »als eine Art gesprochene und ausgemalte Sprache, die für das leseunkundige Publikum vorzüglich geeignet ist«.[40] Eindeutig wird die Karikatur damit als Mittel der Volkserziehung begriffen und zur volkstümlichen Graphik gerechnet, obwohl David, Chaudet und eine ganze Reihe angesehener Künstler sich an dieser Aufgabe beteiligten. Für eine Auflage von 1200 Exemplaren einer kolorierten Radierung aus diesem Wettbewerb, den *Gezähmten Leoparden* (Abb. 92), erhielt der Maler und Bildhauer Chaudet die ansehnliche Summe von 1440 Livres; soviel kostete ein Gemälde mittleren Formats, sofern sein Autor bekannt war. Das Blatt stellt einen kühnen Balanceakt des englischen Kanzlers Pitt vor, dem George III. nach der Niederlage gegen die nordamerikanischen Provinzen die Regierung überließ. Auf Stelzen dirigiert Pitt den Leoparden, das Emblemtier Englands in der Revolutionskarika-

tur; auf dem durch seinen Handel zahm gewordenen Raubtier reitet George mit seinem Gefolge; auf dem Schwanz, mit Eselsohren geschmückt wie die Höflinge auch, seine Kinder. Die Szene spielt sich auf schwankendem Grunde ab, auf auslaufenden Fässern und aufgerissenen Kornballen, deren einen im nächsten Augenblick ein Sansculotte wegziehen wird; so kommt die labile Konstruktion zum Einsturz, und Pitt selbst wird nicht gewahr, daß auch an seinen Stelzen in aller Ruhe ein Sansculotte sägt. Der propagandistische Inhalt des Blatts sollte nicht hindern, den Witz im Detail aufzuspüren: ein konkretes, handfestes, mit lustigen Einfällen ausgestattetes Vokabular, wie es dem *Ancien Régime* nicht zur Verfügung stand, ist das Resultat der revolutionären Karikatur.

Abb. 91: Der Trincker. Kupferstich, vor 1614. 188 × 311 mm. Wolfenbüttel, Herzog August Bibliothek

LE CHARLATAN POLITIQUE OU LE LÉOPARD APPRIVOISÉ.

Abb. 92: Chaudet, Das lachhafte und vom Einsturz bedrohte Gerüst der englischen Macht, im Bild eines zahmen, von Pitt geführten Leoparden, auf dem die Familie Georgs III. reitet. Radierung, koloriert, 461 × 603 mm, 1794. Paris, BN (de Vinck 4388)

Abb. 93: Allegorie
auf den Ruhm der
patriotischen
Zeitungen.
Radierung,
137 × 83 mm,
aus: Révolutions
de France et
de Brabant, Nr. 77,
16. Mai 1791

Abb. 94: Matinée im
Palais Royal.
Karikatur auf das
Breve des Papstes
und die konserva-
tiven Zeitungen.
Radierung,
131 × 84 mm, aus:
Révolutions de
France
et de Brabant,
Nr. 75, 9. Mai 1791

Das Vertrauen auf Wirkung durch bloße Situationskomik zeigt sich beispielhaft (Abb. 93) in einer
Karikatur auf die Zeitungsflut der ersten Jahre der
Revolution – ein Reichtum, der durch die Verfassung vom 3. September 1791 gesichert, aber auch
beschränkt wurde: die Herausgeber führender Re-
volutionszeitungen (unter ihnen Marat, der den
Ami du Peuple aus seinem Kellerloch emporholt)
umringen die spärlich bekleidete Allegorie der Verfassung, als erblickten sie in ihr die Garantie der
Pressefreiheit, die doch an die begrenzte Formel
»Die Nation, das Gesetz und der König« so sichtbar
gebunden bleibt, daß mehr der Konformismus als
die Vielfalt der Presse aus der Zeichnung hervorge-
hen. Dieses Blatt ist die Umkehrung einer Karikatur
auf die königstreuen Zeitungen (Abb. 94), die auf
das Breve Pius' VI. gegen die Zivilkonstitution anspielt (just am 3. Mai 1791, dem Tag, der in der
Überschrift erwähnt wird, hatten Patrioten im Gar-
ten des Palais Royal dieses Breve und eine Pappfigur
des Papstes verbrannt). Das Karikaturenpaar zeigt,
daß den Publizisten der Wort- und Bilderkampf der
eigenen Zeit als eine neue Qualität bewußt geworden ist; in Kap. 10 wird darauf näher eingegangen.

Auf der Situationskomik allein basiert auch die
Wirkung eines Blatts, auf dem die Patrioten im Anblick einer großen Münze niederfallen (Abb. 95).
Nicht das Arsenal der Karikaturisten, sondern die
als vertraut vorausgesetzte biblische Geschichte von
der Anbetung der Hirten, die Anspielung auf den
Stern von Bethlehem, aber auch die Erinnerung an
Embleme mit dem aus Wolken ragenden Arm Gottes – und die unvermutete Anwendung dieser sakra-
len Sphäre auf die Wirtschaftskrise von 1794/95
(mit dem Verfall der Assignaten) lösen die satirische
Wirkung aus.

Abb. 95: Michel
Webert zugeschr.,
Wie die Patrioten
beim Anblick einer
großen Münze, die
in Frankreich im
3. geldlosen Jahr der
Freiheit am Himmel
erschien, anbetend
niederfallen.
Aquatintaradierung,
87 × 138 mm, 1791.
Paris, BN
(de Vinck 3121)

VERBILDLICHTE GRUNDPROBLEME DER REVOLUTION

7. Die Revolution erzählen: Ereignisse der ersten Revolutionsjahre in Bildzeitungen

Die oben an zwei Beispielen des Provinzverlegers Letourmi vorgestellten Bildzeitungen verdienen Beachtung nicht nur als populäre Flugblätter, sondern auch als besonders breitenwirksame Gattung der Ereignisgraphik und zugleich als Symptom für die außerordentlich große gesellschaftliche Resonanz des revolutionären Geschehens. Solche *Canards* (»Zeitungsenten«), wie die verächtliche Bezeichnung des 19. Jahrhunderts lautet, hatten eine lange Tradition. Zunächst seit dem 15. Jahrhundert allgemeine bebilderte Gelegenheitszeitungen, wurden sie mit der Entwicklung der Presse im 18. Jahrhundert ein Nachrichtenmedium, das sich ausschließlicher als früher an die kleinen Leute wandte und – trotz gegenläufiger Tendenzen in Holland und England – politische Nachrichten mied zugunsten sensationeller Meldungen über ungewöhnliche Naturereignisse, aufsehenerregende Verbrechen oder Hinrichtungen berühmter Krimineller.[1]

Das änderte sich mit der Französischen Revolution in dreifacher Hinsicht. Erstens bildeten politische *Canards* nun nicht mehr die Ausnahme, sondern die Regel; zweitens gingen sie vom Holzschnitt zur moderneren Technik der Radierung über; und drittens nutzten sie systematischer als zuvor die semi-orale ›Dreidimensionalität‹ des Mediums, indem sie den Bildbericht fast immer sowohl mit einer Textreportage (meist am Fuß des Blattes) wie mit kommentierenden Liedversen auf geläufige Melodien (an den Seiten) einrahmten. Durch diese – für das 19. Jahrhundert maßgebliche[2] – Verbindung von bildlicher Darstellung, buchstabier- oder vorlesbarem Kurzbericht und Lied, dessen Text sich mit Hilfe einer vertrauten Weise dem Gedächtnis leicht einprägte (ein Pariser Kleinbürger konnte damals etwa 300 Melodien mitsingen), zielten die *Canards* der Revolutionszeit auf eben jenen visuell-oralen Kommunikationsbereich der Volkskultur, von dem oben die Rede war (S. 15 ff.). Daraus erklärt sich auch, daß es sie trotz einer regelrechten ›Presserevolution‹ weiterhin gab: offenbar befriedigten sie das erwachte Informationsbedürfnis neuer Schichten, die weder Flugschriften noch Zeitungen lasen.

Es zeugt von der mobilisierenden Wirkung der Vorrevolution, daß die Serie der politisierten und aktualisierten *Canards* mit einem Bilderbogen zur ersten Notabelnversammlung einsetzt; kein Zufall auch, daß er von dem obenerwähnten Verleger Basset stammt (Abb. 96). Wie die Eröffnungssitzung in der Kapelle des Versailler Schlosses am 22. Februar 1787[3] entspricht auch ihre bildliche Darstellung dem traditionellen Zeremoniell. Die zur untertänigen Beratung eingeladenen Großen und Honoratioren des Königreiches tragen ihre »robe de cérémonie«,[4] haben ihre Kopfbedeckung respektvoll abgenommen und sitzen um den Tisch des Sekretärs in strenger Standes- und Rangordnung: an den Seiten des Monarchen die königlichen Prinzen und, vor ihnen Prälaten, Kronjuristen und Städtevertreter. Durch zwei Stufen herausgehoben, thront über ihnen Ludwig XVI. in vollem Ornat. Die Fama verkündet seinen Ruhm nicht ohne Grund. Denn die ungewöhnliche Versammlung, die seit 1629 nicht mehr einberufen worden war, stand im Zusammenhang mit dem letzten Versuch des *Ancien Régime* zur Selbstreform. Wie sehr dieser Versuch von Anfang an durch fiskalische Absichten und Rücksichten auf die Privilegierten belastet war, geht schon aus den Eröffnungsworten des Königs hervor, die unter der Zeichnung vollständig eingraviert sind; ihre Berufung auf das »öffentliche Interesse« und das »Gemeinwohl« vermag die Widersprüchlichkeit und Halbherzigkeit des Dreipunkteprogramms nicht ganz zu verschleiern: »die Einkünfte des Staates verbessern und durch eine gleichmäßigere Verteilung der Steuern völlig von Einschränkungen befreien; (…) den Handel von den verschiedenen Hemmnissen befreien, die den Warenverkehr behindern, und den bedürftigsten Teil meiner Untertanen entlasten, soweit die Umstände es mir erlauben«. Die kommentierenden Seitentexte lassen zwar nichts von der Absolutismuskritik ahnen, die Lafayette und andere dann in den Ausschüssen der Notabelnversammlung äußerten, und bleiben hinter der satirischen Bissigkeit gleichzeitig umlaufender Lieder weit zurück;[5] sie gewinnen aber schon allein dadurch einen ironischen Beiklang, daß sie der allgemein bekannten, für zahlreiche andere politische Straßenlieder der Zeit benutzten Melodie des Final-Vaudeville in Beaumarchais' Skandal- und Erfolgsdrama *Le Mariage de Figaro*[6] unterlegt sind. Dessen aufsehenerregende Infragestellung von Adel und selbst Monarchie schwingt also mit, wenn der Sänger hier einerseits auf die Selbstherrlichkeit Ludwigs XVI. gegenüber den Notabeln anspielt[7] und andererseits an seine ›väterliche Fürsorgepflicht‹ appelliert:

> »Die Versammlung dieser Familie,
> Beweist die Liebe des Vaters,
> Glückliche Franzosen! Dieser Gedanke
> Ist heute kein Traum.«
>
> *(6. Strophe)*

Abb. 96: Die Notabelnversammlung. Von A. Basset verlegte Radierung, 280 × 355 mm, Paris 1787. Paris, BN (Hennin 10136)

Abb. 97: Die Rückkehr des Parlaments. Von Bonvalet verlegter Stich, 226 × 326 mm, Paris 1788. Paris, BN (Hennin 10180)

Daß die Französische Revolution nicht als Volksaufstand, sondern als antiabsolutistische Rebellion altständischer und aristokratischer Gruppen begann, bestätigt ein zweites *Canard* der Vorrevolution (Abb. 97). Obwohl es das vorgenannte Blatt weitgehend kopiert, gewinnt es durch die Umschriften und die veränderte politische Lage, auf welche es anspielt, verstärkten Oppositionscharakter. Denn die Räte des Pariser Obergerichts *(parlement)*, über denen Ludwig XVI. hier thront, waren wegen ihres Widerstands gegen die königlichen Reformgesetze exiliert worden, hatten die öffentliche Meinung gegen den angeblichen »ministeriellen Despotismus« mobilisiert, damit zum Sturz des Reformministers Lamoignon de Malesherbes (14. September 1788) beigetragen;[8] indem der König sie hier wieder in ihre angestammten, käuflich erworbenen Ämter einsetzt,[9] manifestiert er – fast ein Gefangener der Privilegierten – das Scheitern seiner Reformpolitik,

CHANSON
Nouvelle sur ce sujet.

L'ASSEMBLÉE DES ÉTATS-GÉNÉRAUX CONVOQUÉE
à Versailles le 27 Avril 1789. et Remise le 4 Mai.

Suite

Air: Vous qui de l'a-
mourouse ivresse.

Venés Députés de la
France
Venés en joye
Accourés tous en dili-
gence
De par le Roi
L'Etat en trois partis
s'assemble
Dans ce grand jour
Ils nous feront voir tout
ensemble
Du cœur l'Amour. bis

Que vive à jamais Louis
Seize
Notre soutien
Et que notre esprit soit
bien aise
Pour notre bien
Les Bourbons prennent
en main la cause
De l'indigent
Il ne nous fait pas autre
chose
Pour le présent. bis

Et le Duc D'Orléans
aimable
Est un Papa
L'on connoit son cœur
charitable
Sur tout cela
Bénie soit cette as-
semblée
A tout jamais
Qui dans Versailles est
convoquée
A nos souhaits. bis

Le Clergé, comme la
Noblesse
De tous pays
Vient en ces lieux, tout
s'intéresse
Jusqu'à Paris
Que le Ciel devienne
propice
A leurs projets
Que toute la France il
bénisse
Et ses Sujets. bis

Célébrons ce jour de
mémoire
Soyons joyeux
Qu'un Te Deum rempli
de gloire
Soit en tous lieux
Chanté d'une belle élo-
quence
A haute voix
S'écriant par toute la
france
Vive le Roi. bis.

Que chacun soit sans
nulle crainte
Dans ce moment
Croyons que le peuple
Sera content
Bénissant les augustes
têtes
Des Magistrats
Vers les cieux, voila les
requêtes
Des Tiers-Etats. bis

Grand Neker, ta rare
prudence
Est notre appui
L'on voit en toi la pré-
voyance
Du grand Sulli
Sous un Roi, qui vaut
Henri Quatre
Tous a Lenvi
François chantons sans
rien rabattre
Vive Louis. bis

Ainsi François, d'un cœur
sincère
Plein de gaité
Loués le Ciel, et notre
Père
Sa Majesté
Comme son Auguste
Famille
En tous cantons
De plus en plus la vertu
brille
Chez les Bourbons. bis

Fin.

Le Roi ayant égard à l'état présent de ses Sujets, vient d'ordonner une Convocation des trois États des différentes Provinces du Royaume, tenue à Versailles le 27 Avril 1789, suivant le règlement du 24 Janvier dernier de la même année, afin que ces dignes Députés étans doués d'un vrai zèle françois, et esprit d'humanité, proposent, remontrent, avisent, et consentent, tout ce qui peut concerner les besoins de l'état, la réforme des abus, l'établissement d'un ordre fixe et durable dans l'administration, la prospérité du Royaume, et le bien de chaque Sujet, règle constante dans l'ordre public, relativement aux différents impots pour le soulagement du peuple, assurant Sa Majesté, d'écouter favorablement les différents avis qui lui seront donnés, pour l'intérêt et le bonheur à venir, qu'il espere donner à tous les bons et fideles Sujets, des différentes Provinces de son Royaume, pour que chacun soit content, sous le Regne d'un aussi Auguste Prince, AMEN.

A Paris chez Bonvalet, Enclos de St. Jean de Latran Cour du Noyer, chez Mr. Hémar /.   Avec Permission.

während das Wandbild des neuberufenen Finanzministers Necker ein inzwischen eingeleitetes populäres Programm anzeigt. Der Seitenkommentar verpflichtet Ludwig XVI. in untertänigen Wendungen auf die neue Politik; wie er Necker einen neuen Sully nennt, so legt er den Monarchen als zweiten Heinrich IV.[10] auf die Wohlfahrt des »Volkes« fest. Die einer Volksweise unterlegten Verse am Fuß des Blattes – ihr Refrain wiederholt das Vivat, das die Fama mit ihrer Fanfare bläst – lassen erkennen, daß damit vor allem eine Besitzgarantie für die Oberrichter, die Vermeidung eines Staatsbankrotts und die Überwindung der Wirtschaftskrise gemeint sind. Ähnlich wie die bildliche Inszenierung eines Volksumzuges zu Ehren der zurückgekehrten Oberrichter[11] erweist sich das *Canard* somit als Propagandablatt einer verbal radikalen, letztlich aber konservativen Körperschaft des *Ancien Régime*. Es dokumentiert einen Scheinsieg des Traditionalismus: als das Pariser Parlament sich nur einen Tag nach der dargestellten Szene für die alte Form der Generalstände erklärte, hatte es trotz aller bildpublizistischen Bemühungen sein progressives Image endgültig verloren.

Ein zweites *Canard* desselben Verlegers von Ende April 1789 (Abb. 98) zeigt die neue Lage, indem es den Zusammentritt der einberufenen Generalstände bildlich vorwegnimmt. Nachdem weder der Notabelnversammlung noch den *parlements* eine Lösung der Staatskrise gelungen war, richten sich nun

alle Hoffnungen auf den »wahren französischen Pflichteifer und den Geist der Humanität« der frei gewählten Abgeordneten. »Reform der Mißstände, (…) feste und dauerhafte Ordnung der Verwaltung, (…) Entlastung des Volkes« – so lauten die Stichworte (siehe Legende). Verglichen mit ihrer früheren Steifheit[12] ist etwas Bewegung in die Versammlung gekommen: die anstehenden Beratungen lassen mehr Schreib- und Protokollaufwand erwarten; mit dem Herzog von Orléans meldet sich zur Rechten des Königs ein liberaler Adeliger zu Wort, der sich im Wahlkampf der Feder des Abbé Sieyès bedient hatte; die gegenüber den Vertretern von Adel und Klerus in ihrer Zahl verdoppelten Abgeordneten des Dritten Standes im Vordergrund sprengen fast den Bildrahmen und ergreifen in Schrift (die Rolle links vorne könnte ein *cahier de doléances* darstellen) und Rede das Wort. Das begleitende »Neue Lied«[13] auf die Erfolgsmelodie eines erstmals 1787 aufgeführten Singspiels[14] besingt nacheinander die Hauptgruppen und -personen der Ständeversammlung – nicht ohne nebenbei für die Richterschaft einzutreten (6. Strophe). Doch das Vivat gilt nur dem König allein.

Abb. 98: Die Versammlung der Generalstände in Versailles, einberufen zum 27. April und vertagt auf den 4. Mai 1789. Von Bonvalet verlegte Radierung, 222 × 311 mm, Paris 1789. Paris, BN (Hennin 161540)

Die nächsten *Canards* galten dem Bastillesturm, beginnend mit einer Radierung des Graveurs Jean-Baptiste Gautier in der rue Saint-Jacques (Abb. 99). Der in fieberhafter Eile hergestellte Bilderbogen wurde bereits am 24. Juli in den Straßen der Hauptstadt ausgerufen.[15] In ›naiver‹ Vereinfachung der anspruchsvolleren Ereignisgraphik zeigt er die Bastille-Sieger vor der soeben eroberten Festung und auf deren Zinnen die ersten Eroberer, wie sie den Gouverneur festnehmen. Bemerkenswert ist nun je-

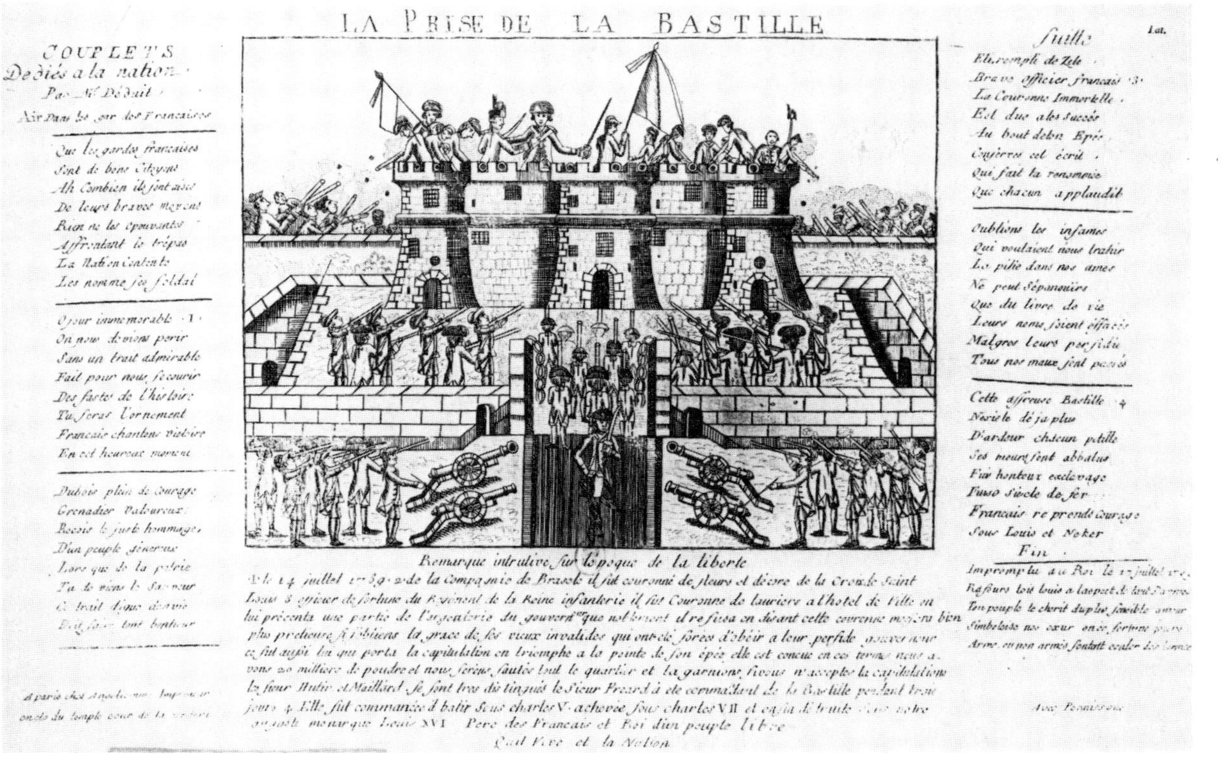

Abb. 101: La Prise de la Bastille. Von Angelium verlegte Radierung, koloriert, 244 × 374 mm, Paris 1789. Paris, BN (Histoire de France, M 98695)

doch nicht diese Szene an sich, sondern ihre sinngebende Verknüpfung mit den umrahmenden Texten. Die unten eingeätzte Reportage über die »heureuse révolution« des 14. Juli wiederholt fast wörtlich die Kernsätze eines unmittelbar nach dem Bastillesturm in der Pariser Innenstadt gedruckten radikalen Pamphlets.[16] Wie aus den dabei unterlaufenen kleinen Abweichungen, Mißverständnissen und orthographischen Veränderungen zu schließen ist, wurde der Text von einem nicht ganz alphabetisierten Stecher unter Diktat geschrieben und erhielt damit selber halb mündlichen Charakter. Inhaltlich konzentriert er sich auf die revolutionärsten und populärsten Passagen der Flugschrift: die offensichtliche »Notwendigkeit, die Bastille einzunehmen«, den »verabscheuungswürdigen Verrat« ihres Gouverneurs, dessen gerechte Hinrichtung durch das Volk und die Heldentaten der Bastille-Sieger Humbert und Arné. Vollends auf die orale Volkskultur zielen die seitlichen Lieder; während der Siegesgesang am linken Bildrand eine um 1750 entstandene, der Verehrung Heinrichs IV. gewidmete Tanzmelodie des Chansonniers Pierre Laujon aufgriff, um in ›plebejischer‹ Schreibweise den alten ›Bastille-Despotismus‹ zu beschwören und Volksverrätern die Enthauptung anzudrohen, besingt das Lied gegenüber die Verdienste der zum Volk übergelaufenen Französischen Garden nach dem Eröffnungsstück eines neu erschienenen Heftes mit Revolutionsgesängen.[17]

Gerade durch die Kombination dieser Elemente hatte Gautiers *Canard* offenbar solchen Erfolg, daß der Verleger Letourmi in Orléans es sich zum Vorbild nahm (Abb. 100). Diese Filiation[18] ergibt sich aus dem Text am Fuß des Blattes, der unter einer moritatenhaft veränderten Überschrift die vorgenannte Reportage wiederholt – freilich mit orthographisch-grammatischen Korrekturen und radikalisierenden Zusätzen; sie verklären den 14. Juli zum Beginn des »ersten Jahres der Freiheit«, verstärken den vaterländischen Charakter der Erhebung (»un grand nombre des citoyens patriotes«) und akzentuieren den Aspekt der Volksjustiz durch die Ergänzung: »der Kopf des Gouverneurs wurde im Triumph durch die ganze Stadt getragen und während mehrerer Tage zur Schau gestellt«. Die begleitenden – neuen – Liedstrophen unterstützten diese Ideologisierung; sie stammen von dem revolutionären Liedermacher und Marat-Freund Déduit, der seine Flugschriften als »auteur patriote« zeichnete, und funktionieren ein Chanson zur Soldatenliebe von 1776 um zur Melodie eines politisch-nationalen Sieges- und Bekenntnisliedes über den Bürgersinn der Soldaten, die Heldentaten einzelner Bastille-Sieger und das Ende des »eisernen Zeitalters« des *Ancien Régime*. Außer dem Lied ersetzte Letourmi auch die bildliche Darstellung durch einen noch ›naiveren‹ Holzschnitt, der emblemartig die Beschießung der Bastille und zugleich die Festnahme des Gouverneurs sowie das Hissen der Siegesfahne zeigt und durch Schriften zusätzlich erklärt: in seiner ikonenartigen Vereinfachung geradezu ein Andachtsbild der Revolution. Im Vergleich mit Gautiers Pariser Blatt erweist sich der Bilderbogen des Provinzverlegers somit als wohlüberlegte und professionelle ›volkstümliche‹ Abwandlung. Sie war so gelungen, daß sie ihrerseits wiederum von einer Pariser Radierung kopiert wurde, die allerdings die hochpolitische Reportage weitgehend zu einem trockenen Bau- und Militärbericht abschwächte (Abb. 101).

Abb. 102: Der Mann
mit der eisernen
Maske. Anonyme
Aquatintaradierung,
138 × 186 mm, Paris
1789. Paris, Musée
Carnavalet (Est.,
PC. Hist. 6 A)

Abb. 103: Befreiung
des Grafen Lorges,
seit 32 Jahren
Häftling in der
Bastille. Von Bance
verlegte Radierung,
koloriert, das Oval
137 × 181 mm, Paris
1789. Paris, BN
(de Vinck 1642)

Bei einem so symbolträchtigen ›Ereignis‹ wie dem 14. Juli und seinen Folgen wird deutlich, daß die *Canards* als Bildzeitung sich nicht allein auf tatsächliche Geschehnisse beschränkten, sondern auch die Funktion übernehmen konnten, Gerüchte und politisch-soziale Zwangsvorstellungen ›dokumentarisch‹ zu bestätigen. Dieser Fall trat ein, als revolutionäre Phantasie nach dem 14. Juli Bastille-Märtyrer imaginierte, weil keiner der tatsächlich befreiten sieben Gefangenen dem Idealbild der verfolgten Unschuld und des zu Tode gefolterten Aufklärers entsprach. Was schlichte andere Bildflugblätter einzeln und ohne viel Kommentar andeuteten (Abb. 102, 103), das fügte ein *Canard* (Abb. 104) zusammen und verlieh ihm durch begleitende Texte gleichsam den Status der Authentizität. Es zeigt zwei parallele Szenen. Rechts sieht man, wie die nach Häftlingen suchenden Bastille-Sieger das seit Mitte des 18. Jahrhunderts vieldiskutierte Geheimnis um den unter Ludwig XIV. anonym in der Bastille verstorbenen »Mann mit der eisernen Maske« (sie liegt noch neben seinem Gerippe) endlich ans Licht bringen;[19] die Finsternis der vergitterten Gruft, das längst vermoderte Strohlager und die noch das Skelett fesselnden Ketten visualisieren, was die begleitende Moritat singt: »Wie diese Idylle zeigt, wie Verstand und Vernunft sagen, kam die Burg der Bastille der Inquisition gleich.« In der linken Szene dagegen kommt »die Nation« gerade noch rechtzeitig, um einen angeblich unter Ludwig XV. wegen einer »Staatsaffäre« verhafteten »Comte de Lorges« zu befreien und im Triumph durch Paris zu führen, einen Mann, der seiner Ketten nun ledig ist, den aber 32 Jahre willkürlicher Kerkerhaft zu einem bärtigen, fast blinden Greis gemacht haben. Sein Schicksal, das die nebenstehende Moritat beklagt, ist das Schicksal nicht eines Verbrechers (wie unter dem *Ancien Régime* üblich), sondern eines Opfers des soeben besiegten alten »Regierungs-Despotismus«. Die lebensgroße Ausstellung dieses imaginierten gräflichen Märtyrers samt Ketten und Kerkerzelle im Pariser Wachsfigurenkabinett von Curtius,[20] die schriftliche Verbreitung seiner Leidensgeschichte in einer eigenen Broschüre[21] und in der radikalen Presse bestätigen, daß es sich um eine Schlüsselfigur der kollektiven Zwangsvorstellungen nach dem Bastillesturm handelt.[22]

Wertet das Verbrechen thematisierende *Canard* der Revolution damit Strafgefangene des *Ancien Régime* zu Märtyrern der Aufklärung um, so stempelt es umgekehrt zum Kriminellen, wen es früher als Held gefeiert hätte. Das erwies sich bei der ersten größeren gegenrevolutionären Verschwörung, die Bürgermeister Bailly und Lafayette ermorden und die königliche Familie außer Landes bringen sollte.[23] Ihr Organisator, der Marquis de Favras, ehemaliger Gardeoffizier des emigrierten Comte de Provence und dessen Ausführungsgehilfe, wurde am 24. Dezember 1789 verhaftet, in einem aufsehenerregenden Hochverratsprozeß (»Crime de lèse-nation«) für schuldig befunden und zum ehrenrührigen Tod durch den Strang verurteilt. Wie ein zur öffentlichen Hinrichtung am 19. Februar 1790 in den Straßen verkaufter Bilderbogen zeigte (Abb. 105), mußte der Verurteilte zuvor im Büßerhemd barfuß Abbitte tun und ein Schild mit der Aufschrift »Staatsverbrecher« um den Hals tragen. Das ganze war eine sensationelle Symbolhandlung gegen die »Konterrevolution« mit großer Resonanz bei Publizistik[24] und Bevölkerung: »etwa 7500 Nationalgardisten standen unter Waffen und säumten die Uferstraßen vom Châtelet-Gericht bis zu Notre-Dame und von deren Vorplatz zum Grève-Platz. Eine unermeßliche Volksmenge füllte die Brücken und alle Straßen, durch die Favras kommen mußte...«[25] Bevor er auf dem Richtplatz am Rathaus (siehe Hintergrund) im Beisein des Gemeindepfarrers von Saint-Paul abends im Schein der Fackeln gehängt wurde, neigte Favras seinen Kopf nach rechts zum Henker, erhielt Erlaubnis zu sprechen und beteuerte erneut seine Unschuld. Die Moritat des *Canard*, die wieder von Déduit stammt und Favras in den Mund gelegt ist, wiederholt auf eine Weise des frühen 17. Jahrhunderts[26] dessen schon im Prozeß abgegebene Erklärungen, zieht aber zugleich die Lehre aus dem statuierten Exempel: »Ehrgeiz ist ein Übel. Franzosen, handelt tugendhaft und dient euerem Vaterland!«

Der ereignisbezogenen Verdammung des *Ancien Régime* und seiner Anhänger, zu der die genannten

Abb. 104: Die Befreiung des Herrn Grafen de Lorges durch die Nation, an diesem 14. Juli 1789 / Das Skelett des Mannes mit der eisernen Maske, an diesem 23. Juli von der Nation gefunden. Von Gouthier verlegte Radierung, 230 × 339 mm, Paris 1789. Paris, BN (de Vinck 1631)

Abb. 105: Hinrichtung des Herrn Marquis de Favras. Anonyme Radierung, 191 × 161 mm, 1790. Paris, BN (de Vinck 3547)

Canards publikumswirksam beitrugen, korrespondierte das patriotische Bedürfnis nach politisch-sozialer und nationaler Einigkeit im Zeichen der revolutionären Freiheit, wie sie besonders die Föderationsfeiern zum ersten Jahrestag des 14. Juli inszenierten, das gelungenste, einmütigste Nationalfest der Revolution überhaupt.[27] Zu keinem anderen Revolutionsereignis sind denn auch mehr Bilderbogen erschienen;[28] ihre trotz vordergründiger Simplizität absichtsvolle und anspielungsreiche Sinnbildleistung erweist sich an zwei zusammenhängenden

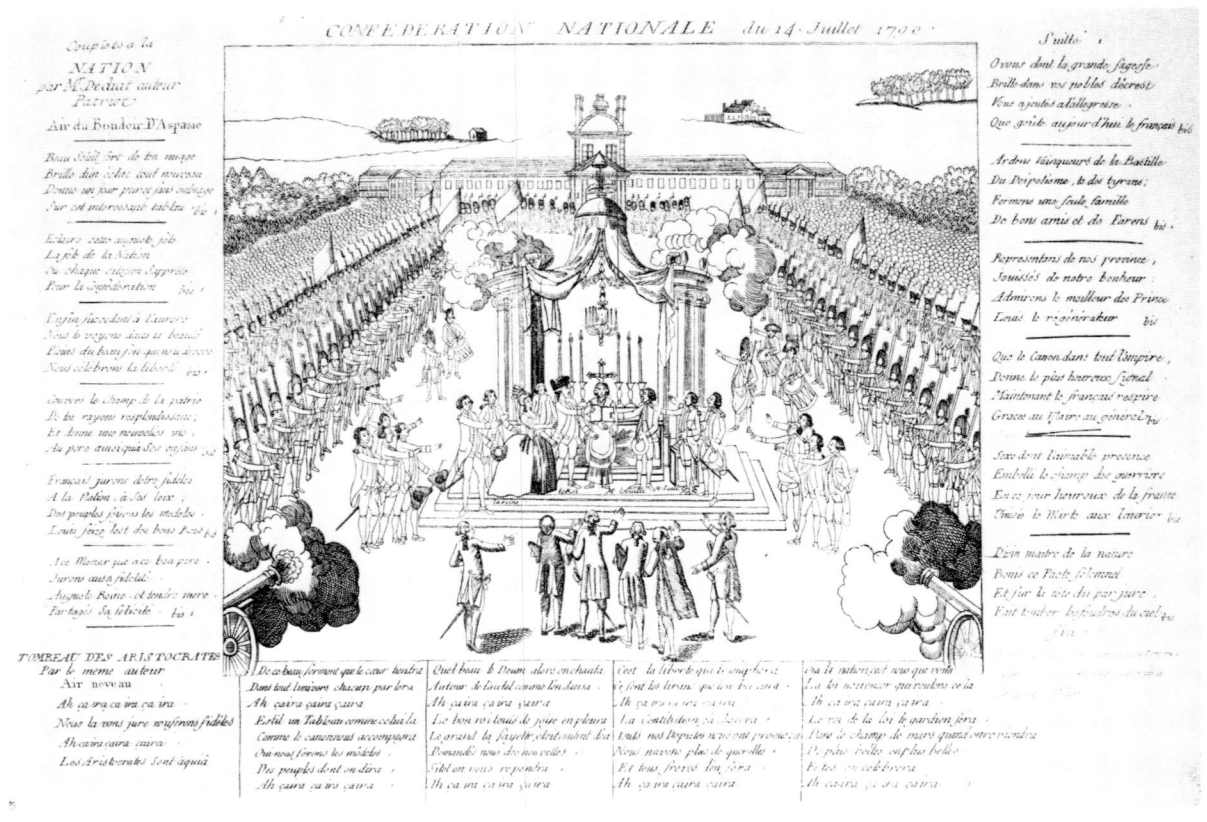

Abb. 106: Nationale Vereinigung am 14. Juli 1790. Von Angelium verlegte Radierung, 520 × 635 mm, Paris 1790. Paris, BN (Hennin 10769)

Beispielen. Beide gelten sie dem feierlichen Eid auf dem Pariser Marsfeld: »Das ganze war höchst eindrucksvoll durch die Zahl der Teilnehmer und Zuschauer, durch die schöne Ordnung, die überall dort herrscht, wo Freiheit ist; durch zahlreiche Fahnen, die im Winde flatterten; durch die Fülle von Erinnerungen und Gedanken, die der Tag des 14. Juli weckte, und durch den Eid von vierhunderttausend Menschen, eine Verfassung zu wahren, die sie sich selbst gegeben haben.«[29]

Schon das eine *Canard* (Abb. 106) gibt mehr als einen bloßen Bericht über die Szene um den Vaterlandsaltar – zwischen den Reihen der aus den Départements entsandten Nationalgardisten und vor dem Hintergrund der Militärschule. Denn obwohl Ludwig XVI. einen besonderen Eid leistete und dabei vor seinem Thronsessel stehenblieb, obwohl allein Lafayette vor den Altar trat, um den Föderierten den allgemeinen Eid vorzusprechen, und obwohl auch bAgeordnete der Nationalversammlung und Wahlbeamte als getrennte Gruppen schworen, sind diese getrennten Handlungen hier zu einer einzigen »nationalen Verbrüderung« (siehe Titel) vereinigt. Wie Schriften in der Zeichnung betonen, stehen außer Lafayette auch Bailly, der König und sogar die Königin mit erhobener Schwurhand auf den Altarstufen. Sakrale Weihe erhält der Vorgang durch das Kreuz und Bischof Talleyrand, der vor dem Eid eine Messe

zelebriert hatte. Doch die ›Bibel‹, auf welche der Eid geleistet wird, ist die (noch in Arbeit befindliche) Verfassung. Das seitlich beigefügte Lied unterstützt diese Deutung, indem es dieses »Fest der Nation« als Zeichen eines politischen »Sonnenaufgangs« wertet und Ludwig XVI. als den »Erneuerer« Frankreichs preist, zugleich aber den »göttlichen Herrn der Natur« beschwört, der »Meineid« mit himmlischen Blitzen ahnden werde. Daß die »Aristokraten« aus der nationalen Gemeinschaft verbannt sind, verkündet das statt einer Reportage unter die Zeichnung gravierte »Grablied« auf die Tanzmelodie des *Ça ira* (von Bécourt), die während der vorbereitenden Arbeiten auf dem Marsfeld populär geworden war und in über zwei Dutzend Chansons der Revolutionszeit benutzt wurde.[30] In dieser frühen Fassung allerdings fordert das *Ça ira* noch nicht die Strafe der ›Laterne‹, sondern legt alle Beteiligten hoffnungsfroh auf ihren Eid fest: »Die Aristokraten sind erledigt. (…) Wie tanzte man um den Altar! (…) Die Freiheit wird siegen, den Tyrannen wird man Grenzen setzen. (…) Die Verfassung wird vollendet werden, wie alle unsere Abgeordneten gelobt haben. (…) Der König wird der Hüter des Gesetzes sein (…).« Bei aller Versöhnlichkeit ist das *Canard* somit nicht nur Wunsch-, sondern unterschwellig auch Drohbild.

Damit hängt der andere Bilderbogen (Abb. 107) durch Déduit, den gemeinsamen Autor der begleitenden Chansons, zusammen, der sich hier mit dem sonst unbekannten Versemacher Huron zusammengetan hatte und seine zahlreichen Lieder zum Föderationsfest auch in Broschüren[31] und *Canards*[32] veröffentlichte. Da das Blatt nach einer seiner Neukompositionen betitelt ist[33] und seitlich der Zeichnung deren Text wiederholt, könnte es sogar von

Abb. 107: Cupido als nationaler Tambour-Major. Von Driancourt verlegte Radierung, koloriert, 230 × 300 mm, Paris 1790. Paris, BN (Hennin 10780)

ihm veranlaßt sein. Diese für den Abmarsch der Nationalgardisten vom Marsfeld gedachten Verse feiern die Freiheit als »königliches Geschenk«, deuten das Fest als »Hochzeitstag« und »Wiedergeburt« der Nation und enden im Refrain mit dem dreifachen Hochruf auf Gesetz, König und Frankreich. Die neue Version des Ça ira unter der Zeichnung stimmt in diesen ungetrübten Freudengesang ein. Die Zeichnung ihrerseits stellt dieselbe Eidleistung dar wie der vorige Stich, aber nicht ›realistisch‹, sondern fast allegorisch. In eine imaginäre sonnenüberstrahlte Landschaft entrückt, durch vermehrte Stufen emporgehoben, mit bourbonischen Lilien, Waffen und Phrygenmütze statt (wie in Wirklichkeit) mit politischen Inschriften geziert, beherrscht der Vaterlandsaltar die Szene weit stärker als im Vorbild. Auf das Zeichen Lafayettes und unter dem Trommelwirbel eines Cupido schwören Ludwig XVI., Nationalgardisten und Bürger gemeinsam den Eid; der so als *citoyen* verpflichtete König erhält dafür von einem geflügelten Freiheitsboten die Bürgerkrone. Zuschauende Kinder verkörpern die von diesem Bund geweckte Zukunftshoffnung, die auch der über der Szene schwebende revolutionäre Wahlspruch von 1790/91 ausdrückt. Aus einem Ereignisbild ist also eine symbolhaft reduzierte Darstellung der nationalen Verbrüderung ohne religiöses Beiwerk geworden, was ihren besonders an den König gerichteten Appellcharakter verstärkt.

Die den Föderationsfeiern von 1790 gewidmeten *Canards* bilden einen frühen Höhepunkt in der Entwicklung des politischen Bilderbogens. Sie waren nicht nur die letzten revolutionsbejahenden *Canards*, sondern fanden bis 1800 überhaupt kaum Nachfolger. Die Gründe dieses Abbruchs sind vorerst nur zu vermuten. Eine Ursache könnte darin liegen, daß das *Canard* als volkstümliche ›Bild-Zeitung‹ zu gesellschaftlich einhellig beurteilten Ereignissen seine Grundlagen verlor, als ab 1791 innenpolitische Spannungen und soziale Polarisierung deutlich zunahmen. Hinzukommen dürfte, daß der ereignisbezogene Bilderbogen das Opfer seiner begrenzten Deutungskraft wurde, daß das Publikum ihm Karikaturen und stärker interpretierende Stiche vorzog – eine Tendenz, die sich in dem zuletzt besprochenen Blatt abzuzeichnen scheint. Schlüsselereignisse wie die Guillotinierung Ludwigs XVI. im Januar 1793 waren offenbar so umstritten, bedeutungsschwer, ja für Konservative traumatisierend, daß sie sich einer bilderbogenartigen Darstellung zunächst[34] entzogen. Jedenfalls nahmen die wenigen nach 1790 veröffentlichten *Canards*, so weit sie bisher bekannt sind, Stellung gegen die radikale Revolution.

Das gilt für einen Holzschnitt zu den im Oktober 1791 in Avignon verübten »Massakern«, die den in die päpstliche Enklave eingerückten Revolutionstruppen angelastet wurden,[35] und noch mehr für eine nachthermidorianische Radierung zur *Terreur* (Abb. 108). Deren ›Greuel‹ erscheinen so unermeßlich, daß sie das gewohnte Ereignis-Bild in eine Folge von Schreckensszenen auseinandersprengen und dabei die sonst üblichen Lieder verdrängen. Ganz im Sinne von Joseph de Maistres *Considérations sur la France* (1797) wird die Französische Revolution von 1789 bis 1795 als göttliches Strafgericht, als Wiederholung der zehn »Ägyptischen Plagen« gedeutet (2. Buch Mose, Kap. 8–12). Jede der göttlichen Prophezeiungen, die Moses und Aaron dem Pharao übermittelt hatten und an die jeweils der Text über der Miniatur erinnert, erfüllt sich erneut in Vorkommnissen der Revolution, die in Bild und Wort (Vers-Legenden) genau bezeichnet sind und meist durch Schriften in der Zeichnung zusätzlich bewertet werden. Die alttestamentliche Verwandlung der Gewässer in Blut wiederholt sich in den »Massakern von Avignon, Salès, Lyon, der Vendée und Paris«, besonders aber in den Massenerschießungen auf der Loire (1. Plage). Den biblischen Stechmücken, Fliegen und Fröschen entsprechen die Jakobiner und Marat-Anhänger, die mit den Zeitungen *Ami du Peuple* und *Tribun du Peuple* (Babeuf) den »Code révolutionnaire« predigen und Andersdenkende an der ›Laterne‹ aufhängen (2.–4. Plage). Wie Viehseuche und Blattern der alten Ägypter in Hunger und Elend wiederkehren, die weder durch Lebensmittelscheine noch durch wertloses Papiergeld (Assignaten), sondern allenfalls durch Essen von Hundefleisch und durch Betteln etwas gelindert werden (5.–6. Plage), so wiederholt sich der Hagelschlag in der Justiz des Revolutionsgerichts und den Wagenfuhren von »Adeligen, Reichen und Wissenschaftlern« zur Guillotine (7. Plage). Werden die vom Konvent in die Departements entsandten ›terroristischen‹ Kommissare Carrier, Collot d'Herbois, Fréron und Le Bon mit den biblischen Heuschrecken verglichen (8. Plage), so wird der sansculottische Kult um Marat – »dies hassenswerte Ungeheuer« – der Sonnenfinsternis gleichgesetzt. Die Erwürgung der Erstgeburt schließlich wird auf das Rekrutierungsgesetz vom 9. November 1794 bezogen, das den jungen Frauen die Gatten raubt. Doch wie der Titel des Blattes suggeriert, ist dies Schreckensregiment nun mit der Direktorialverfassung vom 22. August 1795 überwunden. Negativer und einseitiger konnte man die *Terreur* kaum darstellen.

Die Reihe politischer *Canards* der Revolutionszeit endet so mit einem düsteren, anklagenden Stich. Ihr Nachklang – ein Bilderbogen über die Untaten der Räuberbande der »Chauffeurs« (Abb. 109) – erscheint bezeichnend. Er gilt den Untaten einer Bande, die 1797/98 im Departement Eure-et-Loir einsame Höfe ausraubte und die Füße der Opfer im Kaminfeuer briet, um Informationen über verstecktes Geld u. ä. zu erpressen. Er entstand gegen Ende des achtzehnmonatigen Prozesses, bei dem den verhafteten Räubern an die sechshundert Zeugen gegenübergestellt wurden, kurz vor der Hinrichtung der Verurteilten auf dem Pferdemarkt von Chartres am 2. Oktober 1800.[36] Während der Untertext des Bilderbogens von der Verhaftung und dem Prozeß gegen die »Heizer« berichtet, besteht die Romanze am linken Bildrand aus den Klagen einer Frau, die ohnmächtig zusehen mußte, wie die Räuber ihr Kind verbrannten. Die Moritat gegenüber verwendet eine auch bei Totenfeiern für Lepelletier, Marat und Hoche benutzte Trauermelodie[37] und zählt in acht Strophen die Schandtaten der Bande auf mit dem Schluß: »Für all diese Untaten ist die Guillotine eine zu milde Strafe (…).« Das Blatt beschränkt sich auf die sensationellen Straftaten; keine politische Aussage, keine unterschwellige Sympathie mit den Räubern oder einem ihrer Anführer, wie es um die Jahrhundertmitte bei dem ›Sozialbanditen‹ Louis Mandrin der Fall gewesen war.[38] Nach kurzer revolutionärer Politisierung und Modernisierung kehrt das *Canard* damit – auch mit seiner Holzschnitt-Technik – praktisch wieder zu den unpolitischen Bild-Zeitungen des *Ancien Régime* zurück. Zugleich ist es schon typisch für die weitgehend auf »faits divers« beschränkten volkstümlichen Bilderbogen des 19. Jahrhunderts.[39]

Abb. 108: Die ägyptischen Plagen oder Der Zustand Frankreichs von 1789 bis zur Errichtung der gegenwärtigen Verfassung. Anonyme Radierung, 150 × 234 mm, 1794/95. Paris, BN (Hennin 12268)

Abb. 109: Die verruchten Heizer. Von J.-B. Letourmi verlegter Holzschnitt, koloriert, 380 × 310 mm, Orléans 1800. Orléans, Musée historique et archéologique (Inv.-Nr. A 6620)

CHASSE PATRIOTIQUE À LA GROSSE BÊTE.

LA POSTERITÉ apprendra qu'en 1789 le 12 juillet vers les quatre heures du soir, plusieurs personnes assurèrent avoir vu aux environs de Paris, sur le chemin de Versailles, une bête d'une grandeur énorme et d'une forme si extraordinaire qu'on n'avoit jamais vu sa pareille. Cette nouvelle répandit l'alarme universelle dans la ville et mit les habitans dans une violente agitation: On cria de toutes parts: aux Armes, aux Armes, sans pouvoir en trouver: et il sembloit que la bête les eut toutes avalées avec les munitions. Aussitôt on en forgea d'aussi extraordinaires que l'animal que l'on avoit à combattre. Le 13 on continua de s'agiter, de s'armer et de courir après la bête sans pouvoir la rencontrer. Le 14 suivant, jour à jamais mémorable pour la France qui gémit, cent mille personnes courent à l'hôtel des Invalides, en emportèrent les canons et consume mille fusils, de manière qu'il se trouva plus de deux cent mille hommes armés qui cherchoient la bête de toutes parts. Comme l'on soupçonna qu'elle s'étoit retirée à la Bastille, on s'y porta avec un courage héroïque, et cet autre du Despotisme, malgré cent bouches d'airain qui vomissoient le feu, fut emporté d'assaut en deux heures de tems. Sitôt cette victoire, parut le monstre à cent têtes: sa forme hideuse fit voir qu'elle étoit d'espèce aristocratique: soudain nos plus braves chasseurs lui sacrifient de toutes parts et c'est à qui lui coupera plus de têtes: Ce monstre qui traînoit à sa suite la désolation, la famine et la mort, disparut aussitôt sous cent formes différentes et s'enfuit languissant chez l'étranger, emportant avec lui le désespoir et la honte de sa défaite.

À Paris, chez le Noir, Md. Fournisseur du Cabinet des Estampes du Roi, rue du Coq St. Honoré.

8. Triumph der Revolution über das Ancien Régime: Drachentötung und Leichenzug

Die Zeitgenossen erfuhren die Französische Revolution ganz wesentlich als befreiende Zerstörung des Ancien Régime, als Beseitigung von Unterdrückung, Ausbeutung und Mißständen überhaupt – und zwar umfassender, als es tatsächlich der Fall war.[1] Es ging um institutionelle Änderungen, die nicht unmittelbar sichtbar waren. Um so sinnfälliger wurden sie vor allem während der ersten Revolutionsjahre von zahlreichen Allegorien visualisiert, zum einen in Siegesszenen, zum anderen in Form von Leichenzügen.

Eine ganze Reihe revolutionärer Bildflugblätter steht im Zeichen der diagonalen Bewegung von oben nach unten, mit der Patrioten das in einer vielköpfigen Hydra oder in einem Drachen verkörperte *Ancien Régime* niederschlagen. In dieser Allegorie verbinden sich die antike Sage von Herkules' Tötung der Schlange des Sumpfes von Lerna[2] mit der geläufigen christlichen Vorstellung vom Kampf des Erzengels Michael gegen den siebenköpfigen Satansdrachen, die Macht des Chaos und der Finsternis, welche die Welt verschlingen will (Offenbarung des Johannes, Kap. 12).[3] Damit erscheint die Französische Revolution als Zeitenwende, als weltliche Erfüllung biblischer Weissagung.[4]

Zuerst und vor allem sind es die Eroberung und Zerstörung der Bastille,[5] die so einen über die Ereignisse hinausreichenden, grundsätzlichen Sinn erhalten. Ein anonymes, mehrfach kopiertes Blatt vom Sommer 1789 (Abb. 110) stellt den Bastillesturm zweifach dar. Wie gleichzeitige Ereignisstiche zeigt es die Aufständischen mit Kanone vor der Festung. Doch wie schon die Richtung der Kanone andeutet, geht es eigentlich gar nicht um die Eroberung des Staatsgefängnisses, sondern im Zeichen der neuen, an ihre Hüte gesteckten Nationalkokarde führen die Aufständischen einen Freiheitskampf gegen den »Despotismus« in Gestalt eines Drachens und seines »Gefolges« von Vipern und geflügelten Schlangen. Die ausführliche Beischrift konkretisiert diese Deutung:

»Am 12. Juli 1789 gegen vier Uhr nachmittags erblickte man auf der Straße von Versailles nach Paris ein reißendes Untier, ein Ungeheuer von fürchterlicher Gestalt. Leute, die sich auskennen, versicherten, es sei ein aristokratisches Tier, das sich anschicke, die Hauptstadt zu verderben. Sofort ertönt der Ruf: ›Zu den Waffen, zu den Waffen!‹ Alle Bürger eilen mit Flinten und Hellebarden herbei, ohne das verwüstende Ungeheuer aufzuspüren. Am 14. erfuhr man schließlich, es habe sich in eine Höhle verkrochen, die Bastille genannt wird und bei dem Stadttor von Saint-Antoine liegt. Man machte sich daran, es dort zu belagern, und nachdem man in diesen seinen letzten Schlupfwinkel vorgedrungen war, suchte ihm jeder die meisten Köpfe abzuschlagen. Denn wie die Hydra hatte das Ungeheuer mehrere Köpfe, und damit sie nicht nachwuchsen, mußten sie alle abgehauen sein.«

Destruction de la Bastille apres la Victoire remportée sur les Ennemis de la Liberté le 14 Juil. 89.

La France soutenue par Mr. Bailly et De la Fayette sort glorieuse du Tombeau creusé par le Despotisme Ministeriel.

Dieser allegorische Bericht vom Bastillesturm bezieht sich konkret auf die Entlassung des populären Finanzministers Jacques Necker und auf die Konzentration königlicher Truppen um Paris sowie die in Versailles tagende Nationalversammlung. Beide Vorgänge schienen Gerüchte zu bestätigen, revolutionsfeindliche Hofkreise würden einen Staatsstreich vorbereiten und wollten Paris dem Erdboden gleichmachen, wobei die Bastille als Brückenkopf dienen solle. Die Hydra des »Despotismus« verkörpert also sowohl die »Aristokratie«, damals ein Schlagwort für alle konservativen Kräfte unabhängig von ihrer Standeszugehörigkeit, als auch die kollektive Angst vor einem »aristokratischen Komplott«, die auf dem Lande die »Grande Peur« und in

Paris den Bastillesturm auslöste. Diesen deutet unsere Allegorie als Kampf der Freiheit gegen Willkürherrschaft. Den Anfang des Kampfes verdeutlicht rechts im Vordergrund die Gestalt der *Francia*; sie erwacht aus langer Ohnmacht, in die sie unter dem *Ancien Régime* gefallen war.

Der am 14. Juli entschiedene Kampf gegen den ›Bastille-Despotismus‹ vollendet sich erst in der sogleich begonnenen Schleifung des Staatskerkers; aus der einen Symbolhandlung folgt die andere: erst das Bild totaler Vernichtung des Alten entspricht dem Willen zum absoluten Neubeginn. Was die unter jubelnder Teilnahme zahlreicher Zuschauer durchgeführte Schleifung der Bastille für die Zeitgenossen bedeutete, konnten selbst emblemartige Abbildungen dieses Vorgangs (Abb. 111) nur andeuten; ihre eigentliche gesellschaftliche Sinngebung visualisieren dagegen zwei allegorische Blätter. Das eine (Abb. 112) deutet die im Hintergrund nochmals gezeigte Schleifung als Freiheitssieg des französischen Volkes über seine Unterdrücker. Die Gestalt des *Dritten Standes*, die auf dem bekannten vorausgehenden Stich noch in Ketten am Boden gelegen hatte,[6] ist nun der Fesseln ledig und hat sich in voller Größe aufgerichtet, so daß sie ihre Gegner weit überragt und die Szene beherrscht. Bewaffnet mit der Pike des wehrhaften Bürgers (auf ihr die Phrygenmütze), den Hochruf der »Freiheit« auf den Lippen (siehe das Spruchband), einen Fuß auf die am Boden zuckende Hydra gestemmt, das Schwert zum letzten Schlag gegen die sechs Drachenköpfe erhoben, wirkt sie wie eine politische Aktualisierung des Racheengels Michael.

Gerächt werden, wie die Beischriften präzisieren, »Majestätsverbrechen gegen die Nation«, den neuen Souverän. Die gerechte Rache der Nation hatte am 14. Juli den Bastille-Gouverneur de Launay und den Vorsteher der Kaufmannschaft Flesselles getroffen; mit der Schließung der Bastille entmachtete sie nun alle »Feinde der Freiheit« überhaupt, die sich in Gestalt eines Adeligen und eines Priesters zur Flucht wenden.

Die andere Allegorie (Abb. 113) gemahnt nochmals an die Greuel der Bastille, wo der »ministerielle Despotismus« (also nicht der König) die Häftlinge gleichsam bei lebendigem Leibe begraben habe, versinnbildlicht jedoch vor allem die zweite, konstruktive Bedeutung der Schleifung der Bastille. Nun, da auch das letzte Haupt dieser Hydra abgeschlagen ist, kann die vom alten ›Bastille-Despotismus‹ begrabene *Francia* ihre Auferstehung feiern und die Herrschaft einer neuen Ära antreten. Dabei unterstützen sie als Repräsentanten der Juli-Revolution der ›Drachensieger‹ Lafayette, adeliger Befehlshaber der neuen Nationalgarde, sowie Jean-Sylvain Bailly, Abgeordneter des Dritten Standes in der Nationalversammlung und neuer Bürgermeister von Paris.

Abb. 112:
Zerstörung der Bastille nach dem Sieg über die Feinde der Freiheit am 14. Juli 1789. Anonyme Radierung, koloriert, 170 × 267 mm, 1789. Paris, BN (de Vinck 1672)

Abb. 113: Von Bailly und La Fayette gestützt, entsteigt Francia ruhmreich dem Grab des ministeriellen Despotismus. Anonyme Radierung, koloriert, 227 × 290 mm, 1789. Paris, BN (Hennin 10554)

Abb. 111: Roger nach Pernet, Ansicht der Bastille von der Gartenseite, man sieht die beiden Eingänge / Ansicht der Bastille von der Galerie gegenüber dem Boulevard. Farbige Aquatintaradierung, 105 × 180 mm, Medaillons je 60 × 60 mm, 1789. Paris, BN (de Vinck 1665)

Abb. 114: Nieder
mit den Steuern.
Anonyme
Radierung,
koloriert,
224 × 294 mm,
1789/90. Paris, BN
(de Vinck 2839)

Abb. 115: Mit
Unterstützung von
La Fayette vernichtet
die französische
Nation den Despo-
tismus und die
Mißstände des
Feudalregimes, die
das Volk unter-
drückten. Anonyme
Radierung,
koloriert,
268 × 185 mm,
1789. Paris, BN
(de Vinck 1791)

Abb. 116: Die Nacht
vom 4. auf den
5. August oder Der
patriotische Taumel.
Anonyme Aquatinta-
radierung,
177 × 232 mm,
1789. Paris, BN
(de Vinck 2770)

A BAS LES IMPIOTS

La Nation Française assistée de Mr. De la Fayette terrasse le Despotisme et les
Abus du Regne Feodal qui terrassaient le Peuple.

NUIT DU 4 AU 5 AOÛT 1789
OU LE DELIRE PATRIOTIQUE.

Über die Eroberung und Schleifung der Bastille hinaus verbildlicht der sieghafte Gestus des Niederschlagens eine Reihe weiterer revolutionärer Akte gegen das *Ancien Régime*. Wie die nach dem 14. Juli 1789 rasch um sich greifende bäuerliche Steuerverweigerung[7] gerechtfertigt wurde als Notwehr gegen eine blutsaugerische Hydra (Abb. 114), so wird auch die ostentative Abschaffung der Feudalität durch die Nationalversammlung in ihrer Nachtsitzung vom 4. August 1789 bildlich als eine Art ›Drachensieg‹, als Triumph der »Nation« über den ›Feudalabsolutismus‹ gefeiert (Abb. 115). Dieser ideologische Begriff erscheint hier gerechtfertigt, weil staatliche Willkürherrschaft (eine geflügelte satanische Furie mit aus Vipern bestehendem Haar) und die Schlangenbrut der Feudalherren als wirtschaftlich unproduktive Kräfte dargestellt werden (ihr Attribut ist die Schnecke), die sich zur Knechtung und Ausbeutung des »Volkes« verbündet haben. Diesem System setzt nun die kriegerische Allegorie der »Französischen Nation« ein Ende, indem sie den sich ein letztes Mal aufbäumenden »Despotismus« in das verdiente Grab stößt und ihre strafenden Blitze gegen die Schlangen der Feudalität schleudert, in ihrer Volksbefreiung unterstützt durch Lafayette und seine bereitstehende Nationalgarde. – Dieselbe Opfernacht des 4. August als politischen Dreschvorgang darzustellen, kam der alltäglichen Bildwelt des platten Landes besonders entgegen. So zerdreschen auf einem anderen Blatt (Abb. 116) vier Bauern die Insignien, Standes- und Amtszeichen der alten Feudalherren, also sowohl des Adels (Rüstungen, Waffen, Degen, Orden des Hl. Ludwig) wie der Geistlichkeit (Beffchen, Bischofsstab und -hut), die zu den Großgrundbesitzern zählte und deren Zehnter für die Bauern Teil der Feudalabgaben war. Der Ausdruck »délire« in der Beischrift spielt an einerseits auf den altständischen Opfertaumel des 4. August in der Nationalversammlung, andererseits auf den illusionären Freudentaumel, den diese Nachricht im bäuerlichen Frankreich auslöste. Obwohl die Nationalversammlung ihre Grundsatzbeschlüsse wenige Tage später auf die Feudal*rechte* einschränkte und die Feudal*abgaben* zum rechtmäßigen Eigentum erklärte, waren es die in Bildern restloser Zerstörung visualisierten Vorstellungen, die sich dem kollektiven Bewußtsein einprägten.

Wie solche antifeudalen Symbolhandlungen letztlich den Adel schlechthin betrafen, so fanden die Beschlüsse der Nationalversammlung vom 4. August ihre Fortsetzung in der leidenschaftlichen Parlamentsdebatte vom 19. Juni 1790 über die Adelstitel. In ihnen sahen revolutionäre Redner wie Charles Lameth einen Verstoß gegen die verfassungsmäßige Gleichheit: »Sie entstammen der Feudalherrschaft, die Sie vernichtet haben; (...) der Erbadel ist eine Beleidigung der Vernunft und eine Verletzung der

Séance du 19 juin 1790

L'assemblé nationale décrète que la noblesse héréditaire est pour toujours abolie, qu'en conséquence, les titres de Prince, Duc, Comte, Marquis, Vicomte, Vidame, Baron, Chevalier, Messire, Écuyer, Noble, et tous autres titres semblables, ne seront pris par qui ce soit, ni donnés à personne. que tous les Citoyens ne pourront prendre que le vrai nom, de leur famille, que personne ne pourra porter ni faire porter de livrée, ni avoir d'armoiries. que l'encens ne sera, brûlé dans les temples que pour honorer l'a divinité, et ne sera offert à qui que ce soit. Que les titres de Monseigneur, et de mes seigneur, ne seront donnés à aucun individu, ni à aucun corps, ainsi, que les titres d'excellence, Altesse, Grandeur, Eminence, et même celui d'abbé.

Abb. 117: Sitzung der Nationalver-sammlung vom 19. Juni 1790. Anonyme Radierung, koloriert, 178 × 210 mm, 1790. Paris, BN (de Vinck 3614)

wahren Freiheit (…)«.[8] Gegen den Widerstand konservativer Abgeordneter und ihres Sprechers Abbé Maury (»In Frankreich ist der Adel verfassungsmäßig; ohne Adel wird es keine Monarchie geben«[9]) schaffte die Nationalversammlung also mit dem Erbadel nicht nur die Adelstitel ab, sondern auch die aristokratischen Ansprüche auf Familienwappen, besondere Livreen der Dienerschaft, Beweihräucherung in der Kirche usw.[10] Da diese Beschlüsse aus der antifeudalen Politik der Revolution folgten, ließ sich das Dreschflegelbild von 1789 unmittelbar auf 1790 übertragen (Abb. 117), nur aktualisiert durch den neuen Gesetzestext als Beischrift. Daß dabei die klerikalen Insignien nicht ausgesondert wurden, war wohl weniger Nachlässigkeit als vielmehr Absicht. Denn auch ein paralleles Blatt, das die Abschaffung der Adelstitel als politischen Scheiterhaufen von Wappen, Kronen und anderen heraldischen Zeichen – diesen »größten aller französischen Eitelkeiten« – darstellt (oben Abb. 58), deutete jenes Gesetz um zum Wunschbild der Vernichtung von Ständegesellschaft und Privilegienwesen überhaupt, zusammengefaßt im Schlagwort der »Aristokratie«: fressen doch nebenan die Ratten außer den »Adelstiteln« auch die Urkunden der »Feudal-« und »grundherrlichen Rechte«, woran Adel und Klerus (Fuchs und Katze) sie nicht hindern können; unten rechts verendet in den Flammen die Hydra der Aristokratie, und Spottverse bekräftigen:

»Die Aristokratenbrut ist aufgeschreckt. / Hochtrabende Titel, hohle Ehren, ihr seid nur Schall und Rauch. / Wer hätte solch ein Ergebnis bei uns für möglich gehalten, / Wo die Regel gilt, daß der Regen den Wind erstickt.«

87

COMMÉMORATION DE LA PRISE DE LA BASTILLE.

Solche visuellen Beschwörungen blieben nicht bloße Vorstellung. Wie ein Ereignisstich festgehalten hat, wurde 1792 der Jahrestag des Bastillesturms auf dem Pariser Marsfeld in gleicher Weise mit einer tatsächlichen Bilderverbrennung gefeiert, die der Parlamentspräsident höchstpersönlich in Gang setzte (Abb. 118).

Verbildlichten die symbolischen Scheiterhaufen und Drachentötungen die Vernichtung des *Ancien Régime* durch die revolutionäre Gewalt, so inszenierten allegorische Leichenzüge seine endgültige, öffentlichkeitswirksame Beerdigung gemäß dem Grundsatz, die Sinne des Volkes durch »Schauspiele und Feste« anzusprechen.[11] Damit nutzte die Revolutionsgraphik die barocke Tradition der prunkvollen »pompes funèbres«, die den Tod hochgestellter Persönlichkeiten erst zu einem gesellschaftlichen Faktum machten;[12] darauf hatte man natürlich auch bei Ludwig XIV. nicht verzichtet (Abb. 119), dessen Sarg vor Angriffen des Volks geschützt werden mußte. Aufgrund dieser seiner öffentlichen Bedeutung und Sinnfälligkeit wurde der Leichenzug zum Bildmittel politischer Kupferstiche (Abb. 120),[13] die das letzte Ehrengeleit zum Schandzug verkehrten. Auch und besonders daran knüpften die Stecher der Französischen Revolution an.

St Denis en France

Mont-Martre

Le Clergé de St Denis

Officiers de la maison
du Roy

Carosse de Madame
la Regente

Carosse de Madame la Douairiere

Les Gentils homme de la maison
du Roy

Carosse de Mons.r le Regent
Duc d'Orleans

Pages de la grande et
petit Ecurie du Roy

Carosse du Roy

Les Escuyers
du Roy

Corps du Roy

Ausmoniers du Roy avec
les Herauts d'Armes aux 4
coings du Corps

Gardes du Corps
du Roy

Chez J. Chiquet a Paris.

Les Cents Suisses

Marche et Convoy funebre de Louis le Grand Roy de France
et de Navarre; de Versailles a St Denis en France lieu de sa sepulture
avec les autres Roys de France le 9.e septembre 1715. le quel estoit mort
le 1.re du mesme mois; son Cœur ayant esté porté aux Jessuites a Paris, et ses
Entrailles a N. Dame Cathedrale de Paris.

Abb. 119: Chiquet,
Leichenzug Ludwigs
des Großen, König
von Frankreich, am
9. September 1715.
Kupferstich,
312 × 225 mm, Paris
1715. Paris, BN
(Hennin 7646)

Das erste Blatt ihrer Serie von ›Leichenbegängnissen‹ ist eine Zukunftsbeschwörung, ein Appell an die Generalstände (Abb. 121). Erstmals bereits vor deren Zusammentritt veröffentlicht, von der Polizei beschlagnahmt, aber in mehrfachen Nachstichen auf den Pariser Boulevards, den Uferpromenaden der Seine wie an den Tuilerien ausgehängt und verkauft,[14] deutete es die Eröffnungsprozession der Ständeversammlung vom 5. Mai 1789 um zur imaginären Grabtragung der »Mißstände« des *Ancien Régime*, die im Leichnam des »hochwohlgeborenen und hochmächtigen Grundherren« ihren feudalartigen Charakter erweisen. Noch bevor sich die Ständeabgeordneten zur Nationalversammlung erklären und ihre ersten Beschlüsse fassen, inszeniert der Zug fast prophetisch eine revolutionär verkehrte Ordnung. Die »elenden Opfer der Mißstände« eröffnen den Zug: es sind die populären Märtyrergestalten, Bastille-Häftlinge und Opfer von Skandalprozessen Latude, Grandier, Sirven, Johanna von Orléans, Calas, Salmon und Monbailly, angeführt von dem Aufklärer J.-J. Rousseau. Es folgen die Abgeordneten der Generalstände, zuerst die rangniedrigsten Vertreter des dritten Standes; denn hauptsächlich von ihnen ist die Abschaffung der Mißstände zu erhoffen. In der Tat tragen sie den spöttisch mit Trauerflor eingeschlagenen Sarg mit dem »riesigen Körper« des »Seigneur Abus«.

Abb. 121: Sergent-
Marceau,
Grabtragung des
hochwürdigen und
hochmächtigen
Grundherrn
Mißbrauch,
verstorben unter der
Regierung
Ludwigs XVI.
am 27. April 1789.
Aquatintaradierung,
392 × 575 mm,
Paris, April 1789.
Paris, BN (de Vinck
2764)

Krummstab, Mitra, Degen mit Geldbörse, Richter-
mütze und Eisenkrone, die auf dem Sarg mitgeführt
werden, lasten die tyrannischen Mißstände dem
Klerus, dem Adel und der Magistratur an. ›Angehörige‹ begleiten die Leiche als Klageweiber: vor dem
Sarg eine Furie und die ›Habsucht‹, dahinter die Laster ›Wahnsinn‹ und ›Dünkel‹. Während ein tanzen-
der Narr der Grabtragung einen karnevalistischen
Akzent verleiht, künden die hinter ihm schreitenden
Tugenden Umsicht, Stärke und Gerechtigkeit die
Herrschaft neuer Prinzipien an; singend werden
diese von Genien aus Reformschriften wie Sieyès'
Qu'est-ce que le tiers Etat? vorgetragen. Dieser Mit-
telteil des Zuges war so symbolträchtig, daß ein
Stich ihn gesondert darstellte (Abb. 122). Nun erst
folgen – angeführt von Premierminister Necker –
die Abgeordneten von Adel und Geistlichkeit, unter
die sich aristokratische Frauen und herrschaftliche
Kutschen gemischt haben. Insgesamt beschreibt die
Prozession eine Fortschrittsbewegung: aus dem zer-
fallenen Prunkbau der Mißstände (halb Schloß,
halb Tempel), vorbei an morschen Ästen und Disteln (Symbolen der Rachsucht und Menschen-
feindlichkeit) sowie an gesprengten Kerkerwerk-
zeugen, schreitet sie voran zu einer Eiche in voller
Lebenskraft und tritt damit in eine verheißungsvolle
Zeit der Regeneration, wie ein Zukunftfernrohr, ein
noch unvollendetes Gemälde und die aus langer

Ohnmacht erwachende Francia anzeigen. In der unten beigefügten Vignette mahnen Fama und Chronos Ludwig XVI. mit ihrer Grabinschrift zum Handeln, damit er als »roi citoyen« ins Buch der
Geschichte eingehe.

Dieser bildlichen Verheißung der Revolution vom
April 1789 entsprach die Visualisierung ihrer Erfüllung im Herbst 1792 durch einen sonst unbekannten Stecher, der als »Patriote libre« zeichnete
(Abb. 123). Seine großformatige, in Beischriften
ausführlich kommentierte Radierung, die als eine
der inhaltsreichsten Revolutionsallegorien gelten
darf, zitiert bis in die Einzelheiten den propheti-
schen Leichenzug von Sergent – allerdings mit einigen kennzeichnenden Veränderungen. Der Zug
scheint vorne rechts, wo Chronos unter vergeb-
lichem Gejammer der ehemals Privilegierten die
Symbole der »Feudalherrschaft« zertrümmert, sein
Ziel fast erreicht zu haben. Die Führung des Zuges

Abb. 122: Toten-
geleit der Mißstände.
Anonyme
Radierung,
Medaillon, Durch-
messer 56 mm,
1789. Paris, BN
(Histoire de France,
M 99636)

LA RÉVOLUTION
Arrivée sous le Regne de LOUIS XVI les
Dédiée aux Amis

Abb. 123: J.-S. Duplessis, Die Französische Revolution unter der Regierung Ludwigs XVI. Aquatintaradierung, 394 × 599 mm, 1792. Paris, BN (de Vinck 1702)

durch Rousseau ist erweitert zu einer ganzen – intellektuellen – Abteilung, bestehend aus Aufklärern (Voltaire, Mably, Raynal), revolutionären Journalisten (Marat, Prudhomme, Desmoulins, Audouin), Vertretern des Pariser Jakobinerclubs und englischer Sympathisanten mit Lord Stanhope, deren Geselligkeit der populäre Bierbrauer Santerre (links vorne) aus dem Faubourg Saint-Antoine fördert. Auch die Gruppe der Justizopfer des *Ancien Régime* (in der zweiten Schleife der Prozession) hat sich aufgefüllt. Die auf dem Sarg ausgestellten Insignien der Mißstände prangern gezielter die »fürchterlichen Verfahren aller Obergerichte des Königreiches« an und beziehen nun sowohl die Ausgaben des königlichen Haushaltes (»Rotes Buch«) wie päpstliche Steuern und Bullen ein. Die nächste Abteilung der Abgeordneten führt statt Necker nun »der Präsident der Nationalversammlung« an, gefolgt von Bailly mit den umfangreichen Texten der vom revolutionären Parlament beschlossenen Gesetze, aber auch von reaktionären Bischöfen, ehemaligen Gerichtspräsidenten, Staatsanwälten und Steuerpächtern, die den Verlust der ihnen nützlichen Mißstände beklagen. Das Ende des Zuges bilden die Bastille-Sieger, respektlos und triumphierend umringen und besteigen sie die Kutschen der entmachteten Aristokratie. Damit erweist sich das überalterte Gebäude, von dem der Zug bei Sergent seinen Ausgang genommen hatte, als ›Bastille‹; aus ihren Steinen haben hier patriotische Künstlerfrauen unter Führung von Mme. Moitte einen »Freiheitsaltar« errichtet und opfern auf ihm dem Vaterland ihren Schmuck (Detail: Abb. 124), wie es am 7. September 1789 in der Nationalversammlung geschehen war. Diese Leichenprozession begleitet (im rechten Mittelfeld) ein anderer Schandzug; »eine ungeheure Menge von Steuerangestellten, Salzsteuereintreibern und anderen Finanz-Vampiren« werden zur Zwangsarbeit in den Sumpfgebieten des Westens abgeführt: »Es war Zeit, all diesen fiskalischen und aristokratischen Unrat hinwegzufegen.« Die so wesentlich erweiterte und radikalisierte Prozession hat jetzt auch ihr Publikum (Hintergrund rechts); zum einen die von Lafayette befehligte Nationalgarde, zum anderen »das Volk«, beide vor einer imaginären Architektur aus Kolonnaden und Tempeln.

Was nun aber dieser Verwandlung des Zuges der Hoffnung zum Triumphzug zugrundeliegt, ist nichts anderes als die Revolution selbst, hier markiert durch die Daten der »journées révolutionnaires« vom 14. Juli 1789 und 10. August 1792. Die Bastille, Symbol des Beginns der Revolution, erscheint doppelt: oben – noch unversehrt – bei ihrer Einnahme, unten (Vignette) bei ihrer Schleifung. Da so der Schritt vom Mißstand der »Lettres de cachet« zur »Déclaration des droits de l'Homme et du Citoyen« vollzogen ist, haben die *Wahrheit* und *Chronos* im Buch der Geschichte ein Kapitel »Les Fastes des Français. An I de la Liberté 1789« begonnen. Der Tuileriensturm seinerseits zeigt im Sturz des gekrönten »Despotismus« und seiner aristokratisch-klerikalen Hintermänner (geflügelte Furien) durch den Fußtritt der »Französischen Freiheit« seine antiroyalistischen Konsequenzen, während der streitsüchtige Reichsadler die begleitenden außenpolitischen Ursachen andeutet. In Gang gesetzt und gehalten wird der revolutionäre Prozeß von den aufklärenden (Licht-)Impulsen der entschleierten »Wahrheit«, welche »das Universum, die Nation und die Nationalversammlung erleuchtet«. Bleiben wird die revolutionäre »Verfassung« von 1791; mit ihr setzen sich die Abgeordneten ein ewiges Denkmal (ein Genius gräbt schon ihre Namen auf der Säule ein), und sie besiegelt im Zeichen des Regenbogens einen neuen ›Bund‹.

Beide allegorischen Leichenzüge – der vom April 1789 wie dessen Neuinszenierung vom Herbst 1792 – trugen mit den »Mißständen« das *Ancien Régime* allgemein zu Grabe. Sie markieren chronologisch wie inhaltlich den Rahmen für speziellere bildliche Begräbnisprozessionen, die entscheidende revolutionäre Neuerungen kommentierten und damit verdeutlichten, was die Beseitigung des *Ancien Régime* im einzelnen bedeutete. Es kennzeichnet die Signalwirkung des Bastillesturms, daß auf ihn der früheste dieser Stiche antwortete (Abb. 125). Nach

Abb. 125: Begräbnis
der Aristokratie.
Anonyme Radierung
in Punktiermanier,
koloriert,
152 × 199 mm,
1789. Paris, BN
(de Vinck 3645)

Einnahme der Bastille wird hier gleichzeitig mit ihrer Schleifung beerdigt, was sie symbolisierte: das
Unrechtssystem der »Aristokratie«. Nationalgardisten mit einer Fahne eröffnen den Leichgang; mit
Blechblasinstrumenten spielen sie einen der Trauer-
märsche, wie sie etwa Gossec damals komponierte.
Dahinter tragen vier Frauen den Sarg der *Aristokratie* mit einer Nachbildung und Ketten der Bastille als
Attributen. Am Ende gehen drei Klageweiber. Ziel
des Zuges ist die Grube, in welche der Sarg gleich
versenkt werden wird. Der schon gesetzte Grab-
stein, neben dem ein Nationalgardist Wache hält,
trägt die Inschrift: »Hier liegt der Körper der seeligen
Dame Aristokratie, verstorben am 14. Juli 1789. Sie
ruhe in Frieden.« Dieses Blatt ist auch zu verstehen
als Verbildlichung gleichzeitig kursierender politischer ›Begräbnis‹-Schriften wie des »Beerdigung des
Despotismus oder Begräbnis der Aristokraten« betitelten anonymen Pamphletes aus dem Jahre 1790.
Danach sollten die streitbaren Patrioten des Faubourg Saint-Antoine zur ersten Jahresfeier des Bastillesturms einen symbolischen Leichenzug aus-
richten. Er sollte an der Ruine der Bastille und

einem aus deren Steinen errichteten Grabmal beginnen. Den achtspännigen Leichenwagen sollten Mädchen und Musiker mit dem Lied »Der Despotismus
ist tot« begleiten. Nachdem der Leichnam auf dem
Marsfeld durch einen Scheiterhaufen eingeäschert
worden sei, sollte der Zug die Urne auf dem Richtplatz am Rathaus feierlich beisetzen unter einer mar-
mornen Grabplatte mit dem Epitaph: »Hier ruhen
zugleich alle Übel Frankreichs samt Klerus, Richterschaft, Adel und Finanz.«[14a] Solche Parallelität von
Flugschrift und Bildblatt, die durch keine unmittelbare Abhängigkeit erklärbar ist, deutet auf die gesellschaftliche Verbreitung der geäußerten Vorstellungen.

Als nächsten revolutionären Bruch mit einem
wesentlichen Strukturelement des alten Frankreich
feierte die Bildpublizistik den Beschluß der Nationalversammlung vom 2. November 1789, die Kirchengüter zu verstaatlichen und zur Vermeidung
eines Bankrotts zu versteigern. Wie ein Stich es aus-
drückte (Abb. 126), bedeutete diese Enteignung seiner wirtschaftlichen und sozialen Machtgrundlage
des Ableben eines Standes, der schon in seinem
pompösen Titel allzu viel Verweltlichung und einen
gewissen ›feudalen‹ Charakter verrät. Noch im Leichengepränge der Kutsche vor Notre-Dame erweist
sich seine Prunksucht. Doch hat der Tod die Zügel
ergriffen, die religiösen Hoheitszeichen des Episko-
pats im Fond des Leichenwagens verstaut; geführt
von zwei Nationalgardisten karrt er seine Fracht
zum Friedhof der Geschichte.

Abb. 126:
Leichenzug des
hochmächtigen
Klerus von Frank-
reich. Anonyme
Radierung,
Medaillon, Durch-
messer 52 mm,
Oktober 1789, aus
einem Blatt mit
sechs Medaillons.
Paris, BN (Histoire
de France, M 99636)

Abb. 127: Begräbnis
des hochmächtigen
und erhabenen
Herrn Klerus,
verstorben zu Aller-
seelen 1789 im Saal
der Nationalver-
sammlung.
Anonyme Aquatinta-
radierung, koloriert,
170 × 241 mm,
1789. Paris, BN
(Hennin 10491)

Enterrement de très haut, très puissant et magnifique Seigneur Clergé, Décédé en la Salle de l'Assemblée Nationale, le Jour des Morts 1789. Son Corps
sera porté au travers Royal en Caisse Nationale. Par M. M. de Mirabeau, Chapelier Thouret et Alexandre de Lameth. Il passera devant la Bourse
[...] de Escompte qui lui jetteront de l'eau Benite. M. M. l'abbé Sieyes et Maury, suivront le Deuil en grandes Pleureuses M. l'abbé de Montesquiou
[...] Funèbre, un De profundis sera Chanté en faux bourdon par les Dames de l'Opera qui seront revêtues de l'habit de Veuve, le Deuil
[...] entra chez M. Necker, où les Créanciers de l'Etat sont priez de se trouver

Noch enger verbinden sich politische Aktualität und Tradition katholischer Leichenprozession in einer zweiten visuellen Deutung desselben Parlamentsbeschlusses, der ausgerechnet zu Allerseelen gefaßt wurde (Abb. 127). Das letzte Geleit des wieder sehr weltlich betitelten »Seigneur Clergé« kommentiert satirisch die konkreten Auseinandersetzungen zwischen Konservativen und Revolutionären in der Kirchengüterfrage. Erstere, d. h. Vertreter der enteigneten Geistlichkeit, gleichsam die engsten ›Angehörigen‹ des Verstorbenen, schreiten trauernd an der Spitze des Leichenzuges und beschließen ihn auch in Gestalt der als Klagemänner fungierenden Abgeordneten Abbés Maury und Sieyès. Der eine hatte der Nationalversammlung die Verstaatlichung der Kirchengüter auszureden versucht, indem er behauptete, sie würde nur den Spekulanten nützen, den Armen aber schaden und verletzte obendrein das Grundrecht des Eigentums;[15] der andere hatte mit einem Pamphlet zur selben Frage, das seiner früheren revolutionären Publizistik teilweise widersprach, einen regelrechten Flugschriftenstreit ausgelöst.[16] Neben dem Sarg wischt sich der Abbé Montesquiou Tränen aus den Augen; seine Beteiligung an der Kirchengüterdebatte[17] qualifiziert ihn dazu, nun die Leichenpredigt zu halten. Die revolutionäre Gegenseite vertreten vier Abgeordnete, die als Wortführer jener Debatte wesentlich zum Beschluß vom 2. November beigetragen hatten. Das gilt für Thouret und Alexandre de Lameth,[18] besonders aber für Le Chapelier und Mirabeau, die entscheidenden Redner vor der Schlußabstimmung.

Ersterer hatte die Nationalversammlung gemahnt: »Es ist doch Ihr Wille gewesen, die Stände zu zerstören, weil ihre Zerschlagung zum Wohle des Staates nötig war; solange aber der Klerus seine Güter behält, ist der geistliche Stand nicht zerstört.«[19] Und anschließend hatte der wortgewaltige Graf die Bedenken des Abbé Maury hinweggefegt: »Denn, meine Herren, täuschen Sie sich nicht: die ganze Nation ist es, für die der Klerus seine Reichtümer gesammelt hat; nur zum nationalen Nutzen hat ihm das Gesetz erlaubt, Schenkungen anzunehmen.« Die Nation nehme sich daher nur, was ihr ohnehin gehöre.[20] Mit gutem Grund also sind gerade diese Revolutionäre zu Sargträgern erwählt. Mit den Kirchengütern, deren Verstaatlichung die über den Sarg gelegte Trikolore anzeigt, tragen sie die weltliche Macht besonders des höheren Klerus zu Grabe, symbolisiert in der Mitra und dem Orden der Ritter vom Hl. Geist. Trotz allen frommen Anscheins sind Zweck und Ziel des Leichenzuges finanzieller Art; denn laut Beitext kommt er nicht nur an der Börse und der Kreditbank vorbei, die ihn in Hoffnung auf Profit aus den Nationalgütern mit Weihwasser besprengen lassen, sondern endet bei der »Staatskasse«, wo sich Finanzminister Necker und die »Staatsgläubiger« einfinden sollen. Dort werden die

Abb. 128: Letzte
Prozession der
eidverweigernden
Prälaten am
31. August 1792.
Anonyme Aquatinta-
radierung,
200 × 265 mm,
1792. Paris, BN
(Hennin 10247)

Sängerinnen der Oper – aufgrund ihrer Verbindungen zur Geistlichkeit nun in »Witwenkleidung« – die Trauerzeremonie mit einem *De profundis* in veralteter Satztechnik aus dem 15. Jahrhundert[21] zweifelhaft ›verschönern‹. »Sie mögen in Frieden ruhen«, lautet die entsprechend dem Begräbnissingsang durch phonetische Schreibweise verballhornte lateinische Grabinschrift (requiescant in pace). Es ist ein Indiz für den Erfolg dieser Bildsatire, daß eine Provinzzeitung aus ihrem Titel eine ›Todesanzeige‹ machte.[22]

Solchen revolutionären Spott suchten konservative Anhänger der kirchlichen Tradition mit gleicher Münze heimzuzahlen.[23] Als das Breve Pius' VI. vom 19. März 1792 den katholischen Geistlichen, welche den Eid auf die neue Zivilverfassung des Klerus geleistet hatten (sie machte die Priester praktisch zu Staatsbeamten), die Exkommunizierung androhte, verhöhnte ein Bildflugblatt die abtrünnigen Priester – an ihrer Spitze den Pariser Erzbischof Gobel – in einem Trauerzug zur Kirche »Sainte-Infamie«, wo der ketzerische Eid beigesetzt wurde.[24] Doch fünf Monate später polte eine Bildreplik die Bedeutung dieser Darstellung um (Abb. 128), indem sie den Stich kopierte, aber durch veränderte Beischriften auf die Inhaftierung der eidverweigernden Priester in der Pariser Karmeliterkirche bezog. In der Rangfolge der Amtshierarchie sind es nun nicht die Eideswilligen, sondern die Eidverweigerer, die in einer letzten Prozession ihre Priesterschaft zu Grabe tragen – voran der Erzbischof, gefolgt von den Bischöfen, den Pfarrern und den Vikaren, vorbei an Disteln

und Dornen. Ein Teufel stößt den Zug vorwärts; der Sarg auf seiner Schulter enthält statt des »Verfassungseides« (so das vorausgehende Blatt) nun die königliche »Zivilliste«, die nach dem 10. August gestrichen worden war. Entsprechend dem Leitspruch »Wer am Freitag lacht, wird am Sonntag weinen« – steht den Eidverweigerern ihr Irrtum in Form überlanger Nasen im Gesicht: um so mehr, je höher ihr kirchlicher Rang ist. Dem Erzbischof ist eine so unmäßige Nase gewachsen, daß zwei Chorknaben und der führende Schweizer sie stützen müssen. Einen zusätzlichen makabren Akzent erhielt dieser Agitationsstich durch die bei seiner Herstellung bekannte Tatsache, daß zwar nicht in der auf ihm dargestellten Kirche, aber im nahen Kloster der Karmeliter, das als Gefängnis diente, am 2. September 1792 einhundertundvierzehn inhaftierte Geistliche der Volksjustiz zum Opfer fielen;[25] bildliche Beschwörung und ihr revolutionärer Vollzug lagen hier also unmittelbar nebeneinander.

Convoy d'un Fermier général mort de chagrin de la catastrophe du 1.er May 1791.
et la désolation de ses confreres et des Rats de Cave.

Nach der Bastille und dem katholischen Klerus wurden die Generalsteuerpächter Gegenstand allegorischer Leichenzüge der Revolutionsgraphik, als die Nationalversammlung beschlossen hatte, mit Wirkung vom 1. Mai 1791 die Binnenzölle abzuschaffen[26] – eine seit langem geforderte[27] populäre[28] Maßnahme, welche den verhaßten Generalsteuerpächtern (an sie pflegten die Regierungen die indirekten Steuern zu verpachten) ein Mittel der Bereicherung nahm und insbesondere die Weineinfuhr nach Paris von Zöllen befreite. Es erregte daher Empörung, daß einzelne Zöllner die gewohnten Kontrollen nicht sogleich einstellten; doch einige Abgeordnete beruhigten ihre Kollegen: »Kümmern wir uns nicht länger um Tote!«[29] Diesem parlamentarischen Stichwort folgte eine doppelte bildliche Ausführung. Auf dem einen Stich (Abb. 129) tragen vier Bürger unterschiedlichen Standes einen nur in ein Leichentuch gehüllten Generalsteuerpächter, der aus Kummer über jenes Gesetz gestorben ist, zu Grabe. Drei uniformierte Zollwächter geben ein lächerliches Geleit; der kleinste von ihnen spielt den Zeremonienmeister, sein Gesicht entspricht dem Spottnamen »Kellerratten« für die in den Weinkellern nach Schmuggelware fahndenden Zollwächter.[30] Als ebenso dünkelhaft wie dekadent karikierte neureiche Steuerpächter geben ihrem verstorbenen Kollegen das letzte Geleit. Die Prozession führt vorbei an der in den 1780er Jahren von den Generalpächtern um Paris gelegten Zollmauer, welche das Volk sprichwörtlich murren machte;[31] hatten Aufständische noch vor dem Bastillesturm Zollhäuschen in dieser Mauer niedergebrannt,[32] so klafft nun in ihr ein freier Durchgang.

1. Doyen des Fermiers Generaux porté par quatre Commis aux Barrieres conduit par les Troupes de son Corp faisant route vers le Néant.

Abb. 130: Der Älteste der General-pächter wird von vier Zollwächtern getragen, die Truppen seiner Streitmacht führen ihn ins Nichts. Anonyme Radierung, koloriert, 173 × 305 mm, 1791. Paris, BN (de Vinck 3905)

Der andere Stich (Abb. 130) inszeniert einen Schandzug, den eine eulenspiegelhafte Gestalt anführt. Sie ist halb ein heruntergekommener Don Quijote mit einem lächerlichen Sancho Pansa als Trommler und einem mehr Lärm als Furcht verursachenden Windmühlenbanner, halb ein volksnaher Diogenes mit Phrygenmütze auf der Suche nach dem »neuen Menschen«.[33] Ihn, so höhnt der Führer, habe er nun im Ältesten der Generalsteuerpächter gefunden, den seine Steuerangestellten wie einen General auf den Schild gehoben haben. Demonstriert dieser ›Heerzug‹ insgesamt die Schlagkraft der paramilitärischen Eingriffskommandos der Steuerpacht, so stigmatisiert er insbesondere die Figur des Generalsteuerpächters. Dessen prunkhafter, aristokratischer Aufputz kontrastiert mit den Lumpen seiner ›Truppen‹ und entspricht dem sozialen Ehrgeiz einer nach dem Hochadel strebenden neuen Finanzaristokratie[34]: »Die größte der aristokratischen Eitelkeiten« – lautet der Kommentar oben links in der Zeichnung. Seine herausgehobene Stellung beruht auf teuflischer Falschheit und hohlem Dünkel, wie die Leoparden und der Wahlspruch des Hosenbandordens auf dem Schild anzeigen. Aber das hat nun ein Ende. Denn der thronende Grandseigneur hält mit dem Gesetz der Nationalversammlung vom 1. Mai 1791 praktisch seine Entlassungs- und Todesurkunde in der Hand: »Dekret der Nationalversammlung, das anordnet, die Zollgrenzen an die äußeren Grenzen des Königreiches zu verlegen.« Wie die Unterschrift ergänzt, führt sein Leichenzug nicht einmal zum Friedhof, sondern »zum Nichts«. Und der hier sichtbare Haß gegen eine Symbolfigur des *Ancien Régime* sollte nicht ohne praktische Folgen bleiben; wurden doch von Mai bis Juli 1793 vierunddreißig ehemalige Generalsteuerpächter allein aufgrund ihrer früheren Funktion öffentlich guillotiniert.

99

Machen die vorgenannten Blätter zu den Generalsteuerpächtern soziale Tatsachen und Attitüden sichtbar, die von den Ereignisstichen der Revolution übergangen werden, so bestätigt eine das Königtum[35] betreffende Leichenzug-Allegorie (Abb. 131) die einschneidende Bedeutung der zweiten Revolution vom 10. August 1792 mit ihren Konsequenzen für das Königtum – vom Prozeß gegen Ludwig XVI. bis zu dessen Hinrichtung am 21. Januar 1793. Diesmal ist die Allegorie nicht imaginiert, sondern die bildliche Umsetzung eines tatsächlichen Umzuges, den Straßburger Jakobiner am 30. September 1792 veranstalteten.[36] In dem die Straßburgische Bevölkerung spaltenden innenpolitischen Konflikt zwischen den Anhängern des gemäßigt revolutionären Bürgermeisters Dietrich[37] und den sich in Clubs formierenden Republikanern, die in einer Petition vom 8. September 1792 die endgültige Absetzung Ludwigs XVI. gefordert hatten,[38] erfüllten volksfestartiger Umzug und Bildflugblatt die Funktion, den Zusammenhalt der radikalen Revolutionäre zu festigen und ihre öffentliche Wirkung zu unterstützen. Das Mittel war beide Male eine satirische Trauermaskerade; von ihr kündet der teilweise dem *Courrier de Strasbourg* entnommene und unter der Zeichnung eingravierte Bericht:

»Die Jakobiner von Straßburg haben mit großem Pomp das Königtum beerdigt. Sie hatten sich am Überwachungsausschuß gesammelt, dieser Ort war als Ausgangspunkt des Leichenzuges nicht schlecht gewählt. Dorthin hatte man die Garderobe des Theaters gebracht, die Kleider wurden verteilt, und kurz vor acht Uhr abends war alles bereit. Der Zug bestand aus folgenden Gruppen: zwei Fackeln, an denen man Wappen befestigt hatte; Militärmusiker; zwei weitere Fackeln, die in Form eines Kreuzes getragen wurden; der von vier Männern getragene Sarg; ein Nationalgardist; ein Kanonier;[39] ein Soldat der Linientruppe; der Sarg war mit dem Königsmantel bedeckt, auf ihm lag eine Krone; neben ihr sah man Ketten, ein eisernes Szepter, einen Galgen, ein Rad, Ruten und schließlich alle Attribute des Königtums. An den Seiten des Sarges schritten ein Kardinal und eine als große Dame aufgemachte Nutte. Es folgten wieder zwei Fackelträger; ein Schweizer in großer Paradeuniform; ein beleibter deutscher Baron und eine Armenschwester; ein großer Abt und eine aufgetakelte, feiste Haushälterin; zwei für einen Besuch hergerichtete Edelleute; Nonnen verschiedener Orden; zwei Ritter des Hl. Ludwig; Kapuziner; zwei Ritter vom Hl. Geist; zwei reformierte Franziskaner; zwei Prinzen, drei Doktoren der Sorbonne; eine Königin; zwei Gehilfen der Rechtsverdreher (Suppots de la Chicane); ein Edelmann; Ludwig der Letzte und sein Beichtvater; eine Gruppe von Aristokraten mit Eselsohren; eine Gruppe von Feuillants mit langen Nasen. Den Schluß des Ganzen bildete ein Chor, der Trink- und Kirchenlieder sang, wenn die Bläser Pause machten; diese spielten bald eine traurige Melodie, bald das *Ça ira*. Zehntausend Bürger und Bürgerinnen folgten dem Leichenzug oder gingen ihm voraus, drei Stunden lang zog man durch die Hauptstraßen der Stadt. Anschließend setzte man das Königtum in der Büchse der Pandora bei und beerdigte Ludwig den Letzten in einem Faß von Burgunderwein. Es wurde ein großes Feuerwerk abgebrannt, und die Nacht verging munter mit Trinken und Tanzen. Diese kleine Maskerade hatte die bestmögliche Wirkung und hat die Republik eindrucksvoller verkündet als die Körperschaften der städtischen Wahlbeamten mit ihren nüchternen Umzügen und Militärparaden.«

Solcher Mummenschanz, der die traditionell bei Leichenprozessionen üblichen geistlichen Gesänge *(Benedictus, In Paradisum)* gezielt durch Trink- und Revolutionslieder ersetzt, stigmatisiert die Nutznießer des *Ancien Régime* ähnlich wie die obige Allegorie zur Niederschlagung des »Despotismus« (s. Abb. 115) als moralisch verwerfliches Konglomerat von sittenlosen Weltgeistlichen, geilen Mönchen und Nonnen, aufgeblasenen Adeligen und habgieriger Unterdrückungsjustiz. In diesen ›feudalen Komplex‹ wird nun Ludwig XVI. einbezogen, mit ihm tragen seine Anhänger und ehemaligen Standesgenossen »das Königtum« überhaupt zu Grabe. Durch seine Komplizenschaft mit ihnen hat »Ludwig der Letzte« offensichtlich »Rute« und »Galgen« verdient. In der doppelten Graballegorie mischen sich griechische Mythologie und revolutionäre Satire; denn die Büchse der Pandora mit ihren Übeln, die an menschlichen Untaten göttliche Rache üben sollen, war ein Faß; und das bei der Leichenprozession mitgeführte Faß gleicht dem, in das eine Karikatur den König nach seinem Fluchtversuch lebend, aber in Schweinsgestalt gesteckt hatte;[40] nun ist es zum Sarg des Königtums geworden.

LE CONVOI DE LA ROYAUTE

Abb. 131: Leichen-
begängnis des
Königtums.
Anonyme
Radierung, koloriert,
372 × 510 mm,
Straßburg 1792.
Paris, BN (Histoire
de France, M
101589)

Die Revolutionäre nutzten publikumswirksame öffentliche Leichenprozessionen jedoch nicht nur im negativen Sinne zur Agitation gegen Andersdenkende und zur Demonstration ihres Sieges über das *Ancien Régime*, sondern auch positiv zur Propagierung ihrer eignen Werte: neben den anprangernden Schandzug tritt der revolutionäre Triumphzug, wie er sich besonders bei der Bestattung »der Großen Männer... im Zeitalter der französischen Freiheit«[41] manifestierte. Als ihre Grablege hatte die Nationalversammlung die kurz vor der Vollendung stehende neue Kirche Sainte-Geneviève, die der König den Parisern gestiftet hatte, zum revolutionären Pantheon umfunktioniert gemäß der neuen Giebelinschrift: »DEN GROSSEN MÄNNERN DER DANK DES VATERLANDES«.[42] Während die Mißstände des *Ancien Régime* in allegorischen Leichenzügen für immer ausgetrieben wurden (der Zug des Generalsteuerpächters führt ins »Nichts«, Abb. 130), erhielten die verstorbenen Helden der Revolution durch das feierliche Totengeleit und die Beisetzung im nationalen Ruhmestempel Unsterblichkeit. Damit wird der Auferstehungsgedanke der christlichen Totenliturgie, den die politischen Schandzüge verdrängten, zum erlösenden Strukturelement; freilich eine säkularisierte Auferstehung kraft Parlamentsbeschluß,

eine ›politische Himmelfahrt‹, wie mehrere Stiche sie darstellten.[43] Wie der Straßburger Leichenzug des Königtums – nur in umgekehrtem Sinn – waren auch die Pantheonisierungen tatsächliche Prozessionen und visuelle Ereignisse der Revolutionsgraphik zugleich. Schon die äußerlich schlichte erste Pantheonisierung, der Triumphzug für Mirabeau am 4. April 1791, an dem die ganze Nationalversammlung und insgesamt bis angeblich 400000 Bürger teilnahmen[44] – war darauf angelegt, die alten königlichen Leichengepränge zu ersetzen: »Nein, auch der Leichenzug des mächtigsten Despoten (s. o. Abb. 119) hat dem erstaunten Europa kein so majestätisches Schauspiel geboten wie das letzte Geleit des großen Mannes, den Frankreich soeben verloren hat.«[45]

In besonderem Maße gilt das für die Pantheonisierung Voltaires[46] mit ihrer von dem Maler David
entworfenen Festdekoration. Die Symbolträchtig-
keit dieses Leichentriumphzuges kommt noch deutlicher als in der anspruchsvollen Ereignisgraphik[47]
in einem populären Bildblatt des Verlegers Basset
zum Ausdruck (Abb. 132). War dem antiklerikalen
Aufklärer bei seinem Tod 1778 eine Bestattung in
Paris verweigert worden, so werden seine Gebeine
nun von einem Provinzfriedhof (Scellières) feierlich
ins hauptstädtische Pantheon (Ziel des Zuges im
Hintergrund), ins Allerheiligste der Nation, überführt. Die unüberbietbare Größe dieses posthumen
Triumphes, den erst die Revolution ermöglicht, dokumentiert der von zwölf Schimmeln gezogene,
wahrhaft königliche Leichenwagen, dessen impera-
torenhafte Prachtentfaltung den Zeitgenossen besonders auffiel.[48] Die Inschriften auf dem Sarkophag gelten dem geistigen Vater der Revolution: »Er
bekämpfte die Atheisten und die Fanatiker, er lehrte
Toleranz, er forderte die Menschenrechte angesichts
der feudalen Knechtschaft« – ist auf der dem Betrachter zugekehrten Seite zu lesen, während die
übrigen Inschriften den Dichter, Philosophen, Ge-
schichtsschreiber und Rächer unschuldiger Justizopfer wie Calas ehren; »er löste einen großen Aufschwung des menschlichen Geistes aus und hat uns
darauf vorbereitet, frei zu werden«.[49] Hochverdient
also wird der auf dem Sarkophag schlafend darge-
stellte Held von einer »Unsterblichkeit« mit der

Bürgerkrone geehrt. Ihn heimzuführen und damit
das Selbstverständnis der Revolution als Erbin der
Aufklärung öffentlich zu bekräftigen, ist der Zweck
des minutiös geplanten[50] Zuges in altrömischem
Stil.[51] Die Nummern der Bildlegende bezeichnen
seine wichtigsten Abteilungen. Voltaire ist hier noch
mehrfach gegenwärtig durch eine Ausgabe seiner
Werke (14) und eine Statue, die Standarten mit Ti-
teln seiner Schriften umgeben (13). Er wird einbezogen in die Gemeinschaft der Schriftsteller (15),
zumal der auf Tafeln abgebildeten Weggenossen
Rousseau, Franklin, Desille und Mirabeau (11). An
seine zweimalige Bastille-Haft gemahnt eine von

Palloy und seinen Arbeitern mitgeführte Nachbildung des ehemaligen Staatskerkers; eine vorangetragene Tafel nennt den auf ihrer Vorderseite abgebildeten Bastillesturm[52] »das letzte Rechtsmittel des Volkes« (10). Obwohl die Feier einem Intellektuellen gilt und obwohl von Vertretern der Oberschulen (5) über Abgeordnete und Wahlbeamte (17, 18) bis zu militärischen Abteilungen (3, 19, 20) viele staatliche Abordnungen mitziehen, ist die politisierte breitere Bevölkerung stark beteiligt in Gestalt von Lastträgern der Markthallen (2, 6), Mitgliedern des Jakobinerclubs und der demokratischen Volksgesellschaften (7, 9), Nationalgardisten aus der Provinz (8), Bastille-Siegern und Bürgern des Faubourg Saint-Antoine (10, 11). Die mitziehenden Musikabteilungen (1, 4, 12) führen u.a. eine Hymne auf Voltaire auf, die Marie-Joseph Chénier gedichtet und François-Joseph Gossec vertont hatte;[53] ihr Schlußvers lautete:

»Bürger, lauft alle Voltaire entgegen; / Er ist unter uns wiedergeboren – erhaben, geliebt und geachtet; / Wie an seinem letzten Lebenstag predigt er der Erde / Nichts anderes als Gott und die Freiheit.«[54]

Voltaires Apotheose markiert einen Höhepunkt. Die folgenden Pantheonisierungen etwa von Descartes (20. Oktober 1783) oder Rousseau (10. Oktober 1794) übernahmen die Hauptelemente dieses Modells, ohne seine Resonanz zu erreichen und vergleichbare Stiche vom Leichentriumphzug hervorzubringen, akzentuierten aber die ›demokratische‹ Tendenz des Kults, indem sie mit den Apotheosen für die »Freiheitsmärtyrer« Lepelletier (24. Januar 1793), Chalier (20. Dezember 1793), Bara und Viala (Mai 1794) Idole der Sansculotterie zu nationalen Helden erhoben.[55] Wie durchsetzungsfähig diese Tendenz war, mußte sich an Marat, dem »Volksfreund« par excellence, erweisen. Obwohl sansculottische Trauerreden, die Marats Ermordung durch Charlotte Corday am 13. Juli 1793 in der Art einer christlichen Heiligenvita beklagten,[56] seine Apotheose verbal vorwegnahmen und der Konvent am 14. November 1793 seine Pantheonisierung[57] beschloß, kam diese erst nach Robespierres Entmachtung zustande (21. September 1794) und wurde ungleich weniger in der Bildpublizistik ausgedeutet[58] als das Bildereignis seiner Ermordung.[59] Unseres Wissens entstand kein Blatt, das Marats Triumphzug zum Pantheon darstellte.[60] Das war ein symptomatisches Vorzeichen: hatten die *Montagnards*, nachdem seine geheimen Verbindungen zum Hof bekannt geworden waren, Mirabeau aus dem nationalen Ruhmestempel entfernt (25. November 1793), so dauerte es nur vier Monate, bis die erstarkende Reaktion mit dem Sarkophag Marats die radikale Revolutionsphase aus dem Pantheon verbannte (26. Februar 1795). Anders als bei Voltaire war Marats posthumer Triumph von kurzer Dauer. Auch symbolgeschichtlich erweist sich hier, daß der Sieg der Französischen Revolution über das *Ancien Régime* nicht so vollständig war, wie die Revolutionäre meinten.

9. Visuelle Ausprägung gesellschaftlicher Widersprüche: Vom Wunschbild der Harmonie zum sozialen Feindbild

Wie oben gezeigt, fanden revolutionäre Bildflugblätter über die politisch-sozialen Beziehungen der Stände bei den Zeitgenossen besondere Resonanz und hatten wesentlichen Anteil an den volksnahen Karikaturen. Da sie ausgeprägter als andere Teile der Revolutionsgraphik die kollektive Wahrnehmung sozio-ökonomischer Machtverhältnisse, die Struktur und den Wandel des Gesellschaftsbildes visualisierten, sind sie auch thematisch zu berücksichtigen. Bei einem Korpus von mindestens 150 Stichen zu diesem Thema[1] müssen wir uns auf wenige Beispiele konzentrieren.

Revolutionäre Bewußtseinsbildung über die Gesellschaftsverhältnisse im Medium der Bildpublizistik hieß zunächst: Distanzierung von der Vergangenheit, Anprangerung des *Ancien Régime*,[2] das so erst rückblickend als geschichtliches Konzept entstand. Eine wirkungsvolle Form bildlicher Anklage bestand darin, den Dritten Stand, speziell den Bauer des alten Frankreich, als Lasttier darzustellen, das von den oberen Ständen ausgepreßt wird (oben Abb. 1–9). Eine ideologisch bewußtere, polemischere Darstellungsform belegen zwei andere Blätter. Auf dem ersten (oben Abb. 81) mißbrauchen *Klerus* und *Adel* ihre traditionellen gesellschaftlichen Aufgaben des Militär- und des Gottes-Dienstes[3] zu persönlicher Bereicherung auf Kosten der Leute vom Dritten Stand und verlieren so mit ihrer Funktion auch ihre Existenzberechtigung. Prägnanter ließen sich Vorwürfe, wie Sieyès sie in seiner Kampfschrift für den *tiers état* (Januar 1789) so erfolgreich erhob, kaum ins Bild setzen. Mehr noch: Die Religion gerät in den Verdacht, als ideologische Bemäntelung von Herrschaftsinteressen, ja als Ausbeutungsinstrument der Privilegierten gegen die Armen zu dienen. Das zweite Blatt (Abb. 133) stellt die ›volksfeindlichen‹ Kräfte des *Ancien Régime* nicht nach Ständen getrennt dar, sondern faßt sie zum Schreckbild eines halb raubkatzen-, halb drachenartigen dreiköpfigen Ungeheuers zusammen, in dem Klerus, Adel und Richterschaft (dargestellt im Raubvogelkopf) sich vereinigt haben. Nachdem sie das Volk verschlungen haben, nagen sie nun vom noch heraushängenden Kopf seines Leichnams die

Un Monstre a trois têtes designant les trois Etats de l'Aristocratie s'occupe a devorer le reste du Cadavre du peuple qu'il a englouti impitoyablement dans ses entrailles carnivores. Il est precedé du Fanatisme aux Queus de Dragon et qui est vetu d'un Froc Monacal, il porte a Califourchon sur son dos l'Hypocrisie présentant un Serpent qui distile son Poison Aristocratique.

letzten Fleischreste ab. Gleichsam als Verkörperung ihres Ungeistes kriechen vor ihnen – durch Klosterkleidung unvollkommen getarnt – der religiöse »Fanatismus« mit Drachenschweif und die giftspritzende »Heuchelei«. Auch hier handelt es sich um die bildliche Umsetzung frührevolutionärer volkstümlicher Sozialkritik:

»Die Aristokratie (…) hat die Klauen einer Harpyie, die Zunge eines Blutsaugers, die Seele eines Prokurators, das Herz eines Financiers, die Füße eines Bocks, die Gefräßigkeit eines Geiers, die Grausamkeit eines Tigers, den Dünkel eines Löwen, die Geilheit eines Mönchs und die Dummheit eines Amtsrichters; man hat erlebt, wie sie länger als ein Jahrhundert den Menschen das Blut ausgesaugt, die Ernten und Hoffnungen des Landmannes in sich hineingefressen, das Volk verschlungen und in Frankreich die größten Verwüstungen angerichtet hat.«[3a]

Le Vœux accompli.

104

töt töt töt
batter chaud
töt töt töt
bon Courage
il faut avoir coeur a l'ouvrage.

*Abb. 135: Die drei
Stände schmieden
die Verfassung.
Anonyme
Radierung,
koloriert,
181 × 186 mm,
1789/90. Paris,
BN (de Vinck 2072)*

Indem das Blatt die privilegierten Nutznießer des *Ancien Régime* so in einem Körper vereinigt und diesen als »Aristokratie« bezeichnet (Legende), stigmatisiert es die Gesellschaftsordnung des alten Frankreich wirkungsvoll[4] als Ausbeutungs*system*. Den gleichen Vorwurf erhebt noch populärer ein Blattpaar, auf dem Adel und Klerus zu einem drachenähnlichen Tier zusammengewachsen sind; als die Allegorie des Dritten Standes diese Verkörperung der *Aristokratie* tötet und seziert, ruft sie aus: »Ich finde kein Herz in ihr.«[5]

Die Revolution wird nun als Ende dieses gesellschaftlichen Unterdrückungssystems erlebt, die Ausbeutung und Feindschaft der alten Stände untereinander sollen patriotischer Eintracht weichen. Kaum ein politisches Anliegen hat die Revolutionsgraphik nachdrücklicher und vielfältiger thematisiert: ob die Personifikationen der drei Stände nun gemeinsam in einer Kutsche fahren,[6] sich im Eid[7] oder in brüderlicher Umarmung[8] vereinen, miteinander tanzen (siehe unten), einträchtig essen[9] oder rauchen,[10] harmonisch musizieren,[11] zusammen die Steuerlast tragen (oben Abb. 9) oder sogar zu einer einzigen Person mit gemischt-ständischer Kleidung vereinigt sind[12] – all diese Variationen visualisieren die überwältigende kollektive Hoffnung der frühen Revolutionszeit auf ›Klassenversöhnung‹ und soziale Harmonie. Daß dieser Wunsch sich mit der endgültigen Vereinigung aller Ständeabgeordneten zur Nationalversammlung am 27. Juni und mit dem Privilegienverzicht der Abgeordneten von Adel und Klerus am 4./5. August 1789 erfüllt habe, suggeriert eine Allegorie des Verlegers Basset (Abb. 134), auf der die adelige Aristokratie einen Prälaten und einen Bauern unterhakt. Während der Geistliche einen Geldbeutel mitgebracht und der Bürgerliche die Ausrüstung eines Nationalgardisten erhalten hat, trägt die Aristokratie die Nationalkokarde und hat den Degen vom Instrument der Unterdrückung zur

Stange für die Freiheitsmütze umfunktioniert. Gemeinsam machen sie den Schlangen der »Leibeigenschaft«, der »Frondienste« und »Renten« den Garaus; wie die Aristokratie auf ihre »Taubenhäuser« (Hintergrund), so verzichtet der Prälat auf den »Zehnten«. Ihr Versprechen »Justice Gratis« (zu Füßen der Aristokratie) eröffnet gute Zukunftsaussichten. – Ein anderes konkretes Bild, das sich mit der Hoffnung auf politisch-soziale Eintracht verbindet, verbildlicht eine Schmiedeszene (Abb. 135): der Dritte Stand in der Berufskleidung des Schmiedes fungiert als Werkmeister, ein Edelmann und ein Pfarrer dienen ihm gleichsam als Gesellen; gemeinsam schmieden sie die »Neuen Verfassungen« im Takt der Schlosser-Arie aus dem Vaudeville *Le Maréchal Ferrant* von André Philodor,[13] einem erstmals 1761 aufgeführten Erfolgsstück des Jahrmarktstheaters. Der alte Refrain wird nun politisch aktualisiert: »Rasch, rasch, rasch! Schmiedet das Eisen heiß! Rasch, rasch, rasch! Nur guten Mut, man muß beherzt zu Werke gehen.«

Doch wie das letztgenannte Blatt schon andeutet, ist die Ständeversöhnung im revolutionären Selbstverständnis kein Vorgang unter völlig Gleichberechtigten, sondern muß höhere Rechte des Dritten Standes respektieren, der den ›nützlichsten und weitaus größten Teil der Nation‹ bildet (Sieyès) und nach tausendjähriger Unterdrückung einen gewissen Nachholbedarf anmeldet. *Ich wußte ja, daß ich auch mal an die Reihe komme*, ist die Karikatur betitelt, auf der ein Bauer auf seinen ehemaligen Unterdrückern reitet (oben Abb. 2). Den gleichen Machtwechsel drückt das Bild der Wippe aus, deren von Klerus und Adel besetztes Ende sich hebt, weil endlich die *Gerechtigkeit* dem Dritten Stand auf der Gegenseite das größere Gewicht verleiht.[14] Die revolutionäre Einebnung der rechtlichen Standesunterschiede bedeutet zwar Gleichheit von Adel,

Abb. 136: Das neue
Maß. Anonyme
Radierung,
146 × 190 mm,
1789. Paris, BN
(Hennin 10548)

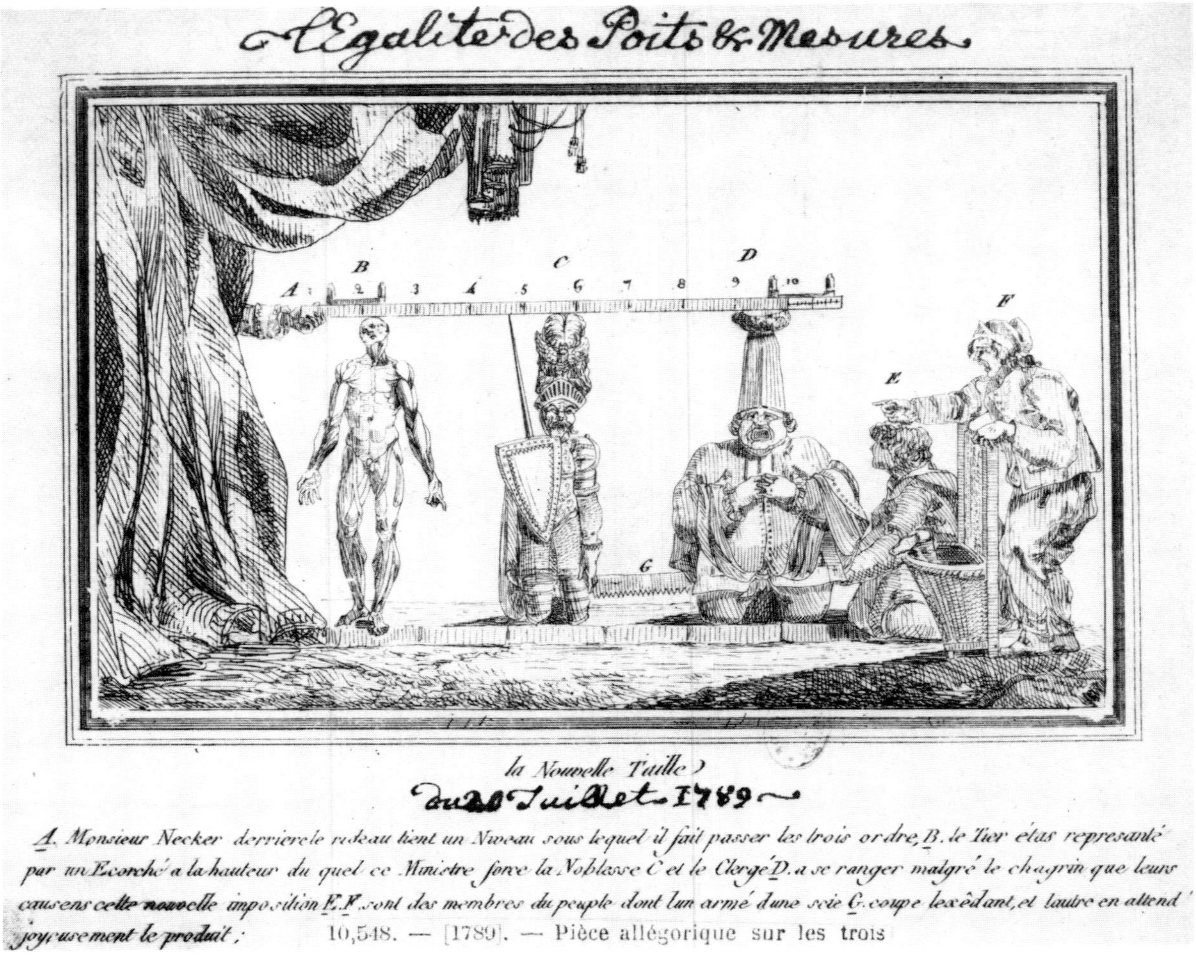

Geistlichkeit und Kaufmannschaft,[15] aber eine Gleichheit, welche die Großen erniedrigt und die Kleinen erhöht, ja tendenzvoll die alten Machtverhältnisse umkehrt. Denn es ist das Gleichmaß der einfachen Bürger, dem die Großen sich nun angleichen müssen: sei es, daß sie sich unter die Fluchtlinie einer neuen sozialen ›Landvermessung‹ ducken müssen und ihre darüber hinausragenden Teile einfach abgehobelt werden,[16] sei es, daß sie durch regelrechte Amputationen auf das *Neue Maß* (Abb. 136) gestutzt werden müssen. Auf der so betitelten Karikatur kann sich der Dritte Stand in Gestalt eines »Muskelmannes« (Ecorché) endlich zu seiner natürlichen Größe aufrichten, während Adel und Geistlichkeit sich unter die Gleichheits-Meßlatte knien müssen, weil ihre Privilegien sich in ihrem anormalen Wuchs verkörperlicht haben. So sägen zwei »Mitglieder des Volkes« diese ›Extremitäten‹ einfach ab, um sie in einer Kiepe einfach mitzunehmen und für sich selbst zu nutzen. Welchen sozio-ökonomischen ›Gewichtsverlust‹ das für den weltlichen Klerus bedeutet, führt *Die patriotische Entfettungskur* (Abb. 137) vor Augen: nachdem der Reichtum, den sie sich einverleibt hatten, von Abgeordneten des Dritten Standes aus ihnen herausgequetscht und als Münzgeld in die Staatskasse geflossen ist, verlassen zwei fast zu Strichen abgemagerte

Priester die Szene, während ein Nationalgardist und ein weiterer Abgeordneter einen noch dickleibigen Geistlichen mit den Worten herbeiführen: »Geduld, mein Herr, Sie kommen bald dran.« Die Drastik dieser mehrfach nachgestochenen[17] und von Letourmi in einen volkstümlichen Holzschnitt[18] umgesetzten Karikatur ist um so größer, als sie das der religiösen Volkskultur vertraute Motiv von Christus in der Kelter[19] antiklerikal verkehrt; denn wer hier ausgepreßt wird, ist weder der leidende Heiland noch das elende Volk unter der Steuerschraube,[20] sondern die auf Kosten des Gemeinwohls reich und fett gewordene Geistlichkeit: die Kelter ist von einem Marterinstrument zum Werkzeug der revolutionären Gerechtigkeit geworden.

Le Degraisseur Patriote .

Patience Monsieur
notre tour viendra .

Le Pressoir

Il n'a plus de remede .

Abb. 137: Die patriotische Entfettungspresse. Anonyme Radierung, koloriert, 137 × 229 mm, Februar 1790. Paris, BN (Hennin 10655)

Diese Karikatur veranschaulicht zugleich den utopischen Charakter der revolutionären Hoffnung auf ›Klassenversöhnung‹; wie sollten die durch so radikale Sozialisation um ihre materielle Machtbasis gebrachten Privilegierten sich in ihre neue Lage fügen? Im Maße wie die patriotische Opferbereitschaft des Sommers 1789 einer gewissen Ernüchterung zu weichen begann und in den Reihen von Geistlichkeit und Adel gegenrevolutionäre Bestrebungen zusammenfanden, treten denn auch neben Stiche, die zur sozialen Harmonie auffordern, zunehmend Bildflugblätter, welche die wachsenden politisch-sozialen Konflikte thematisieren. Konkrete Anlässe dazu gab es genug. So provozierte die gleich nach dem Bastillesturm einsetzende Emigration vieler Revolutionsgegner zahlreiche Spottbilder – angefangen von jenem Blatt, auf dem ein mit Sense und Laterne bewaffneter Bürger einem bei Nacht fliehenden Abbé und einem Edelmann heimleuchtet,[21] bis hin zu den bekannten satirischen Darstellungen der Flucht des Adels über den Rhein[22] oder der Armee der *Contre-Révolution*.[23] Den Widerstand gegen die Ende 1789 beschlossene Verstaatlichung der Kirchengüter, worauf auch *Die politische Entfettungskur* anspielt, kommentierten unter anderem die oben vorgestellten allegorischen Leichenzug-Stiche (oben Abb. 126–127). Auf die ein Jahr später folgende Weigerung vieler katholischer Priester, den Eid auf die Zivilkonstitution des Klerus zu schwören, antwortete die revolutionäre Bildpublizistik mit neuen Begräbnis-Allegorien (oben Abb. 128), mit der Aufspaltung des Bildes vom Geistlichen in den »patriotischen« Eidleistenden und den gegenrevolutionären Eidverweigerer[24] sowie mit der wiederholt nachgestochenen Darstellung eines Schwurhandaufzuges, mit dem patriotische Bürger unter Aufsicht der revolutionären Obrigkeit einen widerstrebenden Bischof zwangsvereidigen.[25]

LA DEVIDEUSE PATRIOTIQUE.

Hélas plus je travaille et plus cela s'emmêle Sans qu'un noble ignorant et un abbé subtil
Ne pourai je en repos devider tout ce fil Seconde contre moi le Diable qui s'en mêle

Hinzu kamen konservative Widersprüche gegen die bis September 1791 dauernden Arbeiten an der revolutionären Verfassung. Welche sozialen Spannungen das bedeutete, zeigt eine anspielungsreiche Allegorie (Abb. 138), die ebenfalls mehrfach kopiert wurde.[26] Auf einem Stuhl sitzend, dessen Kopflehne das Königtum zum nebensächlichen Schmuck stilisiert, ist die Nationalversammlung wohlgemut dabei, das Garn der »Neuen Verfassung« aufzuhaspeln; es ist Garn vom Haspelrahmen des »Régime ministériel«, altes Material wird also neu verarbeitet. Klerus und Adel stören die Arbeit, indem sie

Knoten in das Garn machen in Form von Zetteln mit den Aufschriften »Münzgeldknappheit«, »vorgetäuschte Schuldscheine« und »unparteiische Broschüren« – Anspielungen auf die publizistische und wirtschaftliche Obstruktionspolitik konservativer Kreise gegen die Konstituante. Der Teufel der Gegenrevolution frohlockt schon: »Ich warte auf diesen Knoten, Mütterchen.« Doch, obwohl dieses klagt, daß sich das Garn beim Haspeln immer mehr verwickele (Verse in der Legende), ist die teuflische Freude voreilig; die gut gefüllte Haspel und die auf Zetteln (oder schon aus dem Garn gewebten Stoffstücken) am Boden verzeichneten Beschlüsse der Nationalversammlung zeigen, daß die Arbeit bereits weit vorangeschritten ist: von der »eroberten Bastille« und der »Erklärung der Menschenrechte« über die Zurechtweisung der alten Gerichtshöfe durch die Nationalversammlung und die Abschaffung der »Privilegien« und königlichen »Pensionen« bis hin zur Einziehung der »Güter des Klerus« und zur »Abschaffung der Ständeordnung«. Und daß die Revolution von Verfassung und Gesellschaft sich auch weiter gegen altständische Obstruktion durchsetzen wird, verkünden zwei Bilder an der Rückwand, Miniaturen selbständiger Stiche: das linke bestätigt, daß der »Gesetzgeber« fortan das Parlament ist;[27] das rechte droht Gegenrevolutionären den Galgen an.[28]

Abb. 139: Drei
Köpfe unter einem
Hut. Von Bergny
verlegte Aquatinta-
radierung,
138 × 248 mm,
1789. Paris, BN
(Hennin, G 161564)

Trois Tetes sous l'meme bonnet

Je deutlicher und einschneidender also die gesellschaftlichen Konsequenzen der Revolution wurden,
desto mehr erwies sich das Wunschbild von der
Ständeverbrüderung als Utopie. Dieser Erfahrung
geben polar aufeinander bezogene Bildflugblätter
sinnfälligen Ausdruck. Auf die revolutionäre Hoffnung von 1789, daß sich Klerus, Adel und Dritter
Stand für König und Vaterland zusammentun und
ihre Interessen »unter einen Hut« bringen würden
(Abb. 139), antwortete 1792 der gegenrevolutionäre Vorwurf (Abb. 140), daß die den Gruppen der
Gesellschaft übergestülpte Jakobinermütze nicht
Freiheit gebracht habe, sondern Plünderung von
Bäckerläden, Erhängung der Spekulation verdäch-
tigter Bäcker und Elend für den zerlumpten Bürger
ebenso wie für den abgemagerten Abgeordneten
und den entkräfteten Grenadier: das Ergebnis vier-
jähriger Parlamentsberatungen und einer ebenso
langen ›Mahlzeit‹ (Wortspiel mit dem Doppelsinn
von »diète«) ist allgemeiner Hunger. Umgekehrt
nahmen die Revolutionäre ihr Versöhnungsange-
bot zurück. Hatte ein Nationalgardist einen Edelmann und einen Priester – trotz ihres Widerstre-
bens – hoffnungsfroh zu seiner Geige tanzen lassen
(Abb. 141), so spielt nun ein Jakobiner zu ihrem
Tod auf (Abb. 142); denn weil sie sich zu gegenre-

Abb. 140: Der
Beschluß der Veran-
staltung. Anonyme
Aquatintaradierung,
das Oval
118 × 186 mm,
1793. Paris, BN
(Histoire de France,
M 102125)

Abb. 141: Der edle Pas de deux. Anonyme Radierung, koloriert, 171 × 231 mm, 1789. Paris, BN (de Vinck 2016)

A votre tour M.ᵉ l'Abbé! ... la Danse n'est pas ce que j'aime, elle m'est deffendue par etat

allons sans grimace et de bonne volonté soiez daccord avec nous et vive la Liberté

bien entendu que nous payerons les Violons

Abb. 142: Zum Teufel mit den Aristokraten! Anonyme Radierung, koloriert, 157 × 269 mm, 1791. Paris, BN (de Vinck 3654)

...ancs et généreux sans détour   De bon cœur donnent chaque jour,

...s François inapreciables ;   Les aristocrates aux Diables.

volutionärer Verschwörung bewaffnet haben und ihre Falschheit (Tierfuß des Priesters) nicht länger verbergen können, werden sie von Teufeln in die Flammen der Hölle gezerrt. Die Wunschbilder gesellschaftlicher Harmonie schlagen in soziale Feindbilder um.

Das ›Aristokratische‹ als gemeinsamer Nenner dieser Feindbilder hat nach revolutionärer Vorstellung insofern eine soziale Grundlage, als ehemalige Edelleute und Geistliche als Verlierer der Revolution zu deren Gegnern prädestiniert waren und tatsächlich oft als solche aktiv wurden. Daher stellen die Karikaturisten die »Aristokraten« meist als Paar oder Gruppe dar, zusammengesetzt sowohl aus Adeligen wie Geistlichen. Ihre Strafen, die ihnen ein Mann vom Dritten Stand verordnet, reichen vom Gefängnis[29] über die Laterne[30] bis zum Höllenfeuer.[31] Mehrere dieser Elemente vereinigt eine vermutlich im Herbst 1792 entstandene Bildsatire (Abb. 143). Wie eine frühere Karikatur (oben Abb. 81) beschreibt sie die ›Aristokratie‹ als sozial gemischten Komplex aus Adel, Klerus und Justiz, nur daß diese nun von Blutsaugern zu Bestraften des Volkes erniedrigt und in konkreten Intimfeinden der Revolution personifiziert sind (Namen unter den Laternenbügeln). Charakterisiert durch ein Laster (Schriften über den Köpfen), bekennt jeder kniend seine politischen Sünden. Der Vicomte André-Boniface-Louis de Mirabeau, voll »Neid« über die Popularität seines revolutionären älteren Bruders, fleht »Gott und die Nation« um Gnade an wegen seines Protests gegen die Abschaffung des Adels (Juni 1790) und seine folgende Emigration. Der ehemalige Gerichtsrat des Pariser Parlaments Jean-Jacques Duval d'Eprémesnil, der in der Nationalversammlung als Royalist aufgetreten (25. Februar 1791), dann nach Koblenz emigriert, bei einem geheimen

Paris-Aufenthalt aber vom Volk erkannt und verprügelt worden war (27. Juli 1792),[32] unterwirft sich nun dem Gesetz vom 12. Februar 1792, wonach nicht bis Mai zurückgekehrte Emigranten auf Dauer verbannt wurden: seine »Verzweiflung« ist verständlich. Der von »Wut« gezeichnete Abbé Jean Siffrein Maury schließlich hatte sich sowohl durch seinen Widerstand gegen die Verstaatlichung der Kirchengüter (oben S. 96) und die Zivilverfassung des Klerus wie durch seine Flucht nach Rom und seine Missionen für Papst Pius VI. des »Verrats« und der »Verschwörung« schuldig gemacht. Allen drei Gegenrevolutionären widerfährt nun auf dreifache Weise revolutionäre Gerechtigkeit: die drohend über ihren Häuptern schwebenden Laternen[33] stellen sie vor die Alternative, sich endlich aufgeklärt zu verhalten oder gehängt zu werden; die Teufel sind im Begriff, sie in die Hölle abzuführen; eine Frau und ein Mann aus dem Volke mit Geißel und Hirtenstock lehnen jedes Gnadengewinsel ab: »Man kann sie nicht genug bestrafen, sie haben uns genug Leid zugefügt.«

10. Der Bilderstreit um die Monarchie – Musterbeispiel der revolutionären Bildpublizistik

Fast alle Qualitäten der Revolutionsgraphik lassen sich am Beispiel des Kampfes um das Königtum beleuchten. Tatsächlich kann man sagen, daß dieses Medium an der Abschaffung der Monarchie wesentlichen Anteil hatte: Die Graphik allein konnte die rasche Abfolge der Auffassungen sinnfällig dokumentieren, unter die Leute bringen und im Sinne der Führungsschicht formen; aber nicht nur die Verlaufsgeschichte der Revolution, ihre zunehmende Radikalisierung, sondern auch der Widerstreit der Auffassungen bis hin zum Streit um die Königsdenkmäler läßt sich in der Graphik ablesen. Wie David, trotz seiner jakobinischen Einstellung, noch 1791 ein Bildnis Ludwigs XVI. malen wollte,[1] wie Abbé Grégoire, der liberale Republikaner, trotz der verwerflichen royalistischen Embleme für den Erhalt der Kunstdenkmäler der Monarchie eintrat, so wandten sich auch die von der Tradition so stark geprägten Graphiker nicht einfach vom Herrscher ab, ganz abgesehen davon, daß royalistisch gesinnte Stecher noch während des Prozesses gegen Ludwig königstreue Darstellungen riskierten. Auch die Unterscheidung zwischen einer grundsätzlichen Bejahung der Monarchie und einer Ablehnung des derzeitigen Herrschers kommt, wie wir sehen werden, in der Graphik zum Vorschein.

Zu Beginn der Revolution wurde die Institution der absoluten Monarchie in der Graphik nicht nur bejaht, sondern sogar überschwenglich gerühmt. In diesen Stichen (Abb. 145) huldigt das Volk dem König, die Eroberer der Bastille grüßen ihn, Diogenes findet seinen ›neuen Menschen‹ in Ludwig, den er gleich Rousseau als Verteidiger der Wahrheit schätzt.[2] Zwei Radierungen von Pézant feiern den König als Hoffnungsträger der Nation, in der für den Revolutionsbeginn so charakteristischen doppelten Weise, daß Ludwig XVI. entweder Aberglauben und Hochmut der Vergangenheit tilgen, die Nation aus den widrigen Stürmen der Gegenwart befreien und sie in eine strahlende Zukunft führen werde (Abb. 146, 147), oder aber, daß er sein Volk in das verlorene Goldene Zeitalter ursprünglichen Friedens zurückführen werde (Abb. 148). Das erste dieser Blätter argumentiert ökonomisch; er läßt Necker, als den Motor des Staates, dem König vorauseilend die glückverheißende Insel betreten, auf der *Chronos*, in Form von Bildern, die drei Zeiten vorführt, deren dritte, die Zukunft, im Zeichen einträchtiger und ertragreicher Arbeit steht. Die Widrigkeiten der Gegenwart, die der Stecher im egoistischen und vor allem handelshemmenden Verhalten von Adel und Klerus erblickt, werden im Bilde eines Unwetters deutlich gebrandmarkt. Das andere Blatt

Doch über seine konkreten gesellschaftlichen Elemente hinaus verdichtete sich der Begriff des ›Aristokraten‹ im Zuge der revolutionären Radikalisierung zu einem überständischen Gesinnungsschlagwort für den Kritiker und Gegner der Revolution schlechthin, unabhängig von seiner sozio-ökonomischen Stellung. Visuelle Gestalt gewinnt das Feindbild in der Allegorie der maskierten, bockbeinigen, mit Dolchen und Giftschlangen bewaffneten, als Mann und Frau zugleich auftretenden *Aristokratie*[34] oder in der bloßen Fratze des *Aristokraten* (Abb. 144): ob dieser »an die Konterrevolution glaubt« oder »die Revolution verflucht«, jede Seite seines Doppelgesichts ist gleich hassenswert.

In ihrer Fülle und inhaltlichen Entwicklung belegen die angeführten Bild-Zeugnisse das wachsende Bewußtsein eines unversöhnlichen Gegensatzes zwischen Anhängern und Gegnern des *Ancien Régime*, Revolutionären und Gegenrevolutionären, Privilegierten und Nichtprivilegierten, Reich und Arm, ›Aristokraten‹ und einfachem Volk. Offenbar förderte die revolutionäre Auseinandersetzung gerade bei kleinen Leuten Ansätze eines Klassenkampfbewußtseins,[35] noch bevor es eine ›Klassengesellschaft‹ im strengen Sinn gab. Die Revolutionsgraphik erweist sich als eine wesentlich ideologische Voraussetzung dieser Entwicklung.

EPOQUE DE LA LIBERTÉ FRANÇOISE

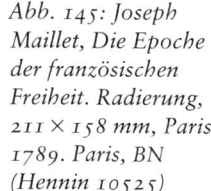

Abb. 145: Joseph Maillet, Die Epoche der französischen Freiheit. Radierung, 211 × 158 mm, Paris 1789. Paris, BN (Hennin 10525)

Composée et Gravée par Joseph Maillet.

Dediée à la Nation Assemblée.

Louis XVI. conduit par M. Necker sous les Médaillons d'Henri IV. et Sully, dans le chemin de la Gloire, vers les trois Ordres réunis et d'accord sous la Regle de la Justice; derrière le Roi, Diogène brise sa Lanterne puisqu'il trouve autant d'hommes qu'il y a de citoyens françois, en montrant à J. J. Rousseau, le Flambeau de la verité qu'ils veulent tous suivre, derrière eux est le Peuple en acclamation plus loin est la Bastille prise d'assaut par un Garde françoise le 14 Juillet 1789. lequel est sur la Tour tenant d'une main le Dra--peau de la Victoire, et de l'autre des Chaînes brisées: dans le fond est un Champ de froment, une Ville de commerce et des Vais--seaux dans son port; sur le devant sont deux Génis, dont l'un tient un Bonnet sur le bout d'un bâton qui est le symbole de la Liberté, et l'autre amène l'Abondance; dans un coin sont les Armes de France avec ses Dignités, et dans l'autre les Attributs des Sciences et des Arts .

à Paris chés l'Auteur, rue des Francs-Bourgeois St Marcel.

Abb. 146: Pézant,
Die Hoffnung auf
das Glück, der
Nation gewidmet.
Radierung,
297 × 419 mm,
Lyon 1789. Paris,
BN (de Vinck 1390)

Abb. 147: Detail aus
Abb. 146

Abb. 148: Pézant,
Die Hoffnung auf
das Goldene
Zeitalter. Aquatinta-
radierung, koloriert,
465 × 405 mm,
1789. Paris, BN
(de Vinck 1687)

argumentiert ideologisch: Hier setzt der Künstler dem Herrscher eine Ehrenbüste, auf deren Sockel Ludwig als Vater und König eines freien Volkes gerühmt wird – als sei mit der (in den Versen erst angekündigten) Zerstörung der Bastille das Werk der Revolution bereits erfüllt. Einzig die Worte »Hoffnung auf das Goldene Zeitalter«, welche die Muse der Geschichte mit *Chronos'* Hilfe einmeißelt, erweisen, daß hier eine Erwartung ausgesprochen wird, die es erst noch einzulösen gilt. Insofern enthält auch dieser Stich nicht nur panegyrisches Herrscherlob, sondern kündet vor allem von neuem Selbstbewußtsein der Nation. Tatsächlich mutiert

Abb. 149: Nach Pézant, Honoré Gabriel Comte de Mirabeau. Aquatinta-radierung, 230 × 197 mm, 1789 verlegt bei A. Basset, 1791. Paris, BN (de Vinck 1923)

Sᵗᴴ GENEVIEVE

Sépulture des grands hommes.

Tremblez tyrans
qu'il ne s'éveille

HONORÉ GABRIEL, Cᵀᴱ DE MIRABEAU.

Député de la Sénéchaussée d'Aix à l'Assemblée Nationale en 1789; élu Président le 29 Janvier 1791.

Né au Bignon près de Nemours en mars 1749, mort le 2 avril 1791.

...dire ... dire votre maître que nous sommes rassemblés ici par ordre du peuple, ...que nous n'en sortirons qu'avec les baïonnettes.

Paroles de Mirabeau à Mʳ de Brézé &c.

...Paris, chez Basset, rue St Jacques, au coin de celle des Mathurins.

die Büste des Königs zwei Jahre später in eine zu Ehren Mirabeaus, des eben verstorbenen Präsidenten der Nationalversammlung (Abb. 149). Die Inschrift warnt nun die Tyrannen vor dem Erwachen des Dritten Standes, und dies, obwohl auf Schild und Mantel der Muse die Bourbonenlilien noch prangen. Die Ruhmespalme (die schon nicht mehr die des Herrschers ist) hat in einer knorrigen ›Eiche des Volkes‹ ihr Pendant gefunden, und im Hintergrund erscheint das Pantheon, die Ruhmesstätte der ›Großen Männer‹. Damit wird, statt nobler Herkunft und Gottesgnadentum, die bürgerliche Kategorie der Leistung zum Maßstab erhoben. Auch scheint es, als habe der Stecher jetzt erst die perspektivische Anlage des Blattes begriffen und das Hintergrundmotiv als sinnstiftenden Zielpunkt erkannt.

Ce Monstre votre idole horreur du genre humain
Que votre orgueil trompé veut retablir en vain .

Tous les vrais Citoyens ont enfin rappellé la liberté publique .
Nous ne redoutons plus le pouvoir tirannique .

Von nun an wird die Argumentation zweischneidig: Der Herrscher wird am Maßstab der ›Großen Männer‹ gemessen. Nach seinem Fluchtversuch vom Juni 1791 wird Ludwig als »Faux-Pas«, als Fehltritt der Geschichte, erscheinen, der mit der bloßen Fußspitze eines Ruhmesgenius vom Sockel gestoßen und durch den bürgerlichen Geisteshelden, Voltaire, ersetzt wird (Abb. 150); auch hier im Hintergrund das Pantheon. Damit ist nicht nur der Bilderkampf gegen die Monarchie, sondern auch der Bildersturm, die faktische Niederlegung der Königsmonumente, bildlich vorweggenommen: Ein Jahr später werden die Königsstatuen des Absolutismus geschleift (Abb. 151), und auch hier werden ›Große Männer‹ dagegen aufgeboten − auf dem Sockel der Reiterstatue von der *Place Vendôme* errichtet David den Katafalk Lepelletiers, und die Statue Ludwigs XIV. auf der *Place des Victoires* wird durch einen Obelisken zu Ehren der Freiheit und Gleichheit ersetzt.[3]

Die Unterscheidung zwischen Krone und König inszeniert der Stich *Das gestürzte Idol* als bilderstürmerischen Akt (Abb. 152): Soldaten halten auf Bajonetten die Krone hoch, während eine herkulische *Francia* im Lilienmantel, also monarchisch aufgefaßt, mit der Keule auf die am Boden liegende Büste des Königs einschlägt. »Die perfide Absicht dieser Karikatur«, schreibt Boyer-Brun, der dieses Blatt nachstechen ließ, »liegt offen zutage: sie versuchte

Le plus Grand des Despotes Renversé par la Libertée.

Abb. 151: Der größte aller Despoten, von der Freiheit gestürzt. Radierung, koloriert, 145 × 223 mm. Paris, BN (de Vinck 4925)

L'idole Renversée

La Grande Colère De Capet L'ainé. ou on Casse Les Verres Les paye : chaine des morceaux multiplie sa folie.

Abb. 152: Das gestürzte Idol. Aquatintaradierung, 390 × 330 mm, 1791. Paris, BN (Histoire de France, M 101375)

Abb. 153: Der große Zorn des älteren Capet. Oder: wer das Glas zerbricht, muß es auch bezahlen… Anonyme Aquatinta-radierung, koloriert, 141 × 221 mm, 1791. Paris, BN (de Vinck 4001)

dem Volk vorzuspiegeln, es könne die Krone ohne den König erhalten, und so zu tun, als sei der wohltätige Ludwig XVI. ein überflüssiges Idol, das man umstürzen müsse (…). Heißt das nicht, dem Volk zu sagen: ›Ermordet den König‹?«[4]

Es ist nur folgerichtig, daß der Topos der Zerstörung auch auf den König selbst angewandt wird: Er war es ja, der in den Augen der Republikaner den Staat zerschlug. So wird Ludwig XVI. nach Varennes mit Stock und Narrenszepter dargestellt (Abb. 153), wie er Scheiben einschlägt, Stühle und Uhren umwirft. »Wer das Glas zerschlägt, muß es auch bezahlen – jede Scherbe vermehrt seine Narrheit«, lautet die Botschaft, deren drohend-prognostischer Unterton unüberhörbar geworden ist, zumal sich auch in den Worten der oberen Zeile eine Allusion verbirgt: »Der große Zorn« bezieht sich auf die Zeitung *Père Duchesne*, deren Leitartikel jeweils mit »Grande colère« oder »Grande joie« überschrieben waren.[5] Im übrigen kennzeichnet es diese Art von rasch hingeworfenen volkstümlichen Drucken, daß die Beischrift nicht mehr in Druckbuchstaben erscheint, sondern, nach englischem Vorbild, nur eben hingeschrieben ist – ein Alltagsmodus, der der Alltäglichkeit des Mediums entspricht.

Abb. 154: Wortman
und Mutlow nach
Spilbury, Führt euer
Leben in Freiheit.
Kupferstich,
114 × 172 mm, aus:
Henri-Simon
Linguet, Mémoires
sur la Bastille,
London: Spilbury
1783, Frontispiz

Abb. 155: Johann
Anton de Peters
zugeschr., Der neue
Bastille-Platz.
Radierung,
koloriert,
214 × 166 mm,
1789. Paris, BN
(de Vinck 1711)

Doch noch einmal zum Anfang zurück. Schon 1783 hatte der Schriftsteller Linguet in seinen *Erinnerungen an die Bastille*[6] auf deren Trümmern eine Statue Ludwigs XVI. vorgesehen (Abb. 154), vor der die treuen Untertanen dem Herrscher huldigen. Diesen Gedanken nimmt 1789 Johann Anton de Peters auf, der, in Paris ansässig, zu einem der bedeutendsten Stecher der Revolutionszeit aufsteigen wird.[7] ›Gebt dem König, was des Königs ist, und dem Volk, was des Volkes ist‹, lautet seine Losung (Abb. 155): Dem Herrscher gebührt sein Denkmal auf dem Bastilleplatz, dem Volk die Abgaben und Vorrechte der beiden privilegierten Stände. Doch auf welcher Seite steht der Künstler? Werden König und Volk sonst als

Bündnispartner behandelt, so scheint Peters zu beiden Gewalten Distanz zu wahren – der später königstreue Zeichner ist der erste, der in Frankreich den Herrscher zu karikieren wagt, der erste auch, der das ›Volk‹ nicht als heroisch, sondern als puren Nutznießer der Verhältnisse darstellt. Ludwig steckt sich den Lorbeer in die Tasche, und das ›Volk‹ in Gestalt einer *Caritas* mit bloßen Füßen streckt bettelnd die Hände nach dem *Louis d'or* aus, den der Vertreter des Klerus fallen lassen wird. Daß die Bastille am 14. Juli eingenommen wurde, der König aber erst am 17. Juli dort eintraf, läßt sich Peters nicht entgehen; unter den Rockschößen des ›Volkes‹ lugen darauf anspielende ›Bildzeitungen‹ hervor. Von nun an ist der König nicht allein den ›Großen Männern‹, sondern auch dem Volk konfrontiert: Er hat sich – ein Novum – in der Öffentlichkeit zu zeigen, sich als leutselig zu erweisen, sich zu rechtfertigen. Dies verraten selbst jene Blätter, auf denen das Volk den König als Gegner von Adel und Klerus noch auf seiner Seite sieht: der Herrscher hat sich fortan dem Volk zu stellen.[8] In Bekennerpose (Abb. 156) tritt Ludwig am 4. Februar 1790 vor die Nationalversammlung, um sich dort zu den Menschenrechten zu bekennen und zu versprechen, daß er die Verfassung wahren werde, wenn sie dereinst beschlossen sei. Im Stich reicht eine gekrönte *Francia* ihm die Bürgerkrone: der König wird zum Vertragspartner des Volkes erklärt. Daher bleibt offen, ob die (symbolisch hinzugefügten) Bettler zu ihm oder zu *Francia* flehend die Arme erheben.

Vor dem Bündnisfest am 14. Juli 1790 nimmt der König selbst die Hacke zur Hand (Abb. 157), um seinen Pakt mit dem Volk zu demonstrieren und das Marsfeld für die Tribünen zu planieren. Mit dem Inhalt wird zunehmend auch die Darstellungsweise ›volksnah‹. Die Verehrung, später die Verspottung des Herrschers kommen ohne gelehrte Floskeln aus oder verwenden diese nur noch satirisch. Für den König freilich bedeutete die ›Volksnähe‹, gute Miene zum bösen Spiel zu machen. Daß er einerseits Verfassungstreue gelobte, andererseits aber für die eidverweigernden Priester sein Veto einlegte, wird nicht ohne Grund als verdächtiges Doppelspiel ausgelegt (Abb. 157A). Vor der Flucht nach Varennes hatte er sich als »Gefangener in den Tuilerien« bezeichnet, nach dem Scheitern dieser Flucht, von der Letourmi so ›sachlich‹ berichtet, also seit Juni 1791, ist er der Gefangene des Volkes. Schon vor Varennes wurde er so dargestellt (Abb. 158); nachher – wieder eine der geistreichen Mutationen der Revolutionskunst – wird gezeigt, wie die beiden Wachen nicht mehr den König, sondern einander begrüßen und sich über den König unterhalten (Abb. 159). Dieser erscheint nurmehr als Objekt, am Boden, auf einer Münze (deren spiegelverkehrte Umschrift schon andeutet, daß der Wert des Dargestellten »renversé«, dahingeschwunden, ist). »Was macht Ihr da«, ruft der Herankommende dem Strammstehenden zu. »Ich hüte diese dicke Münze da, die niemand mehr haben will.« »Nun, warum schmelzt Ihr sie nicht ein – daraus werdet Ihr immer noch Gewinn ziehen« – wie bei der Radierung mit der doppelten Trompete ergeht die doppelsinnige Aufforderung, die Monarchie und zugleich deren visuelle Selbstdarstellung zu tilgen. Tatsächlich wurde der Materialwert eingeschmolzener Metallkunstwerke später benutzt, um die Revolutionstruppen zu entlohnen. Der königstreue Boyer-Brun kommentiert diese »perfide Karikatur« so: »Die Agitatoren wollen damit die Verbündeten auf ihre Seite ziehen. Sie wollen sie davon überzeugen, daß der Staat, wenn man den König fallen lasse, nur gewinnen könne.«[9]

LE ROI, piochant au champ de Mars.

Le ROI Janus, ou l'homme à deux visages.

Que faite vous là . Je suis en Penitence .

Abb. 158: »Was macht Ihr da?« »Ich tue Buße.« Radierung, koloriert, 142 × 215 mm, 1791. Paris, BN (de Vinck 3995)

Que faites vous là . je garde cette grosse pièce, dont on ne veut plus .
Et que ne la fondez vous . . . vous y gagnerez toujours quelque chose .

Abb. 159: »Was macht Ihr da?« »Ich hüte diese dicke Münze...« Aquatinta-radierung, koloriert, 145 × 213 mm, 1791. Paris, BN (de Vinck 3945)

Abb. 160: Der
König erklärt seinem
Sohn die Menschen-
rechte. Radierung,
110 × 70 mm, 1790.
Paris, BN (Histoire
de France, M 99131)

Abb. 161: Er hat
alles am 21. Juni
1791 verloren.
Radierung,
koloriert,
208 × 131 mm,
1791. Paris, BN
(de Vinck 3997)

Le roi expliquant à son fils les droits de l'homme.

Il a tout perdu au 21 .... Juin 1791.

Nach Varennes greift erstmals auch die Metapher vom Schwein. Wurde Ludwig XVI. vorher noch freundlich als Lehrer dargestellt, der seinem Sohn die Menschenrechte beibringt (Abb. 160), so hält ihm nun (Abb. 161) ein Genius mit Satyrsohren, der auf einem Schwein reitet, die Tafel der Revolutionsereignisse vor, auf denen Ludwig sein eigenes Scheitern eintragen muß – ein Beispiel wiederum für die Fähigkeit der Graphiker, ihre Bildmuster rasch der veränderten Lage anzugleichen, was der hohen Kunst versagt blieb.

Es wirkt wie eine Vorahnung der kommenden Ereignisse, daß diese Karikaturen immer lakonischer werden: Schon vor ihrer Abschaffung war die Monarchie am Ende – über den König als *Herrscher* gab es nicht mehr viel zu sagen. Damit ist zugleich ein reales und ein künstlerisches Problem angesprochen, denn auf beiden Ebenen wußte man diesem ›Ausfall‹ noch nicht recht zu begegnen (so wie auch für die kirchlichen Zeremonien nur mühsam Substitute gefunden wurden). Doch war die ›niedere‹ Karikatur eher bereit, sich diesem Schweigen zu öffnen; mit anderen Worten: sie hielt die Sprachlosigkeit besser aus als anspruchsvollere Medien. Bereits 1789 wurde auf einer Karikatur die übliche, gelehrte Bildlegende durch ein ›Verzichtprogramm‹ ersetzt: »L'allégorie est assez claire/Pour se passer de commentaire« heißt es in einem Falle ausdrücklich (Sammlung Hennin, Nr. 10586). Um wieviel mehr durfte die

Bildsprache nun, da jeder wußte, worum es ging, lakonisch sein. Aber dieser Verzicht wurde mehr als kompensiert durch den Willen zur Entgegnung und Auseinandersetzung zwischen den Karikaturisten. Selbst in der Polemik von Boyer-Brun (der in seinen Karikaturen-Reproduktionen übrigens fast alle Schriftzusätze tilgte) kann man die Tendenz zu einem Dialog erkennen.

Was den konkreten Bilderstreit um die Monarchie angeht, so kam es nach Varennes zu einer gewissen Entlastung oder Problemverschiebung dadurch, daß nun in stärkerem Maße auch die Familie einbezogen wurde. Daraus zu schließen, daß die Karikatur nun zur »Sippenhaft« greift, wäre zumindest insofern voreilig, als Marie-Antoinette seit der ›Halsbandaffäre‹[10] unter Korruptionsverdacht stand, also durchaus als Verräterin von Staatsinteressen gelten konnte. Daß nach Varennes mit der *Rückführung in den Schweinestall* (Abb. 162) eine Vergröberung der Mittel einsetzt, ist allerdings unbestreitbar. Sie setzt sich fort in der schon im Blick auf Mirabeau besprochenen Verbindung von Faß und Schwein (vgl. oben Abb. 90), nämlich in einer fiktiven Begegnung von Heinrich IV. mit dem zu einem Schwein verkommenen Nachfolger Ludwig (Abb. 163), einem Blatt, das 1792 um so drastischer wirken mußte, als diese beiden Herrscher zu Beginn der Revolution als ›gute Könige‹ noch gemeinsam auf einem Doppelmonument geehrt wurden.[11] Auch wird der König als Schwein bei Tische sitzend und den Kuchen Frankreichs verzehrend oder als ein auf Kosten des Landes sich mästendes Schwein vor Augen geführt.[12]

La famille Des Cochons ramenée Dans L'étable

Abb. 162: Die Schweinefamilie in den Stall zurückge-führt. Radierung, koloriert, 197 × 288 mm, 1792. Paris, BN (de Vinck 3985)

Ventre Saint Gris ou est Mon fils?
Quoi! C'est un Cochon?

C'est Lui même, il noye Sa honte.

Abb. 163: »... Wo ist mein Sohn? Was, es ist ein Schwein!« Radierung, 141 × 223 mm, 1792. Paris, BN (de Vinck 4002)

JOURNÉE DU 20 JUIN 1792.
AU CHÂTEAU DES TUILERIES.

NOUVEAU PACTE DE LOUIS XVI.
avec le Peuple le 20. Juin 1792. l'An 4.me de la liberté.

Abb. 164: Vérité nach Bouillon »Mein Herr, Ihr habt nichts zu befürchten!« Stich in Punktiermanier, koloriert, 401 × 547 mm, 1794. Paris, BN (de Vinck 4862)

Abb. 165: Ville-neuve, Neuer Pakt Ludwigs XVI. mit dem Volk. Radierung, koloriert, 277 × 196 mm, 1792. Paris, BN (de Vinck 4877)

Als der König ein Jahr nach Varennes, am 20. Juni 1792, an seinem Vetorecht gegen zwei Vorlagen der Gesetzgebenden Versammlung festhalten wollte (es ging um die Deportation der eidverweigernden Priester und um die Aushebung von 20000 Mann für die föderierten Truppen), drangen demonstrierende Sansculotten in die Tuilerien ein, so daß Pétion sie räumen ließ (Abb. 164). Bei dieser Gelegenheit stellte Ludwig einem Grenadier die rhetorische Frage: »Sagen Sie mir, ob mein Herz rascher als gewöhnlich schlägt?« Es trägt zur Situationskomik bei, daß der Stich, der diese Begebenheit schildert, in ruhigem Chiaroscuro gehalten ist, wie auch die Körpersprache noch ganz die alten Formeln spiegelt:

ARISTOCRATES soyez tranquille sur la santé du TRAITRE LOUIS XVI. il boit
comme un Templier en atendant...........

ab! Le Cruchon

Le Masque Levé

*Abb. 166: Ville-
neuve, »Aristo-
kraten, macht Euch
keine Sorgen über
die Gesundheit des
Verräters…«
Radierung,
227 × 172 mm,
1792. Paris, BN
(de Vinck 4876)*

*Abb. 167: Die
Maske fällt.
Radierung,
koloriert,
262 × 142 mm,
1791. Paris, BN
(de Vinck 3999)*

Mit großzügiger Geste weist der König seinem Be-
wacher den Weg, den er doch selbst zu gehen hat; im
Finsteren nur ballen hinter Pétions Rücken drei
Sansculotten die Fäuste. Das einzige, etwas zynische
Zugeständnis Pétions an den König bestand darin,
daß dieser vor seiner Abführung auf das Wohl des
Volkes trinken durfte, nachdem er sich die phrygische Mütze aufgesetzt hatte. Auf diesen »neuen Pakt
mit dem Volk« beziehen sich die drei Flaschen in der
›Begegnung‹ mit Heinrich IV., und das gleiche Ereignis wird auch in dem Blatt gefeiert, in dem der
wohlbeleibte König mit den Worten »Vive la Nation« eine Flasche hochhält (Abb. 165). Nach der
Gefangennahme verwandelt Villeneuve die Ambivalenz dieser Botschaft in eine eindeutige Aussage:
Der König gilt ihm nun (Abb. 166) als ein verach-
tenswertes Subjekt, ein Trinker, der, im Temple gefangen, wie ein Templer säuft. Der ironische Zusatz,
der Adel möge sich über seine Gesundheit keine Sorgen machen, unterstellt bereits, daß seine Verurtei-
lung nicht lange auf sich warten lassen werde.

›Trinksprüche‹ dieser Art konnten nur deshalb so
wirksam werden, weil ähnliches bereits seit einem
Jahr im Umlauf war. Schon nach Varennes war Ludwig in einem Bild-Wort-Spiel als »cruchon« (Krüg-
lein und Dummkopf zugleich) dargestellt worden
(Abb. 167); damit war der König bereits als Säufer
diffamiert und die Erwartung geweckt worden, daß
der Krug eines Tages zu Bruch gehen werde.

Nach der Gefangensetzung im Temple brechen die
Dämme endgültig; gleichwohl scheint die Graphik
sich nun von den rüden Attacken zurückzuziehen.
Die Annahme einer fortschreitenden Vergröberung
wäre also falsch; es ist vielmehr charakteristisch für
das Ausmaß an Abstraktion und Undurchschaubar-
keit der Verhältnisse, daß 1793 noch einmal alle,
auch die emblematisch verschlüsselten Mittel aufgeboten werden, um der Dinge wenigstens im Bilde
Herr zu werden. Möglicherweise hängt der höhere
Abstraktionsgrad gerade beim Königsthema auch
mit der fortschreitenden Internationalisierung des
Problems zusammen.

Abb. 168: Die
Sache der Könige.
Aquatintaradierung,
173 × 247 mm,
1792. Paris, BN
(de Vinck 4370)

LA CAUSE DES ROIS.

1. la Victoire terrassant les rebelles, 2 la Fay... 3 Roch...... 4 .Luck... 5. la Paix ramenent l'Abondance .6. le Peuple.

Abb. 169: Ville-
neuve, Die
Verbrechen der
Könige. Aquatinta-
radierung,
106 × 86 mm,
1792. Paris, BN
(Hennin 10843)

Einen ersten Anstoß dazu liefert das schon 1791
entstandene Blatt *Die Sache der Könige* (Abb. 168).
Es zeigt eine Victoria, welche europäische Herrscher, deren Namen auf einer Ehrenpyramide genannt sind, mit einem Lorbeerkranz schmückt und
zugleich anarchistische Rebellen niederschlägt[13]
(Anarchie war wohl der einzige Begriff, den sowohl
die Royalisten wie die Republikaner in polemischer
Absicht gebrauchten). Victorias Schwert weist zum
Himmel, wo die Herrscher (es sind die im Ersten
Koalitionskrieg gegen Frankreich verbündeten) auf
einem Bogen erscheinen, der unverkennbar an die in
der Revolutionsgraphik sonst üblichen Tierkreisbö-
gen erinnert. Ohne Krieg kein Wohlstand, lautet die
Botschaft. Nur unter dieser Voraussetzung schüttet
links die Allegorie des Friedens ihr Füllhorn über
dem Volk aus; im Hintergrund beleuchtet die über
dem Meer aufgehende Sonne eine wehrhafte Kirche
und ein mächtiges Schiff, das Staat und Welthandel
zugleich verkörpern kann.

LES CRIMES DES ROIS

*La nature outragée et renversée sur les marches d'un Palais tombe sous le Glaive de la
Tyrannie. Envain la Nature veut faire quelques efforts pour se relever et échaper a sa rage, le
fanatisme portant une Croix et la discorde armée de torches et de Serpens accourent se réunir a ce monstre
implacable).* A quels monstres grand Dieu! livrez vous l'univers.

A Paris chez Villeneuve Graveur, rue Zacharie St Severin Maison du Passage N° 21.

Peuples rentrés dans vos droits.

Sous peu il n'y aura plus de tirans, le tems trop juste vous donne la liberté et l'égalité.

Abb. 170: Das neue
französische
Gestirn. Aquatinta-
radierung,
249 × 303 mm,
1793. Paris, BN
(Hennin 11338)

Villeneuves Radierung Die *Verbrechen der Könige* (Abb. 169) wirkt wie eine unmittelbare Antwort auf dieses harmonisierende, aber den Krieg
glorifizierende Blatt. Während dort eine Mischung
aus volkstümlich-einfachem Stil (Volk, Kirche,
Schiff) und allegorischen Elementen gewählt wurde,
kehrt Villeneuve ganz zur Allegorese zurück, wes-
halb er auch eine ausführliche Bildlegende benötigt:
»Die Natur, auf den Stufen eines Palastes niederge-
stürzt, fällt unter dem Schwert der Tyrannis. Vergeblich versucht sie (…), ihrer Raserei zu entgehen; der
Fanatismus, mit einem Kreuz bewehrt, und die
Zwietracht, mit Fackeln und Schlangen gerüstet, eilen herbei, um sich mit diesem unversöhnlichen
Monster zu vereinigen.« Im Gegensatz zur ikonographischen Tradition wird hier der Begriff des
meuchlerischen Überfalls erstmals auf die Herrscher projiziert – Villeneuve liebte, wie gleich gezeigt werden soll, Inversionen solcher Art. Möglicherweise wollte er mit diesem Blatt, einem der
wenigen aus seiner Werkstatt, das ohne Realitätsan-
leihen auskommt, beweisen, daß er mit Hilfe derart
kompakter emblematischer Ballungen die konterre-
volutionäre Konkurrenz mit ihren eigenen Waffen
schlagen könne.

Diesem Blatt wiederum schließt sich auf republi-
kanischer Seite *Das neue französische Gestirn* an
(Abb. 170), das darlegt, wie mit Hilfe der Zeit die
dreifarbige Kokarde, mithin die Revolution selbst,
dem Lauf des Tierkreises, d. h. der Natur, folgt.
Beide Stiche argumentieren naturrechtlich: Die Natur selbst wird, so Villeneuve, durch das Komplott
der europäischen Könige zu Fall gebracht; die Natur, so antwortet der unbekannte Autor dieses Blattes, bringt am Ende die Könige zu Fall (womit er
kompositorisch und intentional auf eine Darstellung der deutschen Kaiserkrönung von 1792 reagiert).[14] Keiner dieser Stiche erschöpft sich darin,
Kriegs- oder Revolutionspropaganda zu sein; sie
alle verhandeln ihre Sache auf hohem Niveau, und
sie alle führen einen *polemischen Dialog* miteinander, den wir hier erstmals zu rekonstruieren versu-
chen.

Dieser Bilderkampf wird immer auch stilistisch und ikonographisch ausgetragen. 1793 bahnte sich – gerade mit der offiziellen Politik der Dechristianisierung – u. a. eine neue Reflexion christlicher Themen und Bildmittel an, ob in persiflierender oder erneuernder Absicht. Darauf spielt auch *Das Neue Gestirn* an, wenn es die *Zeit* wie einen Meßdiener mit dem damals in der Karikatur so beliebten Löschhütchen[15] den Königskreis abschreiten läßt. Das Lebenslicht Ludwigs XVI. hatte *Chronos* bereits gelöscht; das Blatt ist also nach der Hinrichtung des Monarchen zu datieren. Noch während des Prozesses entstand dagegen *Ludwig, Verräter, lies deinen Urteilsspruch*, eine Radierung, die als Aquatintablatt mit ausführlicher Legende (Abb. 170 A),[16] und, vereinfacht, als Plakat für eine Zeitschrift erschien (Abb. 171). Man sieht daran, daß ein und derselbe Stecher je nach Abnehmerkreis auf recht unterschiedlichen ›Sprachhöhen‹ argumentieren konnte. Villeneuve greift hier auf einen biblischen Stoff zurück, auf das *Mene Tekel* der Belsazar-Geschichte, das als Warnung vor herrscherlicher Überheblichkeit auch im Absolutismus geläufig war. Nun erst aber ist diese Historie wirklich politisiert: von unten her bricht der Arm durch die Mauer, es ist nicht mehr der des Engels, sondern der des Volkes – eine kühne Inversion. Auch stilistisch schlägt sich Villeneuve hier ganz auf die Seite der populären Graphik, ja er treibt diese zu einer zeichenhaften Simplizität, die erst jetzt auch in der Malerei, etwa in Davids *Tod des Marat* oder, ein Jahr später, in Regnaults *Freiheit, Gleichheit oder Tod*[17] erreicht wurde.

Dem *Neuen Gestirn* setzt ein Pariser Stecher deutschen Ursprungs, der uns schon bekannte Webert, den *Neuen Kalvarienberg* entgegen (Abb. 172). Er kombiniert darin die Kreuzigungsikonographie mit der (gegen Robespierre gerichteten) Tierkarikatur und einer Verwandlung der Menschenrechtstafeln in Ächtungstafeln, um das Ungeheuerliche der beabsichtigten Hinrichtung anzuprangern. Es trifft nicht zu, daß der König hier als verstorben dargestellt sei;[18] vielmehr erweist das Blatt eben darin seine Spannkraft und seine warnend-prognostische Dimension, daß es vor der Hinrichtung publiziert wurde – der Stecher freilich mußte diese Parteinahme am 20. Mai 1794 mit dem Leben bezahlen.[19]

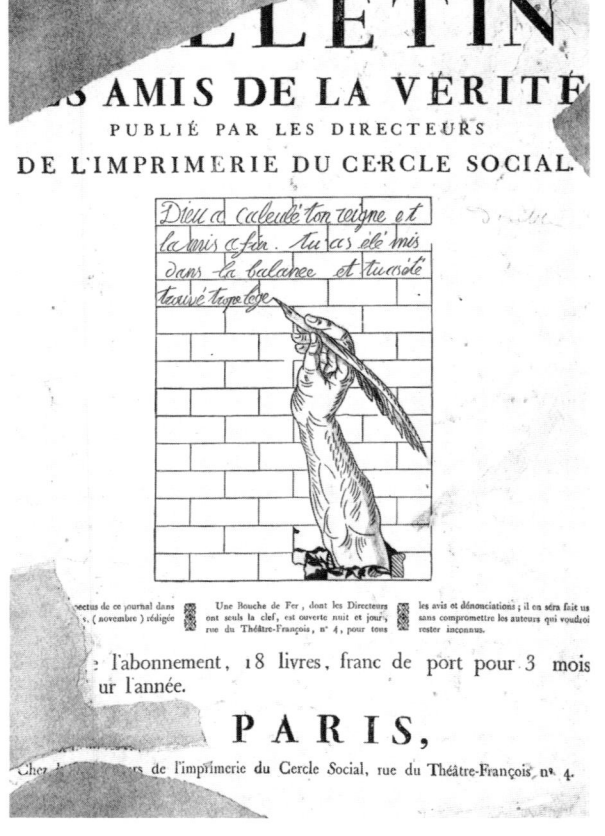

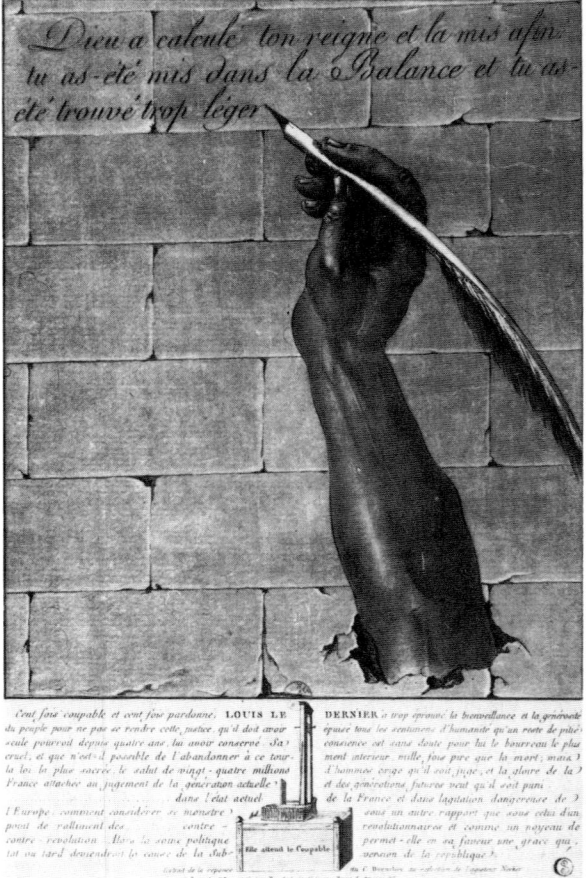

LE NOUVEAU CALVAIRE

N.T. Louis Seize mis en croix par les révoltés.

2. et 3. Monsieur et Mons.º Comte d'Artois freres du Roi liés par les Décrets des factieux ⫿ de ses motions régicides.

4. Robespierre à Cheval sur la constitution suivi de la gente Jacoquine présente au bout d'une pique l'Eponge Imbibée du fiel

5. la Reine accablée de douleur montre son epoux et ses freres et sollicite une prompte Vangeance.

6. la Duchesse de Polignac au pied de la croix — M.ᵍʳᵉ le prince de Condé Indigné s'apprête à venger Son Roi.

Se vend a Paris chez Webert Palais Royal galerie de bois N. 203.

Abb. 173: Ville-
neuve, Das Haupt
Ludwigs XVI.
Radierung,
160 × 141 mm,
1793. Paris, BN
(de Vinck 5206)

Einen eigentümlichen ›Höhepunkt‹ stellt Villeneuves Blatt *Das Haupt Ludwigs XVI.* (Abb. 173)
dar. Wie im eben behandelten Plakat wählt er aus
einem jeweils bildlich und schriftlich umfassend
überlieferten Geschehen ein einziges Motiv, dort
den Arm, der durch die Mauer stößt und das »Me-
netekel« anschreibt, hier den bluttriefenden Kopf.
Indem Villeneuve sich auf einen Ausschnitt, auf ein
zentrales Detail beschränkt, diesen Ausschnitt aber
zum Ganzen erhebt, verläßt er die narrative Ebene
sowohl der Ereignisgraphik als auch der oft so über-
ladenen emblematischen Bildwelt. Gerade die Nah-
sicht dieser Stiche garantiert ihre Fernwirkung; sie
macht mit der isolierten Hervorhebung eines
Aspekts aber auch das Überraschende, Gewaltsame,
Ungewöhnliche des revolutionären Einbruchs in
den Alltag deutlich. Es ist eine Ästhetik des Plötz-
lichen, ja des Erschreckens, die hier regiert, und
darin liegt wohl eine der besonderen innovatori-
schen Leistungen der Revolutionsgraphik.[20]

Ein Epilog schließt sich an, denn der Bilderkampf
um die Monarchie endet nicht mit dem Tode des
Monarchen. Nicht nur geben die Hinrichtungen der
anderen Mitglieder der Königsfamilie Anlaß zu
durchaus unterschiedlichen Bildkommentaren (bemerkenswert ist vor allem eine Stichvorlage zur
Hinrichtung von Philippe-Egalité, wo die Jakobiner
einen wahren Freudentanz um den Henker aufführen[21]); vielmehr bildet das Leben Ludwigs nach dem
Tode ein herausragendes Thema der Graphik. Gerade bei diesem Sujet wird deutlich, wie sehr sich die
Wechselhaftigkeit und Unsicherheit dieser Um-
bruchszeit künstlerisch niederschlagen, nämlich in
einer kuriosen Verbindung von mythologischen,
christlichen und realitätsgebundenen ›Bausteinen‹.
Der Stich *Ludwig XVI. gelangt ins Elysium* ist ganz
von der Ikonographie des aufgeklärten Fürsten
durchdrungen, die seit dem 18. Jahrhundert mit
Diogenes, der im Fürsten seinen ›Menschen‹ erblickt und seine Laterne löscht, einen festen Kanon

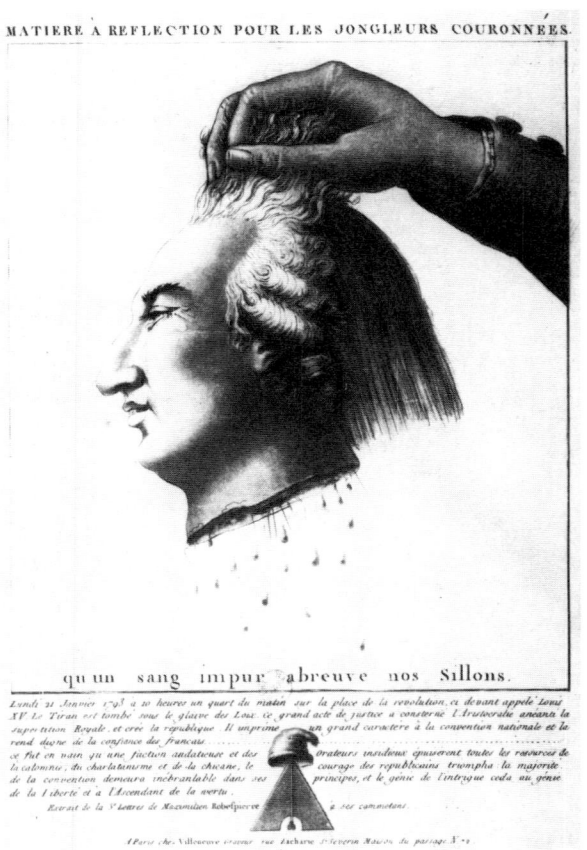

gefunden hatte.[22] Die *Ankunft Ludwigs in der Hölle*
hingegen (Abb. 174) gelingt nur um den Preis einer
Vermengung antiker ›Spolien‹ *(Cerberus, Charons
Nachen)* mit revolutionären Symbolen und Allegorien *(Freudentanz um den Freiheitshut vor dem Höl-
lentor, Monster im Inneren)* und einem Abbild des
Temple. Die christliche Ikonographie ist fast ganz
ausgespart; selbst das Kreuz ist von einer phrygischen Mütze durchbohrt.

Wenig später wurde Marat bildlich ›in die Hölle
geschickt‹[23] und umgekehrt der König rehabilitiert.
Ende November 1794, bereits fünf Monate nach
Robespierres Sturz, verlegte Vérité eine Radierung
(Abb. 175), die Ludwigs Abschied von seiner Familie in der gleichen herrscherlichen Pose vorführt, in
der er beim Abschied aus den Tuilerien 1792 gezeigt
worden war. Daß viele Tausend Exemplare dieses
Blattes verkauft werden konnten, spricht für ein Bedürfnis nach Ruhe und Ordnung, das dem neuen
Usurpator, Napoleon, zugute kommen sollte. Dennoch – daß man das 19. Jahrhundert das *graphische*
nennen kann, ist allein dem gewaltigen Aufschwung
zu danken, den dieses Medium dank der revolutionären Bildpublizistik nahm. In dieser Hinsicht hat
die Revolution Napoleon überdauert.

RECEPTION DE LOUIS CAPET AUX ENFERS.
PAR GRAND NOMBRES DE BRIGANDS CI-DEVANT COURONNÉES.

Aux Républicains Français

LA SÉPARATION DE LOUIS SEIZE, D'AVEC SA FAMILLE;
DANS LA TOUR DU TEMPLE.

Abb. 174: Ludwig XVI. wird in der Hölle empfangen. Aquatintaradierung, 268 × 367 mm, 1793. Paris, Musée Carnavalet (Est., GC 8. Histoire 1793)

Abb. 175: Die Trennung Ludwigs XVI. von seiner Familie. Stich in Punktiermanier, koloriert, Platte 487 × 580 mm, 1794 verlegt bei Vérité in Paris. Paris, BN (de Vinck 5063)

131

Abb. 176: Ville-
neuve, Der Franzose
von früher.
Aquatintaradierung,
zweifarbig rot und
schwarz, das Oval
103 × 84 mm, Paris
1789. Paris, BN
(de Vinck 2800)

Abb. 177: Ville-
neuve, Der Franzose
von heute.
Aquatintaradierung,
zweifarbig rot und
schwarz, das Oval
104 × 85 mm, Paris
1789. Paris, BN
(de Vinck 2803)

LE FRANÇAIS D'AUTRE-FOIS.

LE FRANCAIS D'AUJOURDHUI.

11. Die Revolution im Widerstreit – zwischen Terreur und Freiheitsbotschaft

»Wollt ihr eine Revolution ohne Revolution?« Diese berühmte rhetorische Frage, mit der Robespierre[1] zögernden Konventsabgeordneten klar zu machen suchte, daß eine grundlegende Erneuerung Frankreichs notwendig den Bruch alten Rechts verlangte, bringt auf eine Kurzformel, was die Bildpublizistik sinnfälliger diskutiert: das Problem der revolutionären Gewalt. Es ist uns oben bei den Stichen zur Niederschlagung des *Ancien Régime*, zum Kampf gegen die »Aristokratie« (S. 84 ff.) mehrfach begegnet. Hier soll es anhand weiterer Bildblätter im Zusammenhang skizziert werden.

Jene Frage Robespierres stellte sich von Anfang an und forderte die Stecher zur Deutung der Revolution heraus. Zwei einander polar zugeordnete Aquatinta-Drucke Villeneuves vom Frühjahr 1791 (Abb. 176), die zugleich für das revolutionäre Zäsurbewußtsein symptomatisch sind,[2] zeigen einerseits den Franzosen des *Ancien Régime* als erwachsenes Kind in einem Laufställchen eingesperrt, das am Klotz der »Alten Polizei« angekettet ist. Spielzeug soll ihn von einem in Affengestalt heranschleichenden Polizeispitzel und den in Ratten[3] verkörperten Justiz- und Steuergehilfen[4] ablenken, die ihn

von allen Seiten annagen. Diesen unwürdigen Zustand von Gängelung, Schikane und Ausbeutung hat die Revolution ein für allemal beendet, wie das Gegenblatt zeigt (Abb. 177). Der kindische »Franzose von früher« hat sich zum selbstbewußten Nationalgardisten emanzipiert und die erlegten Quälgeister in gleicher Weise als Trophäen mit seiner Pike aufgespießt wie die traditionellen Rattenfänger, ein typisches Straßengewerbe des alten Frankreich.[5] Die Banderolen an der Pikenspitze nennen als Stationen dieser Selbstbefreiung die Beschlüsse der Nationalversammlung gegen die Feudalität vom »4. August« 1789, den nationalen »Föderationspakt vom 14. Juli 1790«, den 2. November 1790 und die Vereitelung einer vermeintlichen royalistischen Verschwörung am »28. Februar« 1791. Daß außer solchen unblutigen Handlungen auch Menschenopfer nötig waren, deutet ein Haufen abgeschlagener Köpfe im Hintergrund an, der laut Lateneninschrift den Anhängern des *Ancien Régime* »zur Lehre dienen« soll. Die revolutionäre Lynchjustiz wird gerechtfertigt als Kampf gegen den »Despotismus« (Zettel unter dem Fuß), bei dem es darum geht, »frei zu leben oder zu sterben« (Aufschrift des Beils) und in dem der Grenadier beansprucht, im Namen der »Nation«, des – neuen – »Gesetzes« und sogar des »Königs« zu handeln, wie sein Brustband verkündet.

Was hier ein Doppelbild ausdrückt, hatte schon im Juli 1789 ein ebenfalls erfolgreiches Blatt (Abb. 178)[6] in einer symbolischen Szene zusammengefaßt. Der schwierige Übergang vom *Ancien Régime* und von den Verschwörungsplänen des Hofes zum neuen Regime und seinem »Gesetz«, das der König durch seine Gesten und die Nationalkokarde

Le Grand Pas de fait, ou l'Aurore d'un beau jour.

Dennoch forderte die Revolution schon wenige Tage nach dem Bastillesturm weitere Todesopfer. Während die Presse darüber leidenschaftlich diskutierte, verarbeitete die Bildpublizistik die Problematik im *Patriotischen Rechenmeister*, dem vielleicht meistkopierten[7] Blatt der frühen Revolutionsgraphik überhaupt (Abb. 179), dessen Preis dadurch vom 23. Juli bis zum 3. August von sechs auf vier Sous sank. Ein bürgerlicher Freiheitskämpfer, der Säbel, Gewehr, Pulvertasche und Hut abgelegt hat, macht Zwischenbilanz anhand der bislang abgeschlagenen Köpfe auf seinem Tisch. Alle stammen sie, wie die hastig nachgetragene Legende präzisiert, von Vertretern des *Ancien Régime* und damit von ›Schuldigen‹: wie der Bastille-Gouverneur de Launay, sein Stellvertreter du Puget und der Vorsteher der Kaufmannschaft de Flesselles, die am 14. Juli enthauptet worden waren, als »Verräter« gelten, so

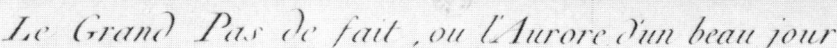

an seinem Hut anzuerkennen scheint, führt über eine schwankende Brücke, bestehend aus der Waffenplünderung in der Invaliden-Kaserne, der Einnahme der Bastille und der Enthauptung von vier Männern ihrer Besatzung. Nach diesem »Großen Schritt« verheißt die aufgehende Sonne eine gute Zukunft.

Abb. 180:
J.-B.-M. Louvion,
Andachtsbild der
Revolutionäre.
Farbradierung,
175 × 110 mm, Paris
1794. Paris, BN
(Histoire de France,
20. Mai 1797)

werden der vorübergehend an Neckers Stelle er-
nannte Generalkontrolleur Foulon, der Intendant
von Paris, Berthier de Sauvigny, und der Bürgermeister von Saint-Denis, de Losme, welche die Volksmenge zwischen dem 22. Juli und dem 2. August
1789 gelyncht hatte, der Getreidespekulation be-
zichtigt; Foulon (Nr. 4) war ein Heubüschel in den
Mund gestopft worden, weil er gesagt hatte, das
Volk habe genug Brot und könne zur Not Gras fressen.[8] Der Zwischenbilanz ziehende Revolutionär
dürfte zwar kaum schon Marat darstellen, der erst
ab November »die wenigen Opfer der Volksjustiz«
gegen »die unzählige Menge unter einem Despoten
verelendeter Untertanen«[9] aufzurechnen begann,
aber er kalkuliert durchaus vergleichbar: die sechs
Opfer, welche der ›gerechte Volkszorn‹ vom 14. Juli
bis zum 2. August gefordert hat, sind weit geringer
als 21 geplante Morde, die von gewissen Verschwö-
rern offenbar geplant waren (wie man der am Boden
liegenden Proskriptionsliste entnehmen kann). Die
Differenz von 15 Köpfen, so wird suggeriert, würde
noch mehr Enthauptungen rechtfertigen. In der Tat
zählte ein Konservativer das Blatt noch Jahre später
zu einem der »schändlichsten Stiche«, die zu Beginn
der Revolution »in allen Straßen der Hauptstadt«
aufgetaucht seien. Hieß das doch dem Volke sagen:
»Sechs Köpfe habt ihr schon abgeschlagen, aber
eure Aufgabe ist noch nicht vollendet, vierzehn
Köpfe müßt ihr noch vom Rumpf trennen.«[10]

Eben dies tritt mit den Gefängnismassakern vom
September 1792 ein[11] und erreicht schließlich mit
der *Terreur*[12] von 1793/94 seinen Höhepunkt und
zugleich neuartige Qualität. Denn angesichts dro-
hender Eroberung von außen und politischen Zer-
falls im Innern erhob das *Gouvernement révolutionnaire* die Verbreitung von Angst und Schrecken
zum Instrument einer Notstandsregierung. Im Namen des Volkswohls monopolisierte der Staat die
revolutionäre Gewalt für sich in einem regelrechten
»Krieg der Freiheit« gegen die Feinde der Revolution (Robespierre). Werkzeug und zugleich Symbol
der Tugenddiktatur der *Terreur* war die Guillotine,[13] doch wie Robespierre in seiner Konventsrede
vom 5. Februar 1794 einräumte, war sie ein ambiva-
lentes Symbol: »Man hat gesagt, die *Terreur* sei die
Sprungfeder der despotischen Regierung. Gleicht
eure Regierung also dem Despotismus? Ja sie gleicht
ihm so, wie das Schwert in der Hand der Freiheits-
helden dem Schwert gleicht, mit dem die Tyrannenknechte bewaffnet sind.«[14] Entsprechend selten

diente die Guillotine als Symbol revolutionärer
Selbstrechtfertigung. Immerhin lieferte ihr Messer
die Grundform für ein Drohbild gegen die »Intri-
ganten« (Abb. 180). Das in das Kopfloch gezeichnete Dreieck weist das Fallbeil ebenso als Instrument unnachsichtiger und prompter revolutionärer
Gerechtigkeit aus wie der Vers am unteren Blatt-
rand: »Dies Gemenge ist schrecklich, aber notwendig. Fürchterlicher Tod den Tyrannen, nieder mit
der Willkür!« Instrument sowohl der medizinischen
wie der sozialen Hygiene, der schmerzlosen Hinrichtung wie der ›Säuberung‹ der Gesellschaft von
ihren kranken Gliedern, versinnbildlicht die Guillotine hier ähnlich wie bei Lichtenberg[15] die ›schnei-
dende Kälte‹ der Revolution in ihrer äußersten
Konsequenz.

Da auch solche Bilder gleichwohl einen blutrün-
stigen Eindruck hinterließen, bevorzugten radikal-
revolutionäre Stecher allegorische Rechtfertigungen
der *Terreur*. Ein Beispiel (Abb. 181) betrifft das
Strafgericht über die Stadt Lyon, die sich mehrheit-
lich für eine gemäßigte Revolution entschieden und
der Belagerung durch Pariser Revolutionstruppen
zwei Monate standgehalten hatte (Andeutung der
Stadtbefestigung im Hintergrund). Am 30. Oktober
1793 hatte der Wohlfahrtsausschuß Fouché und

Abb. 181: Triumph der einen, unteilbaren und demokratischen französischen Republik. Anonyme Radierung, 284 × 194 mm, Lyon 1793/94. Paris, Musée Carnavalet (Est., PC. Hist. 210)

Collot d'Herbois beauftragt, die ›revolutionäre Ordnung‹ in Lyon wiederherzustellen. Jean-Marie Collot d'Herbois, nacheinander Oratorianer, königstreuer Theatermann und gemäßigter Jakobiner, seit 1792 einer der radikalsten *Montagnards*, erfolgreicher Konventskommissar in drei Departements und Mitglied des Ausschusses für öffentliche Sicherheit, ist nun die Hauptfigur und vermutlich der Auftraggeber des Bildes. In der Siegerpose des Erzengels Michael, des Überwinders des satani-schen Drachens (so die ikonographische Tradition), setzt er seinen Fuß auf die geschlagenen Kreaturen der ›Konterrevolution‹ vor einem Hintergrund, der den Sieg des Lichtes über die Finsternis (Landschaft) und den Sturz des Königtums (Statuenreste auf und vor dem Denkmalssockel) andeutet. Der Konventskommissar gibt sich als Diener und Stütze der in

Abb. 182: Das
Französische Volk
oder Das Regime
Robespierres.
Anonyme
Radierung,
koloriert,
342 × 245 mm,
1794/95. Paris,
BN (Hennin 11915)

Le Peuple Français,
Où le régime de Robespierre.

En vain de tout côtés j'allonge chaque membre,   C'est moi dans ce jeu ci que l'on veut attraper
Tout fuit dervous ma main quand je crois y toucher ;   Et j'en ferai, je crois longtemps le pôt de Chambre

(La Scène se passe sur la place de la Révolution)

Admirez de Samson l'intelligence extrême ?
Par le couteau fatal, il a tout fait périr ?
Dans cet affreux état que va-t-il devenir ?..?
Il se guillotine lui même.

Abb. 183: Das Regiment von Robespierre. Anonyme Radierung, 90 × 56 mm, Paris 1795, aus: Almanach des prisons, Paris, an III, Frontispiz

ge stellen, indem sie ihre Praxis mit ihrer Theorie konfrontieren. So kritisiert Villeuneuve das diktatorische Regiment Robespierres und seiner engsten Anhänger im Wohlfahrtsausschuß als Verstoß gegen das revolutionäre Gleichheitsprinzip (oben Abb. 47). Noch grundsätzlicher sieht eine andere Allegorie in der Jakobinerdiktatur ein Abirren vom eigentlichen Ziel der Revolution überhaupt (Abb. 182). Zusammengefaßt in dem allgemein geläufigen Wahlspruch »Freiheit, Gleichheit, Brüderlichkeit oder Tod«, schwebt jenes Prinzip zwischen ›Volksbäumen‹ (Pappeln) scheinbar wertbejahend über einer Art Tanzszene. In Wirklichkeit wird der Sinn der Parole durch Wegfall des Wörtchens »oder« ins Gegenteil verkehrt: die revolutionäre Trias wirkt als leere Phrase, die im »Tod« endet. Dem entspricht das politische ›Blinde-Kuh-Spiel‹ darunter, bei dem »das französische Volk« vergeblich nach *Freiheit, Gleichheit* und *Brüderlichkeit* tastet, die es mit ihren Attributen umtänzeln: statt ihrer ist es im Begriff, den *Tod* zu erlangen. In begleitenden Versen klagt es, derart zum Narren gehalten zu werden.

Von solcher Kritik, die von den anerkannten Grundwerten der Revolution selbst ausging, ist die nachthermidorianische Bild-Polemik zu unterscheiden, welche die *Terreur* auf willkürliche Massenhinrichtungen reduzierte. (Immerhin fällten die Revolutionsgerichte an die 17000 Todesurteile.) Nun erst, ab Herbst 1794, wurde die Guillotine zum Schreckenssymbol der Jakobinerdiktatur stilisiert, als das sie bis heute gilt. In der zugehörigen breiten Bildpublizistik herrscht statt Differenzierung revolutionsfeindliche Drastik – ob nun die Waage der Gleichheit sinnlos über einem Leichenfeld schwebt (oben Abb. 48) oder ob Robespierre in einem Wald von Guillotinen als Friedhofswärter figuriert.[17] Allein ihm angelastet wird die *Terreur* auch im Frontispiz eines verbreiteten Gefängnis-Almanachs (Abb. 183). Auf dem »Platz der Revolution«, wie die *Place Louis XV* nach dem 10. August 1792 umbenannt worden war, hat gleichzeitig eine gipserne *Liberté* die vom Sockel gestürzte königliche Reiterstatue (oben Abb. 151) ersetzt und blickt auf das nebenan errichtete Blutgerüst. Vor diesem authentischen Hintergrund häufen sich symbolisch die immer höheren Berge der *Terreur*-Opfer; sie suggerieren, daß zunächst die »Geistlichkeit«, die alten Oberrichter und der »Adel«, dann nacheinander die Mitglieder der drei revolutionären Parlamente und schließlich das »Volk« insgesamt vernichtet worden seien, bis der Scharfrichter Sauson sich als letzter selbst enthauptet habe (Beitext): gleichsam eine makabre Verbildlichung des berühmten Ausspruchs Vergniauds vom Frühjahr 1793, daß die Revolution ihre Kinder fresse.

antiker Würde auftretenden *Republik* und ihres Prinzips der revolutionären Gleichheit und Gerechtigkeit (Waage). Obwohl eigentlich girondistisch orientiert, wird der Föderalismus von Lyon im Bild als soziale Reaktion von ›Kapitalisten‹, von Aristokratie und Klerus ›entlarvt‹: Die beiden Leichen verkörpern einen Bankier, noch immer in seine Zinsscheine verkrampft, und einen Adeligen mit gebrochenem Degen und Orden des Hl. Ludwig, während ein überlebender Mönch sich ins Dunkel duckt. Das entspricht genau einem Passus der von Collot d'Herbois unterzeichneten *Instruktion an die republikanischen Behörden der Departements Rhône und Loire* vom 16. November 1793: »Wäre die Bourgeois-Aristokratie am Leben geblieben, hätte sie bald eine Finanzaristokratie erzeugt: diese hätte eine Adelsaristokratie geboren; denn der Reiche betrachtet sich stets als von anderem Stoff als andere Menschen [...].«[16] So gesehen erscheint die *Terreur* als Mittel nicht nur politischer Zentralisierung, sondern auch gesellschaftlicher Egalisierung.

Die Bildkritik an der *Terreur* war nicht so pauschal, wie es im nachhinein scheinen könnte. Besonders eindringlich sind einige Blätter aus der Reihe der revolutionären Stecher selbst, welche die Legitimationsgrundlage der Revolutionsregierung in Fra-

Dem setzten die gemäßigten Republikaner der Direktorialzeit das Versprechen einer neuen Ordnung entgegen, wie es wirkungsvoll[18] in einem Auftragsstich des Anwalts Louis-Eugène Poirier aus Dunkerque zum Ausdruck kommt (Abb. 184). Der Titel des künstlerisch und technisch anspruchsvollen Blattes verweist unmißverständlich auf den Konventskommissar Joseph Le Bon und dessen Schreckensregiment in Arras und Cambrai. Denn nachdem beim Konvent u. a. eine Petition gegen von Le Bon diktierte Urteile des Revolutionsgerichts zu Arras und eine sich von Le Bon distanzierende Adresse der Volksgesellschaft von Cambrai eingegangen waren,[19] hatte der Wohlfahrtsausschuß Barère eine Untersuchung des Falles aufgetragen und ihn am 9. Juli 1794 vor den Konventsabgeordneten beschwichtigend erklären lassen, wo gehobelt werde, fielen eben Späne:

»Bürger, (...) der Wohlfahrtsausschuß hat mich beauftragt, über Joseph Lebon Bericht zu erstatten. (...) Worum es uns geht, das sind die Motive seines Handelns und ihr Ergebnis. (...) Seine etwas schroffe Vorgehensweise (des formes un peu acerbes) sind zum Anklagepunkt aufgebauscht worden; doch diese Vorgehensweise hat die von der Aristokratie gestellten Fallen zerschlagen. Von der Revolution soll man nur mit Achtung und von den revolutionären Maßnahmen nur mit Wohlwollen reden.«[20]

Sobald jedoch Robespierre gestürzt war, erhoben Bürger von Arras erneut – nun förmlich – Anklage beim Konvent, kam Le Bon in Untersuchungshaft, prangerten zahlreiche Schriften seine Terrormaßnahmen an, unter ihnen auch mehrfach aufgelegte Pamphlete des obengenannten Anwalts Poirier,[21] den Le Bon als ›Verdächtigen‹ in Arras eingekerkert hatte. Poirier verarbeitete seine Anklagen in einer Bildidee, ließ diese einen nicht genannten Stecher ausführen und veröffentlichte das Blatt eine Woche nach dem vorläufigen, für Le Bon belastenden Bericht der eingesetzten Untersuchungskommission. So zeigt denn das Blatt die beiden Guillotinen von Cambrai und Arras (dessen Silhouette sich im Hintergrund abzeichnet), zwischen ihnen ein Strom von Blut voller Leichen und abgeschlagener Köpfe, darauf breitbeinig in Henkerskleidung stehend Le Bon, ihm durch Beischriften zugesellt die Leiterinnen des Providence-Gefängnisses, Lemaire und Catherine Lallart. Doch veranschaulicht das Blatt nicht nur den negativen *Terreur*-Begriff der Thermidorianer, sondern zugleich auch die Überwindung der *Terreur* in einer Art säkularisiertem Votivbild: Dem Terroristen und seinen Gefängnissen entronnene Häftlinge erheben ihre Arme hilfeflehend und dankend zu einer Wolke, aus der die Gestalten der auf die Tafel der Gesetze gestützten *France* (ein Vorgriff auf die

damals beratene Verfassung des Jahres III?), der *Raison* und der *Vérité* – letztere die Schriften Poiriers vorzeigend – mit Lichtstrahlen und Fanfarenschall die Rückkehr von »humanité«, »justice« und »vertu« (so die Beischrift) verkünden. Fast könnte es scheinen, als habe dieses Blatt Le Bons Schicksal besiegelt: einen guten Monat nach seiner Veröffentlichung beschloß der Untersuchungsausschuß end-

Abb. 184:
J.-B.-M. Louvion
nach M. Poirier, Die
schroffe Vorgehens-
weise. Farbradierung,
276 × 359 mm,
13. Mai 1795.
Paris, BN (Hennin
12109)

ES FORMES ACERBES

Publié le 13 Mai 1795

Motines d'Arras et de Cambray, tenant deux calices dans lesquels il reçoit d'une main et s'abreuve de l'autre du sang de ses nombreuses victimes immolées au delà de ...

ceste deux furies dignes compagnes de ce Cannibal animent des animaux moins féroces qu'elles, à dévorer les restes des malheureuses qu'elles ne peuvent plus tourmenter ...

... mains au ciel où ils aperçoivent la Convention Nationale, à qui la justice décode la vérité, tenant deux brochures intitulées l'une les angoisses de la mort, en idées de ...

... leve femmes ?). le fond du Tableau représente des prisons et indique le résultat des ouvrages présentés par la vérité, ainsi donc répétons ce refrein du récoil du peuple ...

du Crime!   Partagez l'horreur qui m'anime.

épas,   Ils ne nous échaperont pas,

... e à Mort à Amiens Exécuté le 15 Octobre 1795

gültig die Klageerhebung (19. Juni 1795), was Poirier zu einem weiteren Pamphlet veranlaßte;[22] das Strafgericht des Departements Somme zu Amiens verurteilte ihn am 9. Oktober desselben Jahres zum Tode und ließ ihn eine Woche später hinrichten — ebenfalls durch die Guillotine.

Wie die zuletzt besprochenen Blätter belegen, ist ein wesentlicher Teil der Revolutionsgraphik als bildliche Versinnlichung abstrakter politisch-sozialer Grundbegriffe in massendidaktischer Absicht zu verstehen.[23] Das gilt nicht nur für die ambivalente *Terreur*, sondern auch und vor allem für die neuen revolutionären Grundwerte. Galt es doch, für die obsolet gewordene Herrschaftssymbolik des Abso-

Abb. 185: U. Jaume und J. D. Dugourc, Neue Spielkarten der Französischen Republik. Radierung, 405 × 228 mm, Paris 1793/94. Paris, BN (Hennin 11839)

REPRESENTATION DE LA COCARDE NATIONALE
dont le relief est blanc sur un fond bleu entouré de rouge.

FIDELE A LA NATION
A LA LOI ET AU ROI.

Cette Cocarde est l'emblème de la Constitution Française.
La Nation assise et foulant aux pieds les Privilèges, Dîmes
et Droits Féodaux ; tient d'une main les Tables de la Loi sur
lesquelles sont écrit Droits de l'Homme et Constitution.
De l'autre main elle tient un Faisceau d'ou sort une Massue
emblème du courage, couronné du Bonnet de la Liberté. Ce Fais-
ceau est attaché par des liens dont le centre est le Roi, et marque
l'union qui seule peut conserver la Liberté.
L'Exergue est le Serment de la Garde Nationale.
Cette Cocarde a été acceptée par M. Le Mis. de La Fayette le 1786.
Elle se vend à Paris chez L'Auteur, Place Dauphine, No 13. Et chez
Dardel, rue des Déchargeurs à l'ancien Caffé de Paul. Prix 15 sols.

Bureau des Révolutions, rue Jacob, Faub. St G. No 23.

Citoyens né libre ;

lutismus einen sinnfälligen Ersatz zu finden. Bis in die populäre Gebrauchsgraphik der Kartenspiele hinein wird deutlich, wie systematisch und bewußt die Verbildlichung insbesondere der neuen Grundrechte betrieben wurde.[24] Das zusammenfassende Musterblatt eines der sich im Jahre II häufenden revolutionären Kartenspiele (Abb. 185) ersetzt die Königreihe durch Genien mit Jakobinermütze, die Damenreihe durch Freiheitstugenden und die Bubenreihe durch revolutionäre Krieger; unter diesen wirkt der auf einem Bastille-Stein sitzende, an die Abschaffung der »Feudalrechte« und den »10. August 1792« erinnernde, Adelswappen und Krone in den Staub tretende »Sansculotte« besonders radikalrevolutionär. Die unter dem Titel gedruckte Spielanweisung bestimmt ausdrücklich, daß man statt »König – Dame – Bube« künftig »Genie – Liberté – Égalité« sagen solle.

Hier zeigen sich bereits Grundrichtung und Schwierigkeiten der revolutionären Verfassungs- und Staatssymbolik. Der Begriff der *Nation*[25] zum Beispiel fand keine überzeugende und nachhaltig wirksame Visualisierung. Seine Darstellung als gepanzerte Gottheit (Minerva), die »Privilegien«, »Feudalregime« und »Kirchenzehnten« mit Füßen tritt, in der Linken die Verfassungsgesetze hält und mit der Rechten das Faszienbündel mit Phrygenmütze und Münzporträt des Königs umfaßt (Abb. 186), blieb Episode. Auch die *Constitution* erhielt zwar unter anderem ein bemerkenswertes allegorisches Denkmalblatt,[26] gab Anlaß zu Karikaturen (oben Abb. 68)[27] und verkörperte sich einmal in einer jungen Frau mit Fackel, die leichtfüßig über die Trümmer des *Ancien Régime* hinweggeht,[28] fand aber auf Dauer keine markante visuelle Ausprägung.

Anders das ›Volk‹ als Träger und eigentlicher Legitimationsgrund der Revolution.[29] Letztlich ging es um die Vision eines vom Ballast der Vergangenheit befreiten, vervollkommnungsfähigen neuen Menschen und Staatsbürgers, wie sie sich künstlerisch anspruchsvoll in Perées Idealgestalt (oben Abb. 60) oder ›plebejisch‹ in einem volksnahen Stich (Abb. 187) ausdrückt: hat sich die Arbeiterfrau die Freiheit selbst erkämpft, so entläßt sie den von ihr geborenen Sansculotten gleichsam in einen Naturzustand der Freiheit, den die Revolution herbeigeführt hat; beide sind sie nun vollwertige *Citoyens* im neuen Wortsinn.[30] Vollends nach dem Sturz der Monarchie

Abb. 186: Darstellung der Nationalkokarde. Anonyme Radierung, 150 × 90 mm, 1790, aus der Zeitung: Révolutions de Paris Nr. 25 (26. Dezember 1789–2. Januar 1790)

Abb. 187: Bürger – frei geboren. Anonyme Radierung, koloriert, 170 × 110 mm, 1793/94. Paris, Musée Carnavalet (Est., PC. Hist. 26 D)

*Abb. 188: Dem
französischen Volk.
Anonyme
Radierung,
koloriert,
157 × 131 mm,
Ende 1793.
Paris, BN (de Vinck
6321)*

AU PEUPLE FRANÇAIS

LA SOUVERAINETÉ *est le premier attribut de tous les Peuples: Chaque Peuple* en Masse, *est souverain sur son territoire, comme le genre-humain est souve-rain de la terre.*

Mais les attributs particuliers au Peuple Français *sont d'avoir le* Premier *renversé le throne des tyrans, les Autels du fanatisme; et sur leurs débris ne formant qu'un faisceau de lumière, d'avoir elevé des temples à la* Raison: *il a déclaré à l'univers que dans les merveilles de la nature et le cœur humain, toujours il avoit reconnu* l'existance *de l'Être-Suprême et l'immortalité de l'âme; qu'il y avoit reconnu* l'Egalité, *la* Liberté *des Citoyens, bases éternelles du bonheur; et que c'est à la* Raison *qu'il faut sacrifier toutes les passions particulieres*

VIVE A JAMAIS LE PEUPLE FRANÇAIS.

à ses ennemis le Desespoir, *et la* Mort.

Le Peuple français terrassant l'Hydre du Fédéralisme.

le Peuple Souverain.

figuriert das *Französische Volk* (Abb. 188) als voller Souverän mit Freiheitsmütze sowie Zeichen der Amts- und Strafgewalt (Faszienbündel mit Beil), halb in naturnaher Nacktheit, halb in altrömischem Gewand. Es verweist auf den ab November 1793 sich ausbreitenden Vernunftkult, während die Legende zugleich den Kult des Höchsten Wesens anpreist, den Robespierre im Frühjahr 1794 als Alternative propagierte. Aus Freude über das damit angebrochene neue Zeitalter umtanzen Bürgerinnen und Bürger einen ›Volksbaum‹ *(peuplier)*. Mit ihnen begrüßen Vertreter der nichteuropäischen Erdteile das französische Beispiel: »Wie jedes Volk als Gesamtheit auf seinem Staatsgebiet souverän ist, so ist die Menschheit der Souverän der Erde.«

Es kennzeichnet jedoch den kämpferischen Charakter des Volksbegriffs zumal der radikalen Revolutionsphase, daß die Stecher und die Künstler überhaupt *le Peuple* überwiegend nicht in der ruhigen Würde des Staatsbürgers, sondern als kriegerischen Herkules darstellten. Ansätze dazu erhalten schon Allegorien von 1789, in denen der Dritte Stand das *Ancien Régime* und den Despotismus niederschlägt (oben Abb. 112, 114, 116). Besonders im Jahre II wird dann die zum nackten Naturmenschen und Weltenherrscher (Abb. 189) entwickelte Volks-Figur bis hin zu Sansculotten-Katechismen

popularisiert. So beginnt ein Lehrgespräch über die »Volkssouveränität« anhand der jakobinischen Menschenrechtserklärung von 1793, welche auch das Recht des Volkes zum Aufstand verankerte (Art. 23–25), mit einer entsprechenden Miniatur (Abb. 190) und dem Kommentar: »Das souveräne Volk wird dargestellt in der Gestalt des Herkules, jenes berühmten Riesen, der mit einer Keule bewaffnet ist und eine hundertköpfige Hydra niederschlägt; die Hydra bedeutet, daß immer neue Feinde der Rechte des Volkes nachwachsen.«[31] Bei den Pariser Staatsfeiern zum ersten Jahrestag des 10. August 1792, für welche David die Festdekoration schuf, war dieser Volks-Herkules an prominenter

VUE DES SIX DIFFERENTES STATIONS DE LA FÊTE DE L'UNITÉ ET DE L'INDIVISIBILITÉ DE LA RÉPUBLIQUE

Abb. 191: Ville-neuve, Abbildung der Denkmäler an den sechs Stationen des Festzuges bei den Feiern zur Einheit und Unteilbarkeit der Republik am 10. August 1793. Aquatintaradierung, Durchmesser der Medaillons 63 mm, Paris 1793. Paris, BN (Histoire de France, M 102174)

Abb. 191 A: Der Despotismus stürzt vor der enthüllten Gestalt des Volkes. Anonyme Radierung, Oval 280 × 240 mm, 1793. Paris, BN (Histoire de France, M 102034)

Stelle tatsächlich zu sehen (Abb. 191): Seine gip-serne Statue auf dem Invalidenplatz zeigte ihn auf dem ›Berg‹ stehend als Sieger über den »Föderalis-mus«, damals virulente antijakobinische Bewegun-gen in der Provinz. Zusammen mit der Isis-Statue auf dem Bastille-Platz,[32] einem Triumphbogen auf dem *Boulevard Italien* für die Frauen des Oktobers 1789, der Freiheitsstatue auf dem Revolutions-platz,[33] einem neuen Vaterlandsaltar und einem Kriegerdenkmal auf dem Marsfeld markierte das *Volk* also eine Station des Festzuges und wurde zum Nationalmonument. Seine emblemartige, von der aufgehenden Sonne bestrahlte Gestalt wird in einer Revolutionsallegorie (Abb. 191 A) von der Vernunft enthüllt und von der revolutionären Trinität so wir-kungsvoll als neuer Souverän präsentiert, daß der Despotismus und die Insignien des *Ancien Régime* entmachtet vor ihr zu Boden stürzen. Mit der staat-lichen Ausschreibung eines Wettbewerbs für eine Kolossalstatue des *Peuple* im Frühjahr 1794 wurde der Volks-Herkules vollends offiziell zur zentralen Legitimationsallegorie der Jakobinerdiktatur[34] und beispielsweise zum Fest des Höchsten Wesens am 8. Juni 1794 als den ›Berg‹ überragender Koloß errich-tet, der die *Liberté* auf seiner Hand hält.[35]

Abb. 192: Ein Hl. Bataillon von 500 000 Republikanern verteidigt unsere Verfassung gegen die Tyrannenknechte. Anonyme Radierung, 115 × 149 mm, aus der Zeitung: Révolutions de Paris Nr. 115 (8.–17. Dezember 1793)

Welche zugleich auch plebejische Militanz dies Bild-Konzept enthielt, verdeutlicht sowohl die Kolossalfigur des puppenartige Könige beutelnden *Volkes,* wie eine radikale Zeitung sie zur Abschreckung an den Grenzen aufzustellen vorschlug (oben Abb. 23), als auch eine Kriegsallegorie derselben Zeitung (Abb. 192). Die Französische Republik erscheint als belagerte Festung, als ›Berg‹ *(Montagne),* auf dem Kanoniere das Allerheiligste der Menschenrechte und der Verfassung von 1793 verteidigen. Am Fuß des Berges tobt die Schlacht eines Sansculotten-Heeres gegen die zurückweichenden Söldner-Truppen der Österreicher und Preußen. Den heldenhaften Sieg der Revolution symbolisiert im rechten Vordergrund ein Sansculotten-Herkules. Ein Leitartikel »Über den Einfluß des französischen Volkes« deutete den Stich im Sinne eines revolutionären Messianismus und republikanischen Kosmopolitismus aus:

»Man denke sich 500000 Mann, die immer bereit stehen, immer bewaffnet sind, dauernd aus- und einrücken. Sie tragen die Freiheit so lange weiter, bis sie einen sicheren und würdigen Hort für sie gefunden haben, und schwören, ihren Lauf nicht eher zu beenden, als bis sie in ihr ursprüngliches Vaterland zurückkehren und dort ihre Keule weglegen können, weil keine Monster mehr zu erschlagen sind.

(...) Wahrlich, Frankreich wird frei sein! Europa wird frei sein! Die ganze Welt wird frei sein! Und diese große Wohltat wird man einer halben Million von Elitekämpfern *(hommes d'élite)* verdanken, die sich über kurz odere lang vereinigen und Europa nicht zur Ruhe kommen lassen werden, bis sie das große Werk der Wiedergeburt der Menschheit vollendet haben.«[36]

SOUVERAINETÉ DU PEUP
Les Français ne reconnais
Nul Culte dominant, nul

In allegorischer Verdichtung führen solche Verbildlichungen des kämpferischen Volkes zum Emblem des Sansculotten mit Trikolore auf der *Montagne* (Abb. 193), der mit seinen Blitzen das Unge-
ziefer des ›Sumpfes‹ (*Marais*, die unentschlossenen
Abgeordneten des Konvents) vernichtet. Aktuelle
Anwendung findet die Gestalt auf die »journées révolutionnaires« vom 31. Mai und 2. Juni 1793, an
denen 80 000 bewaffnete Sansculotten und Nationalgardisten den Konvent umzingelten und so lange
bedrohten, bis er die Girondisten aus seiner Mitte
ausstieß und ihre Führer verhaften ließ: ein Verstoß
gegen die demokratische Legitimationsgrundlage
des Parlaments, der jedoch als Ausmerzung politischer Schädlinge durch das einer jugendlichen *Freiheit* ähnelnde Volk gerechtfertigt wurde. Und diese
selbst auf Mitgliedskarten radikaler Revolutions-
clubs wiederholte Gestalt[37] steigt über eine Zwi-
schenstufe (Abb. 194) schließlich zur Leitfigur des

Abb. 194: Das souveräne Volk vernichtet Geistlichkeit und Königtum. Anonyme Radierung, Platte 90 × 122 mm, Herbst 1793. Paris, BN (Histoire de France, M 102202)

gesamten Revolutionsprozesses vom Juli 1789 bis zum Dezember 1792 auf (Abb. 195): der Bastillesturm und der Zug nach Versailles werden ihm in einer Chronologie seiner Heldentaten (Schrift-Rosette) ebenso zugute geschrieben wie die Revolution des 10. August 1792 und die Siege französischer Truppen an der Nordgrenze. Denn als Souverän und alleinige Quelle des Gesetzes und der Gerechtigkeit (Dreieck) hat das Volk Geistlichkeit und Königtum vernichtet; während der katholische Klerus zur Strafe für seine mörderischen Anschläge (das deutet der Dolch im Vorbild an) mit dem sofortigen Tod bestraft worden ist und einen Grabspruch von Chronos erhält, ist »Ludwig der Letzte« noch nicht begraben, weil sein Thronsturz dem Herrscher Alteuropas zur Warnung dienen soll.

Le temt i découvre la Vérité 2 qui foule aux pieds la féodalité 3 elle est soutenue par la Liberté l'Égalité et la bonne foi representées sous une seule figure 4 est désignées par les Symboles suivans le cœur le Niveau, la pique et le bonnet. Le peuple representé sous la figure Hercule 5 terrassant l'hydre du Triumviral 6 dans le fonds sont les Nations réunis 7 dansant au tour de l'arbre de la Liberté. Se vend A Paris chez Constellier 1re rue Beaubourg N 445

Abb. 196: Das von der Wahrheit erleuchtete Volk erschlägt die Hydra des Triumvirats. Anonyme Aquatinta-radierung, 270 × 360 mm, Herbst 1794. Paris, BN (Hennin 11926)

Abb. 197: J.-A.-D. Ingres, Allegorie auf 1848. Federskizze, 117 × 125 mm, 1848. Montauban, Musée Ingres (Inv. 867.2800)

Obwohl der Wettbewerb für eine Kolossalstatue des *Peuple* nach dem Sturz Robespierres abgebrochen wurde und nicht zu einem Nationalmonument führte, konnten auch die Thermidorianer auf das legitimierende Bild des Volkes nicht verzichten. Ein ihrer Ideologie verpflichteter Stich (Abb. 196) interpretiert die Guillotinierung Robespierres und seiner engsten Anhänger (28. Juli 1794) als Drachensieg des beilschwingenden Herkules, den die *Wahrheit* – von *Chronos* unterstützt – erleuchtet. Wieder (oben Abb. 188) bedeutet die Volkstat den Anbruch einer glücklichen Zeit für Frankreich (»*soleil national*«) wie ein Vorbild für die den Freiheitsbaum umtanzende *Menschheit*. Wenn dann auch Napoleon solche Volksallegorien zurückdrängte, um die politische Symbolik auf seine Person zu lenken, so blieb das von der Französischen Revolution geprägte Bild des souveränen und kämpferischen Volkes doch unterschwellig so lebendig, daß es im 19. Jahrhundert wieder auftauchte, sobald sich eine Möglichkeit bot.[38] So wurde zur Revolution von 1848 nicht nur wieder ein Kartenspiel mit dem Bild einer herkulischen Trinität gedruckt und auf einer Lithographie

LA LIBERTÉ TRIOMPHE ET DÉTRUIT LES
ABUS

ÇA N'IRA PAS | ÇA IRA.

Abb. 198: Die
Freiheit besiegt und
zerstört die
Mißstände.
Anonyme
Radierung,
koloriert,
143 × 80 mm,
1790, aus der
Zeitung: Révolutions
de France et de
Brabant Nr. 51 vom
14. November 1790.

Abb. 199: Das wird
nicht gehen / Das
wird gehen.
Anonyme Aquatinta-
radierung,
70 × 100 mm,
Medaillon
90 × 90 mm, 1791.
Paris, BN
(de Vinck 5006)

Die meistgebrauchte und am wenigsten umstrit-
tene dieser weiblichen Allegorien war zweifellos die
Liberté.[41] Anfangs ähnelte sie noch einem Genius,
dessen Blitz gleichwohl die Ketten der Bastille
sprengt und die Insignien der Feudalität zertrümmert (Abb. 198). Nach Ludwigs XVI. Fluchtversuch
nach Varennes im Juni 1791 gewinnt sie antimonar-
chischen Charakter (Abb. 199): obwohl sie auf diesem Medaillon noch jung ist, überragt sie doch
bereits die Krone des schlaff auf einem übergroßen
›Reichsapfel‹ (oder der Weltkugel?) sitzenden Königs; ihr gehört gemäß dem als Unterschrift zitierten
Titel des Revolutionsliedes Ça ira vom Juli 1790 die
Zukunft. In der Tat tritt die Liberté dann im Vorfeld
der französischen Kriegserklärung an Österreich

der aufständische Proletarier von 1848 mit dem
Sansculotten von 1792 verglichen;[39] selbst der keineswegs revolutionsfreundliche Maler Ingres verarbeitete sein Augenzeugen-Erlebnis des neuen ›Tuile-
riensturms‹ vom 24. Februar 1848 in der Zeichnung
(Abb. 197) eines Herkules der Pariser Vorstädte, der
sich aus dem »Schmutz« erhebt, die Stufen zum Pa-
last hinaufstürmt und den Thron umstürzt.

War der Volks-Herkules eine Umwidmung der abso-
lutistischen Herrscherallegorie zugunsten des neuen
Souveräns (oben Abb. 21−23), so wurden Visuali-
sierungen anderer Grundwerte der Französischen
Revolution geradlinig aus vorrevolutionären Ansät-
zen entwickelt. Gemeint sind hier weniger schon
erwähnte ›szenische‹ Darstellungen z. B. der Gleichheit als ›Neuvermessung‹ der Nation oder als Strafgericht über den Wohlfahrtsausschuß (oben Abb. 48
und 69), sondern vor allem allegorische Frauengestalten. Denn nicht zuletzt weil männliche Symbole
in starkem Maße durch die Königstradition besetzt
waren, prägten die Revolutionäre ihre Ideale mit
Vorliebe in weiblichen Leitbildern zu den entsprechenden Begriffen aus. Von ihnen treten besonders
die Wahrheit, die Vernunft, die Gleichheit und die
Freiheit oft gemeinsam auf (oben Abb. 52, 55, 56),
vergleichsweise selten allerdings als die Trias Liberté, Égalité, Fraternité,[40] die sich erst unter der Dritten Republik richtig einbürgern sollte.

Abb. 200: Die
siegreiche Freiheit
oder Die Nieder-
schlagung der
Herzlosen. Anonyme
Aquatintaradierung,
177 × 268 mm,
Frühjahr 1792.
Paris, BN (Histoire
de France,
M 103245)

*Abb. 201: Copia
nach Prud'hon, Die
Freiheit. Radierung
in Punktiermanier,
155 × 95 mm,
1793/94. Paris,
Musée Carnavalet
(Est. PC. Hist. 27 C)*

vom 20. April 1792 als freiheitsstiftende Kriegsgöt-
tin, als Verkörperung des revolutionären Kampf-
geistes gegen die alteuropäischen Mächte auf
(Abb. 200). Wie die Schriften in der Zeichnung und
die Legende gleichlautend verdeutlichen, flieht das
kindisch Jojos schleudernde Heer der Koalitionsmächte vor den rechts hinten vorrückenden französischen Freiwilligenverbänden über den Rhein zurück
(links hinten), während im Vordergrund führende
Revolutionsgegner hilflos durcheinanderpurzeln –
der vor einem Monat verstorbene Kaiser Leopold
und die obszön entblößte Kaiserin Katharina II.
ebenso wie die emigrierten Brüder Ludwigs XVI., der
Vicomte de Mirabeau (s. a. oben Abb. 90) und kon-
terrevolutionäre Geistliche mit langen Spottnasen
(s. a. oben Abb. 128).

Ähnlich zukunftweisend wie diese kämpferische
Akzentuierung der *Liberté* war die Tendenz, sie mit
benachbarten Leitfiguren zu verbinden und ihr so
noch grundsätzlichere und allgemeinere Bedeutung
zu verleihen. Dies geschah zum einen durch zusätzliche Attribute, so daß sie Freiheit, Gleichheit und
Aufrichtigkeit in einem verkörpert (oben Abb. 196)

LA LIBERTÉ

Elle a renversé l'Hydre de la Tyrannie, et brisé
le joug du Despotisme.

Projet de Groupe a executer au fond du Pantheon Francais.

La Caricature (Journal)

Je séparerai l'ivraie du bon grain (Saint Math.)

oder mit Lorbeerkranz, löwenfellartigem Umhang und strafendem Beil an einen Herkules erinnert (Abb. 201), der »die Hydra der Tyrannei erlegt und das Joch des Despotismus zerbrochen hat«. Eine ähnlich herkulische *Liberté* figuriert sogar in einer Sansculotten-Fibel (Abb. 202): zusammen mit den ermordeten ›Freiheitsmärtyrern‹ Brutus, Lepelletier und Marat soll sie dem einfachen Bürger als Sinn- und Vorbild dienen; »sie hält die Kugel der Welt, deren Glück sie eines Tages bewirken wird. Sie sitzt auf einer Kanone und hält eine Keule um anzuzeigen, daß die freien Menschen den Sklaven überlegen sind«, erklärt die Fibel.[42] Ausgestattet mit Auge, Keule und Faszienbündel, kann sie auch die *République* darstellen.[43] Zum anderen charakterisiert sie als Begleitfigur andere Allegorien.[44] So wollte Quatremère de Quincy sie zusammen mit der Gleichheit einer Statue der Republik im Pantheon beigeben (Abb. 203): die Nachbildung der Bastille in ihrer herabgesunkenen Rechten und die Phrygenmütze in der hochgehaltenen Linken zeigen an, daß erst die Republik den Wechsel vom Despotismus zur Freiheit vollenden werde, sind also im Jahre 1791 eine deutliche antimonarchische Manifestation.

In solcher Verschmelzung älterer Allegorien zu neuen, radikaleren politisch-sozialen Leitbildern besteht eine Hauptleistung der Bildpublizistik der Französischen Revolution für die Folgezeit. Denn was oben zum Volks-Herkules angedeutet wurde (S. 143 f.), bestätigt sich bei den weiblichen Allegorien. Lieferten doch neben der teils herkulischen *Francia* (oben Abb. 84 und 152) insbesondere die politische Trinität von *Liberté*, *Égalité* und *Fraternité* die Elemente, aus denen sich zwischen der Julirevolution von 1830 bis zur Pariser Commune von 1870 die bis heute gültige nationale Integrations- und Identitätsfigur der *Marianne*, also *die* französische Allegorie der Republik, entwickelte.[45] Ein frühes Beispiel dafür bietet die führende oppositionelle Karikatur-Zeitung der Julimonarchie[46] mit der Gestalt einer lebensstarken, selbstbewußten Arbeiterfrau (Abb. 204): *Liberté* und *Francia* in einer Person, steht sie fest auf dem Boden Frankreichs und trennt gemäß einem Wort Johannes des Täufers die politische und gesellschaftliche Spreu vom Weizen; angefangen vom konservativen Abgeordneten über den Richter und den Offizier bis hin zum Börsenspekulanten und Fabrikanten werden alle Konservativen, alle reaktionären Anhänger der Bourbonen, alle Gegner größerer Freiheitsrechte ins Nichts geschüttelt – eine eindrückliche innenpolitische Aktualisierung des besprochenen Stichs vom April 1792 (oben Abb. 200).

Abb. 203: Antoine Quatremère de Quincy, Entwurf eines Denkmals der Republik für das Französische Pantheon. Zweifarbige Aquatintaradierung, schwarz auf blauem Grund, 395 × 270 mm, Paris 1791. Paris, BN (de Vinck 6058)

Abb. 202: Die Freiheit. Anonyme Radierung, aus: Chemin-Dupontès 1793/94

Abb. 204: Delaporte nach J.-J. Grandville und E. Forest, Ich trenne die Spreu vom Weizen. Lithographie, 350 × 260 mm, aus der Zeitung: La Caricature vom 6. Oktober 1831

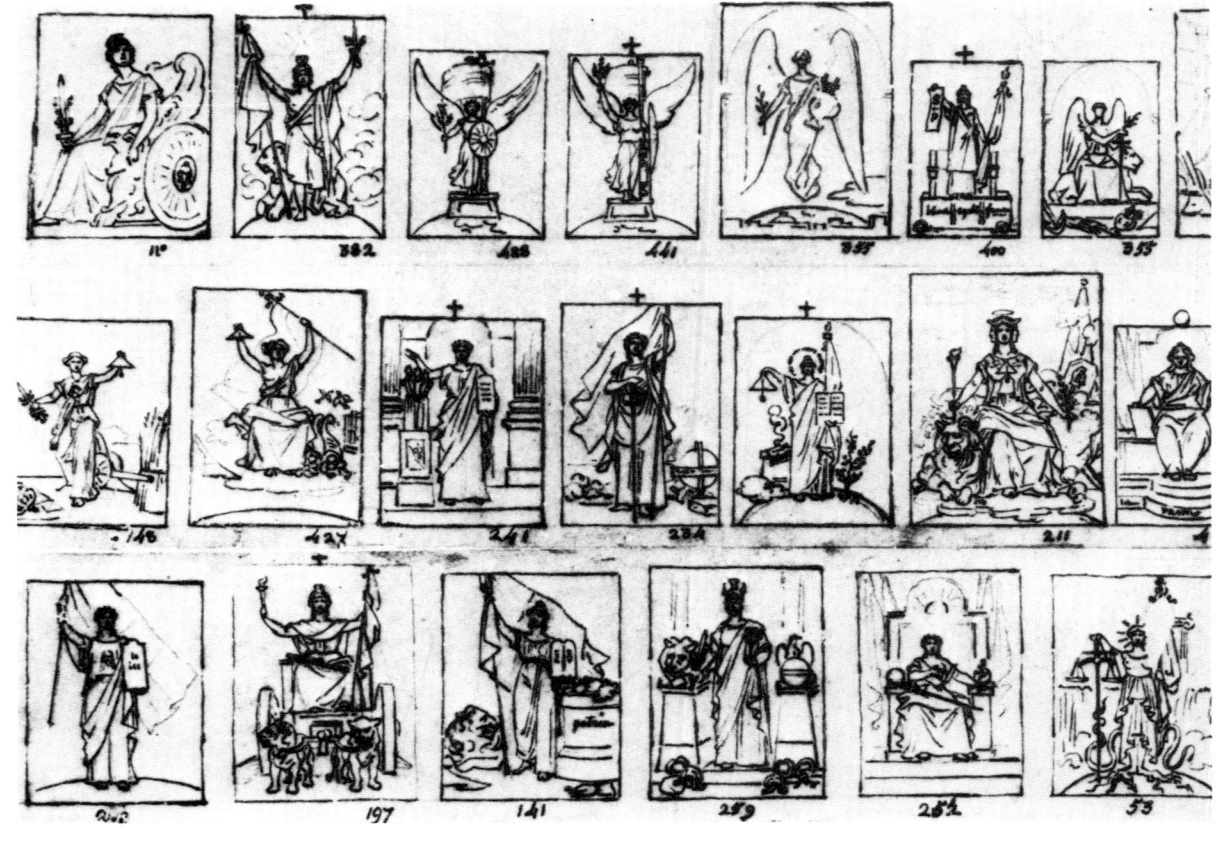

Der am 18. März 1848 offiziell ausgeschriebene »Wettbewerb für die Komposition einer symbolischen Figur der Republik« – als Standbild, Gemälde und Medaille – markiert eine weitere Stufe der Reaktualisierung und Umformung der revolutionären Symbolik, mit der sich auch Graphiker bewußt auseinandersetzten.[47] Wie die für den Innenminister bestimmten Aktennotizen von Joseph Garraud, des neuen »directeur des Beaux-Arts«, ausdrücklich feststellten, sollten die Einsendungen »die drei Wörter *Freiheit, Gleichheit, Brüderlichkeit* darstellen«.[48] Dementsprechend häuften die eingesandten Denkmalsentwürfe (Abb. 205) die Attribute derartig, daß ein Kritiker zweifelte: »Wie diese drei Tugenden in ein und derselben Figur zum Ausdruck bringen? Können ihre Attribute vielleicht das Problem lösen? Dann muß man zum Schwert des Krieges, zur Waage der Gerechtigkeit, zum Löwen der Kraft und zum Siegeslorbeer (...) noch den Gleichheitsbalken, das von der Freiheit zerbrochene Joch und die umschlungenen Hände der Brüderlichkeit hinzufügen.«[49] Die meisten dieser Attribute waren in der Revolutionsgraphik politisch-sozial aufgeladen worden und erwiesen nun ihre Brisanz. Doch sollten ihre zugehörigen Allegorien erst mit den 1880er Jahren[50] dauerhaft in der Figur der *République* verschmelzen, die nur noch der Freiheitskappe bedurfte, um allgemein verständlich zu sein, und in dem Pariser Republikdenkmal von Dalou (1889/99) die künstlerisch damals überzeugendste Gestalt gewinnen sollte.[51]

Abb. 206:
Desperret zugeschr.,
Der dritte Ausbruch
des Vulkans von
1789. Kolorierte
Lithographie,
260 × 347 mm,
aus der Zeitung:
La Caricature vom
6. Juni 1833

Troisième éruption du Volcan de 1789,

Qui doit avoir lieu avant la fin du monde qui fera trembler tous les trônes et renversera une foule de monarchies.

So wirkte die Französische Revolution auch bildpublizistisch und allgemein künstlerisch weit über die Revolutionsdekade hinaus. War sie in ihrer Prozeßhaftigkeit während der 1790er Jahre noch im Bild des Tierkreises oder eines kreisförmigen Kalenders gedeutet worden (oben Abb. 170 und 195), so wurde sie seit 1830 als immer wieder aus dem Untergrund emporbrechende eruptive Kraft begriffen und visualisiert. Eine Lithographie (Abb. 206) zeigt im Vordergrund die ›Kratertrümmer‹ des Ausbruchs von 1789 (Jahresziffer auf der Ruine), bestehend aus den Steinbrocken des »Gottesgnadentums«, des »Zehnten«, der »Feudalität«, des »Jagdrechts« usw., die vom geborstenen Gebäude des *Ancien Régime* übriggeblieben sind. Die dadurch obdachlos gewordenen Privilegierten fliehen mit ihrer letzten Habe. Im Hintergrund aber ist eine neue, noch größere Eruption zu sehen, welche tödliche Quader mit der Aufschrift »Juillet« herausschleudert und die Monarchien Europas mit Strömen von Lava umgibt. Auch dieser revolutionäre ›Vulkanausbruch‹ ist

wohltätig, denn er setzt die »Liberté« frei: Revolutionsmetapher und Freiheitsbegriff sind also in einem Bild verschmolzen. Doch um welche Revolution handelt es sich, da doch der Lithograph erst auf die beiden französischen Revolutionen von 1789 und 1830 zurückblicken konnte? Es geht, wie der Titel bestätigt, um einen »dritten Vulkanausbruch«, um eine Bildvision der Revolution der Zukunft: die Französische Revolution mündet in die Weltrevolution.

ANMERKUNGEN

1. Einleitung

1 Näheres bei Alain Ruiz, Deutsche Reisebeschreibungen über Frankreich im Zeitalter der Französischen Revolution 1789–1799, in: Antoni Maczak/Hans J. Teuteberg (Hg.), *Reiseberichte als Quellen europäischer Kulturgeschichte*, Wolfenbüttel: Herzog August Bibliothek 1981, 229–251. S. a: Thomas Grosser, Reisen und Kulturtransfer: deutsche Frankreichreisende 1650–1850, in: Michel Espagne/ Michael Werner (Hg.), *Transferts. Les relations interculturelles dans l'espace franco-allemand (XVIIIᵉ–XIXᵉ siècle)*, Paris 1988, 163–228, bes. 195–213.

2 Briefe aus Paris zur Zeit der Französischen Revolution geschrieben, in: Horst Günther (Hg.), *Die Französische Revolution. Berichte und Deutungen deutscher Schriftsteller und Historiker*, Frankfurt a. M.: Deutscher Klassiker Verlag 1985, 22–24.

3 Pariser Zeitungsbericht vom August 1789, abgedruckt in: *Journal des Révolutions de l'Europe en 1789 et 1790*, Bd. II, Neuwied/Strasbourg 1790, 77–78.

4 Reichardt, *Revolutionsspiel* 1989.

5 *Je chie sur les Aristocrates*, kolorierte Aquatintaradierung vom Herbst 1789 (Paris, BN, de Vinck 3624); s. a. de Baecque 1988, 143.

6 Die Vorbilder dieser beiden Miniaturen ließen sich nicht ermitteln.

7 *Sans vous je périssois*, kolorierte Radierung von 1789/90, Abb. bei Vovelle 1986, II, 161 (Paris, BN, de Vinck 1691).

8 *Recette pour faire périr les rats de cave*, kolorierte Radierung von 1789/90, Abb. ebd., I, 64 (Paris, BN, de Vinck 3909); siehe auch unten Abb. 142.

9 *On me rase ce matin, Je me marie ce soir*, Radierung 1789/90, Abb. bei Vovelle 1986, II, 258 (Paris, BN, de Vinck 3350 u. ö.). S. a. de Baecque 1988, 105.

10 Ganz ähnlich die Radierung von 1790: *Le Départ de la Sᵗᵉ Famille* (Paris, BN, de Vinck 3345). Siehe auch das Blatt *Décret de l'Assemblée National*[!] *qui supprime les ordres religieux et religieuses*, Abb. bei Vovelle 1986, II, 257 (BN, de Vinck 3343).

11 Noch Lévêque 1986, 213–219, widmet ihr nur sechs von 260 Seiten. Reichhaltiger, wenngleich unter Ausklammerung der Druckgraphik: Philippe Bordes/Régis Michel (Hg.), *Aux armes et aux arts! Les arts de la Révolution 1789–1799*, Paris: A. Biro 1988, bes. 10–165. Weitere Angaben bei Herding, Kunst und Revolution, 1988, 200–240.

12 Zum Beispiel Albert Soboul, *La Civilisation de la Révolution française*, Bd. 2, Paris: Artaud 1982; François Furet/Denis Richet, *Die Französische Revolution*, München: Beck 1981; Kurt Holzapfel, *Illustrierte Geschichte der Französischen Revolution*, Leipzig 1989.

13 Zum Verfahren und zur Problematik dieser ›Bilder-Geschichten‹ Reichardt, Geschichtliches Verstehen 1985.

14 So J. C. Sloane, A Note on French Revolutionary Iconography, in: *North Carolina Museum Art Bulletin* 9, 1970, 74–81; Herding 1972; Ausst.-Kat. *L'Art de l'estampe* 1977; dazu Hannah Mitchell, Art and the French Revolution: An Exhibition at the Musée Carnavalet, in: *History Workshop* 5, 1978, 123–145; Bordes 1979; Enrico Castelnuovo, Arti e rivoluzione – Ideologia e politiche artistiche nella Francia rivoluzionaria, in: *Ricerche di storia dell'arte* 13/ 14, 1981, 5–20; David 1987, 295–304.

15 Herding, Diogenes 1982; Hunt, Engraving the Republic 1980; dies., *Politics* 1984, 87–119; Herding, Visuelle Zeichensysteme 1988; Langlois 1988; Vovelle 1988; Reichardt, Druckgraphik 1988; de Baecque 1988 u. ö. – Antoine de Baecque danken wir für Einblick in die Druckfahnen seines Buches *La Caricature révolutionnaire* 1988. Vielversprechend sind die für Ende 1988 angekündigten Werke: *Presse et propagande sous la Révolution française. Actes du colloque de Haïfa* (Mai 1988); Michel Vovelle, *Images et Imaginaire de la Révolution française*, Dublin: Ussher 1988.

16 Koselleck/Reichardt 1988; s. a. Hans-Christian Harten, *Die kulturelle Revolution von 1789*, München: Hanser 1989.

2. Revolutionäre Bilddidaktik

1 Siehe die Aufsatzreihe von Blum 1910 – eine Pionierarbeit, die bisher keine Fortsetzung gefunden hat. – Die in diesem und im folgenden Kapitel skizzierten Probleme sind für Frankreich bisher nicht systematisch untersucht worden, dürften sich aber ähnlich verhalten wie zur gleichen Zeit in England; dazu vorbildlich Atherton 1974.

2 Adhémar, Enseignement par l'image 1981.

3 Antoine-Chrysostôme Quatremère de Quincy, *Considérations sur les arts du dessin en France, suivies d'un plan d'Académie ou d'école publique et d'un système d'encouragements*, Paris: Desenne 1791, 57.

4 *La Bouche de fer* Nr. 44 vom 18. April 1791, 172–173. Weitere Belege dieser Art, vor allem solche von Henri Grégoire, bringt Lynn Hunt, The Political Psychology of Revolutionary Caricatures, in: Ausst.-Kat. *French Caricature…* 1789–1799 (1988), 33–40.

5 *Révolutions de Paris* Nr. 212 (3. August–28. Oktober 1793), 89.

6 Adhémar 1981.

7 Rundschreiben vom 27. Januar 1797 (Archives départementales de l'Indre, L 301), zitiert nach Mona Ozouf, Du mai de liberté à l'arbre de liberté: symbolisme révolutionnaire et tradition paysanne, in: *Ethnologie française* N.S. 5, 1975, 9–32, hier S. 18.

8 Gisela Gramaccini, *Jean-Guillaume Moitte (1746–1810). Leben und Werk*, Diss. Hamburg 1988; dies., J.-G. Moitte et la Révolution française, in: *Revue de l'art* 83, 1989.

9 Elke und Hans-Christian Harten, *Die Versöhnung mit der Natur: Gärten, Freiheitsbäume, republikanische Wälder, heilige Berge und Tugendparks*, Reinbek: Rowohlt 1989.

10 Jean Ehrard/Paul Viallaneix (Hg.), *Les Fêtes de la Révolution. Colloque de Clermont-Ferrand*, Paris: Société des études robespierristes 1977; Mona Ozouf, *La Fête révolutionnaire, 1789–1799*, Paris: Gallimard 1976; Michel Vovelle, *Les Métamorphoses de la fête en Provence de 1750 à 1820*, Paris: Flammarion 1976.

11 Rede am 5. April 1799 im Rat der Fünfhundert: Jean-Nicolas Trouille, *Discours prononcé en faisant hommage d'une estampe à la gloire de la liberté triomphante, ouvrage posthume de Vincent Vangelisty*, Paris, an VII, 3.

12 Dazu Lequinio am 27. November 1791 im Pariser Jakobinerclub: »Vous savez tout ce que le fanatisme a causé de maux, en répandant des images dans les campagnes. Je propose à la Société de vouloir bien engager tous les artistes à travailler en sens contraire, en faisant des images analogues à la Révolution.« Vgl. François-Alphonse Aulard (Hg.), *La Société des Jacobins. Recueil de documents pour l'histoire du club des Jacobins de Paris*, Bd. 3, Paris: Jaoust 1892, 263.

13 Siehe z.B. unten Abb. 190 und 202 sowie Reichardt, *Französische Revolution* 1988, 195.

14 Reichardt, *Revolutionsspiel* 1989.

15 *Archives parlementaires*, LII, 1897, 451.

16 »Le Comité de salut public arrête que le député David sera invité à employer ses talents et les moyens qui sont en son pouvoir pour multiplier les gravures et les caricatures qui peuvent réveiller l'esprit public et faire sentir combien sont atroces et ridicules les ennemis de la liberté et de la République.« Vgl. F.-A. Aulard (Hg.), *Recueil des actes du Comité de salut public*, Bd. VI, Paris; Impr. Nat. 1893, 443. – Mehr zu den Propagandakarikaturen unten S. 70f.

17 Boyer-Brun 1792, I, 13. S.a. Langlois 1988, 17.

18 »Les Caricatures ont été dans tous les temps un des grands moyens qu'on a mis en usage pour faire entendre au peuple des choses qui ne l'auraient pas assez frappé si elles eussent été simplement écrites. Elles servaient, même, à lui représenter, avant qu'il sçut ni lire, ni écrire, différens objets qu'il importait de lui transmettre, et alors elles étaient pour lui, ce qu'elles sont encore à présent une *écriture parlée*. (…) On a observé que dans toutes les révolutions les caricatures ont été employées pour mettre le peuple en mouvement et l'on ne saurait disconvenir que cette mesure ne soit aussi perfide que ses effets sont prompts et terribles. (…) Mais s'il est à remarquer, que les caricatures sont le thermomètre qui indique le degré de l'opinion publique, il est à remarquer encore que ceux qui savent maitriser ses variations savent maitriser aussi l'opinion publique« (Boyer-Brun 1792, I 9–10).

19 *Journal du Peuple* Nr. 14 vom 14. Februar 1792, 54; Nr. 76 vom 16. April 1792, 118–119; Nr. 156 vom 5. Juli 1792, 614. Als »skandalös« kritisiert solche Anzeigen die von Gorsas redigierte Zeitung *Courrier de Paris et des LXXXIII départements* (2. Serie) Nr. 20 vom 20. Februar 1792, 317.

20 François Furet/Jacques Ozouf, *Lire et écrire. L'alphabétisation des Français de Calvin à Jules Ferry*, Bd. 1, Paris: Minuit 1977.

21 Robert Mandrou, *Introduction à la France moderne, 1500–1640*, Paris: A. Michel 1974, 76–81. Vor allzu unmittelbarer Gleichsetzung von Bildlichkeit und ›Lesbarkeit‹ warnt allerdings Rudolf Schenda, Bilder vom Lesen – Lesen von Bildern, in: *Internationales Archiv für Sozialgeschichte der deutschen Literatur* 12, 1987, 82–106.

22 Robert Muchembled, *Kultur des Volkes – Kultur der Eliten*, aus dem Französischen übersetzt von A. Forkel, Stuttgart: Klett-Cotta 1982.

23 Brigitte Schlieben-Lange, *Traditionen des Sprechens*, Stuttgart: Kohlhammer 1983, 64–77.

3. Produktions- und Erfolgsbedingungen einer neuen ›Massenkunst‹

1 Überblicke bei Duchartre/Saulnier 1925; Adhémar 1963; Adhémar 1968, 85–89, sowie Goubert/Roche 1984, II, 269–279. Im einzelnen unter anderem Garnier 1869; Martin 1928; Jusselin 1957.

2 Grivel 1986, 134–138; Lambalais-Vuianovith 1979, 269–270.

3 Grivel 1986, 247–257; Michel Mus, L'imagerie populaire avignonaise: un témoin de la sensibilité religieuse des couches populaires à l'époque moderne et au XIXᵉ siècle, in: *Annales du Midi* 94, 1982, 41–60.

4 Blum 1910; Casselle 1976, 43. Die Journale des 18. Jahrhunderts enthalten viele Hinweise auf politische Druckgraphik, die noch systematisch auszuwerten bleiben; wir verzichten hier auf Einzelbelege, weil sie zu umfangreich wären.

5 Casselle 1976, 42. Ein Beispiel bieten die Louis Petit de Bachaumont und Mathieu-François Pidansat de Mairobert zugeschriebenen *Mémoires secrets pour servir à l'histoire de la république des lettres en France depuis 1762 jusqu'à nos jours*, Bd. XII, London: Adamson 1780, 68 (Meldung zum 13. August 1778).

6 Goubert/Roche 1984, II, 279.

7 Grivel 1986, 154–160; Casselle 1976, 39–42.

8 Massin 1978, Abb. 80 (Bilderbogen von Basset d. J. 1760) und 128 (Bilderbogen von Sevestre Le Blond 1775).

9 Roche 1981, 226–227; Goubert/Roche 1984, II, 274–279.

10 A. M. de Lescure (Pseudonym für: Paul Breton, Hg.): *Correspondance secrète inédite sur Louis XVI, Marie-Antoinette, la cour et la ville, de 1777 à 1792*, Bd. II, Paris: Plon 1866, 538.

11 Casselle 1976, 40–41; ders., Pierre-François Basan, Marchand d'estampes à Paris (1723–1797), in: *Paris et Ile-de-France* 33, 1982, 99–185. Casselles unveröffentlichte Dissertation von 1976, die detailliertere Angaben enthält, war uns leider nicht zugänglich.

12 Weitere Angaben bei Reichardt, *Revolutionsspiel* 1989, 7 ff.

13 Martin 1928, 11–16 und 79–107; Adhémar 1968, 88–90.

14 de Baecque, *Caricature* 1988, 24–27. Zu den Propagandablättern Aulard 1893 und Hould 1988.

15 Siehe unten Abb. 175; dazu Lever 1974, 165.

16 de Baecque, *Caricature* 1988, 27.

17 Reichardt, *Revolutionsspiel* 1989, 11 ff..

18 Duchartre/Saulnier 1944; genaue Lagepläne bietet Grivel 1986, 59–62.

19 »Il est (...) surprenant que la municipalité de Paris, qui fait enlever les boues et les ordures, ne fasse pas brûler les caricatures dégoûtantes dont les quais sont couverts.« Vgl. das anonyme *Petit Dictionnaire des grands hommes et des grandes choses qui ont rapport à la Révolution, composé par une société d'aristocrates*, Paris 1790, 68.

20 Friedrich Johann Lorenz Meyer, *Fragmente aus Paris im IVten Jahr der Französischen Republik*, Theil I, Hamburg: Bohn 1797, 20.

21 Charles-Elie Marquis de Ferrières, *Mémoires*, Bd. II, Paris: Baudouin 1821, 217–218. Polizeiakten der Pariser Sektionen bestätigen die bildpublizistische Bedeutung der Boulevards: so vertrieb ein gewisser Le Moine seinen Konkurrenten, den Bilderhändler Léonard-Martin Blaisot, von seinem Platz auf dem Bd. Vendôme, indem er ihn wegen »obszöner« Stiche anzeigte (26. Februar 1791); und am 13. Juli 1791 beschlagnahmte die Polizei auf dem Bd. Montmartre zwölf Karikaturen, die Ludwig XVI. in Tiergestalt darstellten; beides nachgewiesen bei Alexandre Tuetey, *Répertoire général des sources manuscrites de l'histoire de Paris pendant la Révolution française*, Bd. II, Paris: Imprimerie nouvelle 1892, nacheinander Nr. 2539 und 1434.

22 Johann Friedrich Reichardt, *Vertraute Briefe aus Paris* (1792), hg. u. eingel. von Rolf Weber, Berlin: Verlag der Nationen 1980, 168 (Brief vom 17. März 1792).

23 Adhémar 1968, 90.

24 Anzeige im *Journal du Peuple* Nr. 96 vom 16. Februar 1792, 63. Zu Webert vgl. Langlois 1988, 18 u. 225.

25 Von Oktober 1790 bis August 1791 verzeichnet Tuetey, II 1892, mindestens 14 entsprechende Beschlagnahmungen (wie Anm. 21, Nr. 1921, 1940, 1942, 1946, 1969, 1991, 2028, 2046, 2065, 2146, 2148, 2232, 2431).

26 *Gravures Historiques des principaux événements depuis l'ouverture des États-Généraux de 1789*, Lieferungen, Paris: Janinet 1789–1791; dazu Emile Dacier, Les »Gravures historiques« de Janinet, in: *L'Amateur d'estampes* 31, 1928, 14 ff. und 44 ff.

27 *Tableaux de la Révolution française, ou Collection de quarante huit gravures, représentant les événements principaux qui ont eu lieu en France depuis la transformation des États généraux en Assemblée nationale, le 20 juin 1789*, Paris: Briffault de La Charprais 1791–1804; vgl. dazu Maurice Tourneux, Les »Tableaux historiques de la Révolution« et leurs transformations, in: *La Révolution française* 15, 1988, 123–161. Eine übermäßig verkleinerte deutsche Teilausgabe erschien unter dem Titel: Ingo Groth (Hg.), *Freiheit, Gleichheit, Brüderlichkeit. Bilder von der Französischen Revolution*, Dortmund: Harenberg 1982.

28 Anzeigen in: *Moniteur* Nr. 182 vom 1. Juli 1791 (Réimpr. IX 7–8); *Mercure de France* vom 16. Juli 1791 (Kraus-Reprint, Bd. 141, 78).

4. Verknüpfung unterschiedlicher Realitätsebenen

1 Die allgemeine Literatur zur Druckgraphik ist entweder auf die Technik der Herstellung oder aber auf die großen Künstler fixiert, berücksichtigt daher die Graphik der Französischen Revolution kaum oder gar nicht. Genannt seien immerhin: A. Hyatt Mayor, *Prints and People. A Social History of Printed Pictures*, New York, The Metropolitan Museum of Art, 1971. – Michel Melot/Anthony Griffiths/Richard S. Field/André Béguin, *Die Graphik. Entwicklungen – Stilformen – Funktion*, dt. Ausg. Genf: Skira, 1981.

2 Vgl. Ausst.-Kat. *Bilder nach Bildern*, 1976. Zu Frankreich vgl. auch: W. McAllister Johnson, Affiches, annonces et avis divers. The »Estampe publicité« in Eighteenth-Century France, in: *Gazette des Beaux-Arts*, Jg. 125, Bd. 102, 1983, 121–128.

3 Vgl. u. a. Hans Fehr, *Massenkunst im 16. Jahrhundert*, Berlin: Stubenrauch 1924; Harms I, 1985, Einleitung; anschaulich auch: Reinhold Happel, in: Ausst.-Kat. *Luther und die Folgen für die Kunst*, 1983, 276–292. – Vgl. auch unten das Kapitel zu den *Canards*.

4 Louis-Sébastien Mercier, *Tableau de Paris* (1781–1787), deutsche Auswahl unter dem Titel: *Paris am Vorabend der Revolution. Entdeckung einer Weltstadt*, Karlsruhe 1967, 108.

5 Das »Durcheinander« hebt z.B. Mercier als Charakteristikum seiner Zeit sehr anschaulich hervor, wenn er vom Alltag spricht (ebd., 108); ähnlich kennzeichnet Lichtenberg (fast gleichzeitig) in den Kommentaren zu Hogarth dessen Graphik; vgl. zuletzt Herding, Lichtenberg, 1988, 19–59, hier 26–30.

6 Vgl. Boyer-Brun 1792, II, 163–169; ähnlich Champfleury 1874 (dazu: Georg Syamken, »Sarkasmen der Narrheit«, in: Ausst.-Kat. *Luther und die Folgen für die Kunst*, 1983, 414).

7 Auch die Allegorien und Embleme können stark antithetisch gefaßt sein; am deutlichsten wird dies in der während der Revolution erschienenen Sammlung von Gravelot/Cochin 1791/1972 (hier z.B. I, 68; II, 16 usw.).

8 Vgl. Aby Warburg, *Journal VII*, 1929, 22; zit. nach Ernst Hans Gombrich, *Aby Warburg. An Intellectual Biography*, London: The Warburg Institute, 1970, 248 f.

9 Vgl. dazu unten Kap. 5, ferner Baltrusaitis 1967; Gombrich 1979, 187–205.

10 Ripa 1603/1970, 293 (mit Kardinalshut); bei Otto van Veen 1607/1972, 83 trägt die männliche Allegorie der *Sapientiae Libertas* den altrömischen Freiheitshut. Bei Gravelot/Cochin 1791/1972, III, 31 erscheint der Hut mit dem Zusatz: »Quant au bonnet (...), c'étoit le signe de l'affranchissement chez les Romains.«

11 Weitere Beispiele aus der politischen Ikonographie: Georg Keller nach Saenredam, *Leo Belgicus*, 1601 (Freiheitshut auf Stange), Abb. in: Harms II, 1980, Nr. 65; Heemskerck, *Friedens Triumph*, 1650, Abb. ebd., Nr. 329; *Das Ewige Edikt und die Zerstörung der Antwerpener Zitadelle* (Medaille, 1577), Abb. in: Philippe van Loon, *Histoire Métallique*, 2 Bde., Paris 1732, 234; S. Savery, *Triumph Friedrich Heinrichs im Haag* (1649), Abb. in: Hollstein, *Dutch Engravings*, etc., XXIV, 1980, Nr. 209; R. de Hooghe, *Wilhelm III. hütet Recht, Freiheit und Religion* (1689), Abb. in: Ausst.-Kat. *Ereigniskarikaturen*, Westfälisches Landesmuseum für Kunst und Kulturgeschichte, Münster 1983, Nr. 57; A. Dupré, *Freiheit* (Medaille, 1783); Gravelot/Cochin 1791, Bd. III, 33. – Grundlegend jetzt: Van den Heuvel 1988.

12 Daher führt die Allegorie des Zöbilats bei Gravelot/Cochin 1791/1972, II, 102, 104 »le bonnet de la liberté« auf einer Stange mit sich. – Vgl. auch ebd. III, 32 die Allegorie »La liberté acquise par la valeur«, dargestellt durch »une femme tenant une pique surmontée d'un bonnet«.

13 Pétion: damals Bürgermeister von Paris. Fabre d'Eglantine: Mitglied der Convention, Schöpfer der Monatsnamen des republikanischen Kalenders. Die Rede gegen den Mützen- und Kleiderzwang hielt er am 29. Oktober 1793. – Zu den Kontroversen um die Einführung des Symbols vgl. Gombrich 1979, 196 ff.; der weiter oben erläuterte Zwangscharakter dieser Kopfbedeckung (m. E. sehr deutlich, wenn der Statue Ludwigs XV. am 15. 4. 1792, anläßlich des Festes der Märtyrer von Châteauvieux, die rote Mütze aufgesetzt wird, während keiner der Festzugsteilnehmer sie trägt) wird bei Gombrich jedoch übersehen.

14 Gombrich 1979, 194, fig. 6.

15 In Ménestriers paradoxer Formel, die Embleme enthielten »un sens mystique pour l'instruction« (1684/1981, 205), verdichtet sich das ganze Problem.

16 Emblem: *Confédération Nationale du 14 Juillet 1790, Description fidèle de tout ce qui a précédé, accompagné, et suivi cette auguste cérémonie*, Paris 1790, 9; Brief Pétions vom 19. 3. 1792, in: *Révolution Française ou Analyse complète et impartiale du Moniteur suivie d'une table alphabétique des Personnes et des Choses*, Paris 1801. – Abstraktion: Salaville, in: *Annales patriotiques* 1793, zit. bei François-Alphonse Aulard, *Le culte de la Raison et le culte de l'Etre Suprême*, Paris 1892 (Reprint Aalen 1975), 87; Fabre d'Eglantine, in: *Rapport fait à la Convention Nationale dans la séance du second mois de la seconde année de la République Française au nom de la Commission chargée de la confection du calendrier*, 1. – Zu beidem auch: Jean Starobinski, *1789. Die Embleme der Vernunft*, dt. Ausg. Paderborn: Schöningh 1981; beide Quellen zit. bei Gombrich 1979, 190, 192.

17 Wir verwenden den Begriff Emblem (apostrophiert) im Sinne des Wortgebrauchs der Französischen Revolution dort, wo eine Darstellung ohne feste Bindung an Lemma (Motto, Überschrift), Ikon (Bildzeichen im Hauptteil der Darstellung) und Epigramm (verbale Erläuterung unterhalb des Bildfelds) in den Quellen so bezeichnet wird.

18 Denis Diderot, Allégorie (1751), in: *Encyclopédie* II, Ausg. 1781, 151–159; 159–167 (gestützt auf Sulzer), hier 159: »Les emblêmes ne sont que les allégories que peut exprimer le pinceau.«

19 Ebd., 152.

20 Ebd., 160.

21 Ebd., 164: »Une collection des meilleurs images allégoriques actuellement inventées, seroit d'un grand secours aux artistes, si elle étoit accompagnée d'une critique sainte et judicieuse. (...) On n'a point d'ouvrage encore qui développe des principes lumineux sur l'invention de ces images.«

22 Gilles Corrozet, *La fleur des antiquitez*, etc., Paris 1532. – Ders., *Les antiquitez*, etc., Paris 1550 (und viele weitere Ausgaben). – A. Court de Gébelin, *Le monde primitif analysé et comparé avec le monde moderne ou recherches sur l'antiquité du monde*, Paris 1773. – Joseph-Jérôme le François de Lalande, Rapport etc., in: *Le Journal des Sçavans*, Juillet 1788, 475–478. – Charles Dupuis, *De l'origine de tous les cultes*, Paris 1794.

23 Alexandre Lenoir, *Musée des Monuments Français* II, Paris, an IX (1800/01), 37. – Zu diesem und weiterem Material vgl. Baltrusaitis 1967, 12–42.

24 Vgl. Baltrusaitis 1967, 30.

25 Abb. bei Baltrusaitis 1967, 69, 127.

26 Vgl. Wolfgang Kemp, *Natura. Ikonographische Studien zur Geschichte und Verbreitung einer Allegorie*, Diss. Tübingen, Frankfurt 1973, 169.

27 Eine eigentümliche Verbindung beider Traditionen zeigt Boullées Entwurf einer Statue der Natur, die auf dem Gipfel eines unterhalb des Erdbodens gedachten Felsenberges steht. Vgl. Klaus Lankheit, *Der Tempel der Vernunft. Unveröffentlichte Zeichnungen von Etienne-Louis Boullée*, Basel/Stuttgart: Birkhäuser 1968, Abb. 8, 22.

28 Vgl. J.-B. Chemin-Dupontès, *L'ami des jeunes Patriotes*, etc. Paris 1793/94, 30 (in Verbindung mit der *Egalité*); Abb. in: Reichardt, *Die Französische Revolution*, 1988, 195. – Weitere Beispiele in: Vovelle 1986, I, 306 f.

29 Vgl. auch Agulhon 1979.

30 So Lynn Hunt, Hercules and the Radical Image in the French Revolution, in: *Representations* 1/2, 1983, 95–117, bes. 99.

31 Alciati 1531/1880, Nr. 212. – Zur Bedeutung der Pappel als Volksbaum in der Revolutionsgraphik zwei Beispiele: Anon., *Allegorie auf die Einsetzung der Menschenrechte*, 1793, Abb. in: Vovelle 1986, IV, 245; Jean Gabriel Berthault, *Triumph der Wissenschaften und der Künste*, 9./10. Thermidor des Jahres VI, Abb. in: *Collection complète des tableaux historiques de la Révolution française*, Paris 1804, 136.

32 François Rabelais, *Gargantua und Pantagruel* (1539–1552), dt. Ausg. Darmstadt: Wiss. Buchges. 1986, Bd. I, 22.

33 Vgl. Françoise Bardon, *Le portrait mythologique à la cour de France sous Henri IV et Louis XIII*, Paris: Picard 1974, pl. XIX ff.; ferner Harms II, 1980, Nr. 222 mit Abb. des »Schwedischen Hercules«, 391; dort auch weitere Literatur. Zur französischen Tradition außerdem: Corrado Vivanti, Henri IV, The Gallic Hercules, in: *Journal of the Warburg and Courtauld Institutes* 30, 1967, 176 ff.; Klaus Herding, *Pierre Puget*, Berlin: Gebr. Mann 1970, 50–56; Anne-Marie Lecoq, La symbolique de l'État: les images de la monarchie des premiers Valois à Louis XIV, in: Nora 1984–1986, II/2, 145–192.

34 Claude-François Ménestrier, *L'art des emblêmes*, Lyon 1662, 141 f.

35 Van Veen 1607/1972, 73; Cochin/Gravelot 1791/1972, I, 75, II, 54.

36 Vgl. Gisela Gramaccini, *Jean-Guillaume Moitte (1764–1810). Leben und Werk*, Diss. Hamburg 1988; dies., Jean-Guillaume Moitte et la Révolution française, in: *Revue de l'art* 83, 1989.

37 Drei Beispiele bei Sagnac/Robiquet 1934, II, 160. Zur Volksallegorie auch 141–148.

38 Vgl. Jean-Charles Benzaken, Hercule dans la Révolution française, in: Vovelle 1988, 203–214.

39 Vovelle 1986, III, 229. – Weitere graphische Darstellungen ebd. 226–228.

40 Vgl. Claude Cosneau, Un grand projet de J.-L. David (1789–1790). L'Art et la Révolution à Nantes, in: *La revue du Louvre et des musées de France* 33, 1983, H. 4, 255–263. – Zum *Triumph des französischen Volkes* zuletzt: Antoine Schnapper, David et les martyrs révolutionnaires, in: Vovelle 1988, 109–117, fig. 3, 4.

41 Zur *Erneuerung* vgl. Bordes 1979 und Louis Trénard, Imagerie révolutionnaire et Contre-Révolution à Lyon, in: Vovelle 1988, 97–107. Das Blatt wird dort 1791, bei Bordes (211) Ende 1793, bei Vovelle 1986, V, 34 1796 datiert. Nur 1793 kann richtig sein. – Zum *Lyoner Aufstand*: Jérémie Benoît, Temps historique et temps artistique durant la Révolution, in: Vovelle 1988, 81–92. – Zum Problem des Rekurses auf die Allegorie grundsätzlich: Bordes 1988, 243–249.

42 Boppe/Bonnet 1911, 7, Anm. 1.

43 Vgl. dazu auch Gombrich 1979, fig. 25. – Der *Schlangenring* ist in der Emblematik (auch in der der Freimaurer) überaus häufig; vgl. z. B. Gravelot/Cochin 1791/1972, II, 22, 94.

5. Allegorische Verdichtung unter Rückgriff auf Embleme und magische Zeichen

1 Einige grundlegende Emblembücher sind in der Quellenliste zu diesem Band genannt. Im übrigen sei auf die Bibliographie im Supplementband von Henkel/Schöne 1967/1978 und den umfassenden Emblembuch-Katalog auf Microfiche (1981, Supplement 1, 1988) der Inter Documentation Company AG (Poststr. 14, CH-6300 Zug) verwiesen.

2 Diese Radierung (Hennin 11735) wurde auch im Ausst.-Kat. *Luther und die Folgen für die Kunst*, 1983, Nr. 316 ausführlich behandelt. Der dortigen Deutung, wonach die Protestanten doppelsinnig als »Bekenner« der ganzen Nation dargestellt seien, können wir nicht folgen; auch sehen wir kein Anzeichen dafür, daß Robespierre der Redner sein soll.

3 Damit ist eine geschichtsträchtige Anspielung angedeutet: Die Natur (der natürliche Lauf der Dinge) soll durch die Kunst Merkurs befördert werden: In dieser Absicht stellt Alciati in seinem Emblem *Ars naturam adiuvat* ihn der mit Füllhorn und Ruderblatt ausgestatteten Fortuna gegenüber (1531/1880, Nr. 99).

4 Darin ist stets zugleich eine moralische Bedeutung angelegt, die wieder zahlreiche Vorbilder in der Emblematik hat. Vgl. Rollenhagen I, 15, Neuausg. 41 (reinigendes Opferfeuer); Baudoin II, 158 (zur Bekämpfung der »envie«); Boria 1581, 84 (ohne Feuer nützen gute Werke nichts), Abb. bei Henkel/Schöne 1967/1978, Sp. 132.

5 Auf dieses denkwürdige Ereignis vom 14. September 1791 beruft sich die vorliegende Darstellung insofern, als sie einen Teil ihres Bildrepertoires (gewölbter Innenraum, Triumphbogen, Altar, geflügelter Genius, ›reale‹ Gestalten im Vordergrund, Zuschauertribünen), aus Stichen übernimmt, die aus jenem Anlaß entstanden waren; ein Beispiel bei Dayot o. J., 134.

6 Dieses Phänomen wurde auch am Beispiel des Stichs *Die Zeit enthüllt die Wahrheit* von 1794 untersucht (Herding, Zeichensysteme, 1988, 537 f. mit Abb.).

7 Die Zeichnungen demonstrieren wohl das, was die *Encyclopédie* im Supplement unter dem Stichwort »Gnomonique« faßte und abbildete; vgl. Lewinter 1979, Bd. IV, 3074. – Das Ruderblatt ist Attribut der *Ökonomie* (Ripa 1603/1970, 119), der *Freiheit*, der *Fortuna* oder auch der *Demokratie* (Gravelot/Cochin 1791/1972 II, 72).

8 Wolken in Innenräumen waren übrigens im Theater üblich und den Stechern aus der *Encyclopédie* geläufig; vgl. Artikel »Machines de Théâtres«; Lewinter 1979, Bd. IV, 2434 (Abb.).

9 Vgl. seine Konventsrede vom 6. Dezember 1793 gegen den »Philosophismus« und für die Kultfreiheit, in: Maximilien Robespierre, *Œuvres*, hg. von Marc Bouloiseau, Georges Lefèbvre und Albert Soboul, Bd. 10, Paris 1967, 238 ff.; vgl. ebd. 193 ff.

10 Im 16. und 17. Jahrhundert gibt es freilich Holzschnitte und Stiche mit innerbildlichen Schriftzeichen in Hülle und Fülle (signifikante Beispiele u. a. bei Harms I, 1985, Nr. 2, 113, 170; II, 1980, Nr. 1, 212, 213, 268), doch unterstützen diese Zeichen in der Regel das Bild, das ein hohes Maß an Selbständigkeit behält. Daher nennt z. B. Harms (I, 1985, S. XI) die Bezeichnung ›illustriertes‹ Flugblatt »eher mißverständlich als treffend« und fährt fort: »Die Graphik vermag den Text mit Akzenten und Deutungen zu versehen, kann selbständige bildgebundene Aussagen und Deutungen neben ihn stellen und kann den Betrachter und Leser zur Meditation herausfordern und das Memorieren des gesamten Blattes fundieren.«

11 Eine Variante bei Henderson 1912, pl. 50; vgl. Gombrich 1979, fig. 3.

12 So auch Gombrich 1979, 189: »fusion between sign and meaning.« – Zum gleichen Phänomen in der Sprache vgl. Reichardt 1985, 43–50.

13 Jean Clair, Le visible et l'imprévisible, in: Ausst.-Kat. *Rétrospective Magritte*, Brüssel/Paris 1978/79, 21–45.

14 Ebenso sind die Gestalten Ludwigs XVI. und der *Francia* in dem Stich *Die Erneuerung Frankreichs im Jahre 1789* zu eigentümlichen Statisten herabgesunken (dazu: Herding, Zeichensysteme 1988, 534 m. Abb.).

15 Vgl. Lewinter 1979, Bd. IV, 2463 und 3007.

16 So Lewinter 1979, Bd. I, XVIII–XX.

17 Vgl. James A. Leith, Les étranges métamorphoses du triangle pendant la Révolution française, in: Vovelle 1988, 251–259 mit Abb. pl. 23, fig. 1.

18 Ganz im Gegensatz zum Bild der *Invidia* in der klassischen Emblematik, etwa bei Alciati 1531/1880, Nr. 71.

19 So Bordes 1988, 243–249.

20 Vgl. Champfleury 1867/1875, 347; Jean-Joseph Mounier, *De l'influence attribuée aux philosophes, aux francs maçons et aux illuminés sur la Révolution de France*, Tübingen: Cotta 1801. – Gute Abbildungen bei Vovelle 1986, I, 270–295. – Übersicht zur neueren Literatur bei G. Sabatier, Une image emblématique du soldat citoyen: les petits Montmorency, in: Vovelle 1988, 215–236; ferner: Thierry Delthé, La Révolution française et les faïences populaires, ebd., 237–240.

21 *Preuve de conspiration contre toutes les religions et tous les gouvernements*, London 1799.

22 Vgl. Champfleury 1867/1875, 266–284, bes. 281 ff.

23 Z.B. kommen die Attribute Winkelmaß, Richtscheit, Senkblei und Zirkel als Attribute der *Ethik* und der *Gerechtigkeit* bereits bei Ripa vor; vgl. Ripa 1603/1970, 135, 185.

24 Offenbar Neckers *De l'Administration des Finances de la France*, Paris 1784.

25 Vgl. auch oben Abb. 17 (Saint-Non). – Ein Teilvorbild finden solche Kompositionen in dem Emblem *Beständige Weisheit*, einem Kupferstich von Crispin de Passe d.Ä. in: Rollenhagen 1611/13, I, 2 (Neuausg. 15); vgl. auch ebd. II, 27 (Neuausg. 267) (Büste auf Sockel als Zeichen der *Gerechtigkeit*; hier im Hintergrund *Invidia*). Von solchen Vorbildern ist auch van Dycks großartige Radierung *Selbstbildnis auf Säulenpodest* – bezeichnenderweise Frontispiz seiner *Icones Principum*, Antwerpen 1645 – abzuleiten; Abb. bei Hyatt Mayor (s. Kap. 4, Anm. 1), fig. 434.

26 Vgl. z.B. Alciati 1531/1880, Nr. 43: *Spes proxima* (Staatsschiff, von Stürmen bedroht, doch unter günstigen Gestirnen).

27 Vgl. etwa Rollenhagen 1611/13, I, 37 (Neuausg. 85) und die zahlreichen Beispiele bei Henkel/Schöne 1967/1978, Sp. 1454, 1455, 1462, 1465, 1467, 1468, die – zusammengenommen – wesentliche Elemente der von uns vermuteten Kontamination enthalten (Schiff als Träger der Hoffnung, ohne die es am Felsen zerschellt).

28 Letzteres geht aus einem Pendant hervor, das bei Hippolyte Gautier, *L'an 1789*, Paris 1889, 38 abgebildet ist; dort werden die Gestirne so erklärt.

29 Rollenhagen 1611/13, I, 88 (Neuausg. 187). – Vgl. auch Harms I, 1985, Nr. 14 (Augsburg, 1615: Justitia), Nr. 65 (Nürnberg, 3.V. 17. Jahrhundert: *Engel mit ausgeglichener Schuldenwaage*).

30 Van Veen 1607/1972, 71. – Die *Soziale Ausgewogenheit* (équité) wird bei Cochin/Gravelot 1791/1972, II, 12, mit einer in Balance befindlichen Waage angezeigt, desgleichen ebd. IV, 2 die *Unparteilichkeit (impartialité)*.

31 Baudoin 1638/39, I, 652.

32 So Jean Monnier und Jacques Peresin, in: Guillaume de La Perrière, *La morosophie*, Lyon 1553, Nr. 99; Abb. bei Henkel/Schöne 1967/1978, Sp. 1431.

33 Joannes Sambucus, *Emblemata*, Antwerpen 1564, ²1666, 97 f.; Abb. bei Henkel/Schöne 1967/1978, Sp. 1433.

34 Baudoin 1638/39, II, 570; ähnlich Hollstein, *Dutch Engravings*, etc., XXIV, Nr. 201.

35 Hierfür gibt es zahlreiche ältere Beispiele, u.a. Harms II, 1980, Nr. 220. – Die Waage kommt, ganz im emblematischen Sinne, auf sehr vielen Karikaturen der Revolutionszeit vor; vgl. etwa Sagnac/Robiquet 1934, I, 169 und 200; Vovelle 1986, I, 232; II, 101.

36 So bei Rollenhagen 1611/13, Bd. I, 31 (Neuausg. 73).

37 Auge im Herzen: Rollenhagen 1611/13, Bd. I, 43 (Neuausg. 97); in profaner Bedeutung (Liebe mit Augenmaß) bei Daniel Meisner/Eberhard Kieser, *Politisches Schatzkästlein*, Frankfurt 1625/31, Nachdruck Unterschneidheim: Uhl 1979, Bd. I, o.S. (zwei Augenherzen auf der Stadtvedute von Erla). – Auge auf der Handfläche: Rollenhagen 1611/13, Bd. I, 72 (Neuausg. 155); weitere Beispiele bei Henkel/Schöne 1967/1978, Sp. 1010–1012; Harms I, Nr. 10 (Augsburg, nach 1619), I, Nr. 40 (Augsburg, nach 1617: »Got sichts alles«), II, 1980, Nr. 315 (Conrad Buno, 1642).

38 So etwa bei Johann Manich, *Sacra Emblemata* etc., Nürnberg 1624, 81; Henkel/Schöne 1967/1978, Sp. 1436.

39 Vgl. Herding 1982.

40 Abb. z.B. in Ausst.-Kat. *Revolutionsarchitektur*, Baden-Baden: Staatliche Kunsthalle, 1971, Nr. 64.

41 Detail aus dem anonymen Blatt *Sieg der Tugend des Senats*, Radierung, 247 × 205 mm, 1788. Paris, BN (Histoire de France, M 98245–M 98246).

42 Vgl. Sagnac/Robiquet 1934, II, 245.

43 *Jean-Jacques Rousseau und die Symbole der Revolution*. Öl auf Leinwand, 1793/94. Paris, Musée Carnavalet, Abb. in: Vovelle 1986, III, 217.

44 Beispiele in: Vovelle 1986, III, 216; IV, 247.

45 Sagnac/Robiquet 1934, II, 234; Vovelle 1986, IV, 162. Weitere Beispiele: Vovelle 1986, I, 310 f. und IV, 163.

46 *Freiheit, Wachsamkeit, Gleichheit*. Briefkopf-Vignette der Stadt Alost. Radierung, Frimaire des Jahres III. Abb. in: Boppe/Bonnet 1911, 70.

47 Viller, *Akt der Gerechtigkeit in der Nacht vom 9. zum 10. Thermidor*. Radierung, 1974. Paris, Musée Carnavalet, Abb. in: Vovelle, 1986, IV, 298.

48 Dies gilt sowohl für revolutionäre als auch für konterrevolutionär inspirierte Stiche. Zu letzteren gehört vor allem: *Der Spiegel der Vergangenheit zum Schutze der Zukunft*, Radierung, 1794, Paris, BN – Abb. in: Sagnac/Robiquet 1934, II, 365 und Vovelle 1986, IV, 331.

49 Die These, daß hier eine Tendenz zur emblematischen Komprimierung vorliegt, wird durch einen Vergleich mit Berthaults Ereignisstich bestätigt, der die zeremonielle Verbrennung der Insignien aus Anlaß des 14. Juli 1792 wiedergibt (vgl. oben Kap. 3, Abb. 118): Gegenüber diesem Blatt wirkt das oben besprochene – frühere – wie ein Ausschnitt, in dem auf alle narrativen Züge, auch auf Masseninszenierung, verzichtet ist.

50 Vgl. außer dem abgebildeten Emblem: Jean-Jacques Boissard, *Emblematum liber*, Frankfurt a. M. 1593, Neuausgabe Hildesheim/New York: Olms 1977, 13: *Dominat omnia Virtus* – Tugend ist wichtiger als alle Schätze der Welt.

51 Vgl. Vovelle 1986, II, 31, 79, 91, 334.

52 Unter diesem nach wie vor strittigen Begriff sei im wesentlichen eine Kunst verstanden, die zwar nicht vom, sondern für das Volk geschaffen wurde, wohl aber auf die anschaulichen Bedürfnisse und das Verständnis der kleinen Handwerker, Arbeiter, Bauern Rücksicht nimmt. Wie weit die Graphiker selbst diesen Schichten entstammten, ist nicht in jedem Falle nachweisbar.

6. Populäre Flugblattgraphik und Karikatur

1 Vgl. Atherton 1974, passim. – Die Konkurrenz zwischen den künstlerischen Medien bewegte vor allem Hogarth. Näheres dazu in: Herding, Lichtenberg, 1988.

2 Menestrier 1684/1981, 150 ff.

3 Vgl. Ausst.-Kat. *William Hogarth 1697–1764*, Berlin: NGBK, 1980, 186 f. mit Abb.

4 Abb. in: Vovelle 1986, II, 332.

5 Boyer-Brun 1792, I, 10, 12.

6 Allerdings erschien das Blatt auch in kleineren Versionen ohne erklärende Umschrift (Paris, Bibl. Nat., Qb 1, 1789, M 98455/6). Es diente auch einer Münze als Vorbild (Vovelle 1986, II, 340) und korrespondierte einem Gegenbild (ebd., I, 215).

7 Vgl. etwa Annibale Carracci, *Herkules trägt die Weltkugel*, Rom, Palazzo Farnese; Abb. in: Donald Posner, *Annibale Carracci*, London: Phaidon 1971, II, pl. 92 c.

8 Gautier 1889, 53–57. – Schon Voltaire hatte eine satirische Erzählung mit dem Titel *Jeannot et Colin* verfaßt; sie erschien erstmals anonym in: *Contes de Guillaume Vadé*, Genf: Cramer 1764. Diesen Stoff verarbeitete Florian zur gleichnamigen Komödie, die von den *Comédiens italiens* am 14. November 1780 uraufgeführt wurde. Im 19. Jahrhundert gab es drei weitere Singspiele dieses Themas.

9 Lafont de Saint-Yenne, *Réflexions sur quelques causes de l'état présent de la peinture en France*, etc., Den Haag 1747, Nachdruck Genf: Slatkine 1970, 62 f.

10 Herding, Marat, 1983, 89–112.

11 So unten Abb. 117.

12 1787–1790 in der Dorotheenstädtischen Kirche zu Berlin errichtet, seit 1945 in der Ostberliner National-Galerie – ein Hauptwerk des deutschen Klassizismus. Abb. in: Paul Ortwin Rave, *Berlin in der Geschichte seiner Bauten*, Berlin: Deutscher Kunstverlag, ²1966, Tf. 46.

13 Abb. in: Vovelle 1986, III, 109, 126, 284–299.

14 Einige wenige Zeichnungen dieser Art sind auf uns gekommen; vgl. Vovelle 1986, III, 108.

15 Die sinnfälligste Darlegung dieses Begriffs und seiner Geschichte bietet Karl Clausberg, *Die Wiener Genesis. Eine kunstwissenschaftliche Bilderbuchgeschichte*, Frankfurt: Fischer 1984.

16 Die Graphik wurde auch im *Moniteur Universel* 1794, neben S. 132, publiziert, darf also durchaus als repräsentativ gelten. Schon Edmund Burke, *Reflections on the Revolution in France*, London: Dodsley 1790 (dt. Ausg. Zürich: Manesse 1987, 374) bemerkt, daß die Soldaten sich mit der Zivilbevölkerung vermengen und an deren patriotischen Belustigungen teilnehmen sollten.

17 Vgl. Wolfgang Kemp, Das Bild der Menge (1789–1830), in: *Städel-Jahrbuch* N. F. 4, 1974, 249–270.

18 Zwar geben die älteren Sammelwerke wie Renouvier 1863, Gautier 1889, Dayot 1896/97, Henderson 1912, Sagnac/Robiquet 1934 eine Fülle Material; Analysen setzen jedoch erst in den 60er Jahren ein: vgl. Leith 1965; Lever 1979; Vogelsang 1982; Herding, *Diogenes*, 1982; ders., Zeichensysteme, 1988; Vovelle 1986; de Baecque, in: Vovelle 1988, 177–183; ders., *Caricature*, 1988.

19 Entgegen de Baecque, in: Vovelle 1988, 179 ist die Gleichsetzung von physischer mit politischer Anomalität keineswegs ein spezifisches Merkmal der Revolutionskarikatur.

20 Vgl. Atherton 1974.

21 Vgl. Boyer-Brun 1792, I, 10: »Durch sie (die Karikaturen) ist man dahin gelangt, ihm (dem Volk) eine große Anzahl Opfer zu bringen...«

22 Dazu grundsätzlich: Wolfgang Kemp, Die Beredsamkeit des Leibes. Körpersprache als künstlerisches und gesellschaftliches Problem der bürgerlichen Emanzipation, in: *Städel-Jahrbuch* N. F. 5, 1975, 111–134. – Zum ›Huhn im Topf‹ vgl. Reichardt, *Revolutionsspiel*, 1989.

23 Vgl. die beiden Blätter von Villeneve: *Prêtre patriote prêtant de bonne foi le serment civique/Prêtre aristocrate fyrgant le serment civique*, 1790. Paris, BN (Hennin 10857 u. 10858).

24 Champfleury 1874, 408.

25 Reformationsbeispiele in: Ausst.-Kat. *Luther und die Folgen für die Kunst*, 1983, 166–169; Harms II, 1980, Nr. 51, 82, 85, 86. – Skatologisches in Hülle und Fülle auch bei Rabelais (s. Kap. 4, Anm. 32), Bd. I, Kap. 13, 68–73.

26 Näheres dazu in: Herding, Kunst und Revolution, 1988, 216.

27 Vgl. Vovelle 1986, II, 269 (*Bref du pape en 1791*).

28 Radierung, 1792. Paris, Bibl. Nat. – Abb. in: Jacques Boudet, *La Révolution française*, Paris: Bordas 1982, 72 – ein Blatt, das übrigens deutlich von der englischen Karikatur und ihrem locker dahingeschriebenen, ganz und gar unklassizistischen Stil beeinflußt oder gar nach einer englischen Vorlage kopiert ist.

29 Vgl. aber auch die politischen Tiersatiren von R. de Hooghe – ein außerordentlich wichtiges Bindeglied; dazu: Gerhard Langemeyer, *Aesopus in Europa. Bemerkungen zur politisch-satischen Graphik des Romeyn de Hooghe (1645–1706)*, Diss. Münster 1974.

30 Vgl. Dietrich Schmidtke, *Geistliche Tierinterpretation in der deutschsprachigen Literatur des Mittelalters (1100–1500)*, 2 Teile, Diss. FU Berlin 1966.

31 Calvin: Abb. in: Champfleury, *Histoire de la caricature moderne*, Paris: Dentu 1865, 95. – Der Papst (Holzschnitt der Cranach-Werkstatt, 1609): Harms II, 1980, Nr. 80.

32 Abb. in: Ausst.-Kat. *Illustrierte Flugblätter*, 1983, Nr. 16, 18, 19.

33 Vgl. Henkel/Schöne 1967/1978, Sp. 545–555.

34 Dazu grundsätzlich Uwe M. Schneede, Bürgers Spaß statt Bürgers Schreck. Keine Widerhaken im Strich: Das graphische Werk A. Paul Webers, in: *Frankfurter Allgemeine Zeitung*, 20. 12. 1980; zitiert und weitergeführt in: Klaus Herding, Karikatur in der Krise?, in: *Tendenzen* Nr. 137, 1982, 72 ff.

35 So Duprat in: Vovelle 1988, 167–175, hier 168.

36 Vgl. u. a. Vovelle 1986, II, 321, 323.

37 Berühmt vor allem der *Papst-Drache* von 1617; Abb. in Harms II, 1980, Nr. 127 f.; Ausst.-Kat. *Illustrierte Flugblätter*, 1983, 87.

38 Vgl. auch Sagnac/Robiquet 1934, II, 8; Vovelle 1986, II, 212: *Emigranten in Begleitung eines kleinen Trommlers und eines Husaren, die sich ihren Weg ins Ausland mit einem Jojo-Spiel verkürzen* (Paris, Musée Carnavalet). Ferner die schöne Radierung *Republikanisches Kegelspiel (Jeu de quilles républicain)* von ca. 1793/94, abgeb. bei Vovelle 1986, III, 242 (Paris, BN, de Vinck 4210).

39 Vgl. Claudette Hould, La propagande d'État par l'estampe durant la Terreur, in: Vovelle 1988, 29–37; aber auch schon François-Alphonse Aulard, *Études et leçons sur la Révolution française*, 1ᵉ série, Paris 1893, 241–267.

40 Ebd., 29. – Hould ist allerdings entgangen, daß diese Definition (wie der Wettbewerb überhaupt) auf Boyer-Bruns *Histoire des caricatures* von 1792 reagiert.

7. Die Revolution erzählen: Ereignisse der ersten Revolutionsjahre in Bildzeitungen

1 Jean Selz, Quatre siècles de »canards«, in: *Arts et métiers graphiques* 52, 1936, 9–20; Jean-Pierre Séguin, 1957, 405; ders. 1964; s. a. Langlois 1988, 31.

2 Vgl. Ausst.-Kat. *Le Fait divers*, 1982; dazu die Besprechung von Michel Perrot, Fait divers et histoire au XIXᵉ siècle, in: *Annales E.S.C.* 38, 1983, 911–919. Siehe auch Ausst.-Kat. *Les canards illustrés du 19ᵉ siècle*, exposition de Jean-Pierre Séguin, musée-galerie de la seita, Paris 1982.

3 Vgl. das Protokoll in: *Archives parlementaires*, I, 1867, 186–201.

4 Ebd., 187.

5 Vgl. den Potpourri *L'assemblée des Notables*, dessen letzter Teil dem Vaudeville aus *Figaros Hochzeit* unterlegt ist; veröff. in: *Mémoires secrets* (wie oben Kap. 3, Anm. 5), XXXIV, 1789, 350–357.

6 Rolf Reichardt/Herbert Schneider: Chanson et musique populaires devant l'histoire à la fin de l'Ancien Régime, in: *Dix-huitième Siècle* 18, 1986, 117–142, hier 126 f.

7 In der 3. Strophe sagt er: »Meine Kinder, was sollen wir tun? Sagt mir freimütig eure Meinung und seid gewiß, daß euer Rat befolgt wird, wenn er gut ist.« – Alle sechs Strophen erscheinen auch auf einem gedruckten Fächer (Paris, BN, de Vinck 1326), Abb. in: *Un Siècle de l'histoire de France* 1909, Bd. I, Taf. XXII.

8 Näheres bei Michael Wagner, Parlements, in: Reichardt/Schmitt 1985, Heft 10, 1988, 55–106.

9 Königliche Erklärung vom 23. September 1788, in: *Archives parlementaires*, I, 388 f.

10 Zu diesem wichtigen Thema der Revolutionsgraphik vgl. Reichardt, *Revolutionsspiel*, 1989, 13–16.

11 Vgl. den Stich *Die öffentliche Freude*, abgeb. und besprochen in: Reichardt, *Französische Revolution*, 1988, 6–7.

12 Wir übergehen das »canard« *Discours du Roi à l'Assemblée des États Généraux tenue à Versailles, au 4 du mois de Mai 1789*, verlegt von Angelium, Paris, BN (Histoire de France, M 98342).

13 Nachweis von Musik und Text bei Pierre Capelle, *La Clé du Caveau à l'usage de tous les chansonniers français*, 4ᵉ éd., Paris 1847, Nr. 1402 und S. 85.

14 *Renaud d'Ast* von Nicolas Dalayrac.

15 Näheres bei Hans-Jürgen Lüsebrink/Rolf Reichardt, Oralität und Textfiliation in rezeptionspragmatischer Perspektive, in: Günter Berger (Hg.), *Zur Geschichte von Buch und Leser im Frankreich des Ancien Régime*, Rheinfelden: Schäuble 1986, 111–143, hier 124–129.

16 *Les Lauriers du Faubourg Saint-Antoine, ou Le prix de la Bastille renversée*, Paris: Gueffier 1789.

17 *La France régénérée et les traîtres punis* (Paris 1789); vgl. Pierre 1904, Nr. 192.

18 Lüsebrink/Reichardt, Oralität (wie Anm. 15), 140 f.

19 Näheres zu diesem Mythos bei Reichardt, Bastille 1988, 14 f.; sowie bei Lüsebrink/Reichardt, Bastille 1989.

20 Vgl. die Louis-Pierre Manuel zugeschriebene anonyme Dokumentation *La Bastille dévoilée*, 4ᵉ livraison, Paris: Desenne, November 1789, 132.

21 Anonym, *Le Comte de Lorges, prisonnier à la Bastille pendant trente-deux ans*, ohne Orts- und Verlagsangabe, September 1789.

22 Dazu im einzelnen H.-J. Lüsebrink/R. Reichardt, La »Bastille« dans l'imaginaire social de la France à la fin du XVIIIᵉ siècle (1774–1799), in: *Revue d'histoire moderne et contemporaine* 30, 1983, 196–234, hier 216–223.

23 Zum historischen Zusammenhang Edmond Cleray, *L'Affaire Favras, 1789–1790*, Paris: Editions des portiques 1933; Marcel Lecoq: *La Conspiration du marquis de Favras*, Paris: Foliquet et Rigot 1955.

24 Siehe die Bildflugblätter in der Bibliothèque Nationale (de Vinck 3535–3546), mehrere Lieder (Pierre Nr. 274 und 274*) sowie Zeitungsartikel z.B. in den *Révolutions de Paris* Nr. 33 (20.–27. Februar 1790), 20–27 und 39–49.

25 Reportage in Gorsas' Zeitung *Le Courrier de Paris et des LXXXIII départements* Nr. 19 vom 22. Februar 1790, 302.

26 *Air des Triolets*; vgl. Capelle (wie Anm. 13) Nr. 732.

27 Mona Ozouf, *La Fête révolutionnaire*, Paris: Gallimard 1976, 44–70.

28 Allein im Kupferstichkabinett der Bibliothèque Nationale in der Sammlung ›Histoire de France‹ die Cliché-Nr. M 100254 sowie in der Sammlung de Vinck die Nrn. 3728, 3746, 3747, 3750, 3751, 3754 und 3755.

29 *Révolutions de Paris* Nr. 53 (10.–17. Juli 1790), 8 f.

30 Pierre 1904, Nr. 315, S. 477–493.

31 Anonym, *Révolutions lyriques ou le triomphe de la liberté française*, Paris 1790.

32 *Confederation Nationale du 14 Juillet 1790*, von Angelium verlegte Radierung, Paris, BN (de Vinck 3746); siehe auch Abb. 100 u. 101.

33 Vgl. Pierre 1904, Nr. 347 mit Noten.

34 Im frühen 19. Jahrhundert thematisiert das ein undatierter Bilderbogen *Complainte sur Louis XVI* des Verlegers Lawalle in Bordeaux, Abb. bei Selz, Quatre siècles de »canards« (wie Anm. 1), 11.

35 Vgl. *Tableau des massacres commis dans le Palais d'Avignon…*, abgeb. in Sagnac/Robiquet 1934, II, 4. Daneben allerdings der prorevolutionäre Bilderbogen *Portrait du Père Gérard, Bas-Breton, Deputé à l'Assemblée Nationale en 1789*, kol. Holzschnitt mit Umdruck, Orléans, Letourmi (1791), Abb. bei Robert Brécy, *La Révolution en chantant*, Paris: Van de Velde 1988, 83.

36 Näheres bei Marcel Marion, *Le Brigandage pendant la Révolution*, Paris: Plon 1934, 117–123.

37 Vgl. Pierre 1904, Nr. 489*, 810 und 1977.

38 Hans-Jürgen Lüsebrink, *Kriminalität und Literatur im Frankreich des 18. Jahrhunderts*, München: Oldenbourg 1983, 36–64 mit bildpublizistischen Quellen.

39 Vgl. die Ausst.-Kat. *Le Fait divers* 1982 und *Les canards illustrés* 1982 (wie Anm. 2).

8. Triumph der Revolution über das Ancien Régime: Drachentötung und Leichenzug

1 Vgl. Rolf Reichardt/Eberhard Schmitt, Die Französische Revolution – Umbruch oder Kontinuität? in: *Zeitschrift für historische Forschung* 7, 1980, 257–320, hier 257–260.

2 Zum zeitgenössischen Verständnis vgl. Lacombe de Prézel 1779, I, 291.

3 Deutsche Belege aus dem 17. Jahrhundert bei Harms 1985, II, 185 und 266. Siehe auch Anna M. Renner, *Der Erzengel Michael in der Geistes- und Kunstgeschichte*, Saarbrücken: Saarbr. Verl. 1927; sowie Alfons Rosenberg, *Michael und der Drache*, Olten/Freiburg: Walter 1956.

4 Ausführlich auf biblische Weissagung beruft sich der deutsche Stich *Die durch Gottes Gnad erledigte Stadt Augspurg* von 1632 (Nürnberg, Germanisches Nationalmuseum, 552/1314 [A1]). Für den Hinweis auf dieses Blatt danken wir Rainer Schoch.

5 Dazu allgemein Reichardt, Druckgraphik, 1988.

6 *Réveil du Tiers État*, anonyme kolorierte Radierung von 1789. Paris, BN (de Vinck 1673), abgeb. bei Vovelle 1986, I, 220.

7 Georges Ardant, *Histoire de l'impôt*, Bd. I, Paris: Fayard 1972, 155–197.

8 Siehe das Protokoll der Debatte in: *Archives parlementaires*, XVI, 1883, 374.

9 Ebd., 375.

10 Ebd., 378.

11 So Gorsas' Artikel über Prozessionen in seinem *Courrier de Paris et des LXXXIII départements* (2e série) X/7 vom 7. Juni 1792, 105.

12 Michel Vovelle, *La Mort en Occident de 1300 à nos jours*, Paris: Gallimard 1983, 336–342, 446 f. und 457. Dazu der Holzschnitt: *Convoi funèbre de Sa Sainteté le Pape Clément XIII ...*, *mort le 2 févr. 1769* im Almanach *Le Messager boiteux* von 1770, Abb. bei Toinet 1982, 39.

13 Zur entsprechenden Bildtradition im Alten Reich vgl. die Blätter: *Begräbnis der Treue*, Radierung nach C. J. Visscher, bei Harms II, 1980, Nr. 194; *Begräbnis der Contribution*, 1631, ebd., Nr. 243; *Trauerzug zu Ehren Gustafs II. Adolf von Schweden*, 1633, bei Harms IV, 1987, Nr. 229. Zur Tradition des politischen Schandzuges und Eselsritts allgemein vgl. das Kapitel »Schandzug und Staatskutsche« in Ausst.-Kat. *Das Bild als Waffe*, 1984, 203–217.

14 Reichardt, Druckgraphik, 1988, 249.

14 a Anonym: *Enterrement du despotisme ou funérailles des aristocrates, seconde fête nationale*, o. O. (1790), 1–5.

15 Rede vom 13. Oktober, in: *Archives parlementaires*, IX, 1877, 424–431.

16 Emmanuel-Joseph Sieyès, *Observations sommaires sur les biens ecclésiastiques*, du 10 août 1789, Paris: Baudouin (1789); Armand/Benoît/Joseph Guffroy, *Lettre en réponse aux »Observations sommaires« de M. l'abbé Sieyès sur les biens ecclésiastiques*, o. O. (1789); Michel-Antoine Servan, *Réfutation de l'ouvrage de M. l'abbé Sieyès sur les biens ecclésiastiques*, Paris: Desray 1789; acht weitere Flugschriften verzeichnet in der Bibliographie zu: E. J. Sieyès, *Politische Schriften 1788–1790*, übers. und hg. von Eberhard Schmitt und Rolf Reichardt, 2. Aufl., München: Oldenbourg 1981, S. 325 f.

17 Rede vom 31. Oktober, in: *Archives parlementaires*, IX, 1877, 628 f.

18 23. Oktober, ebd., 485–487.

19 Ebd., 639.

20 Ebd., 642.

21 Laut Beitext singen sie »en faux bourdon«; das ist sowohl Fachterminus für die Satztechnik des 15. Jahrhunderts wie dessen Verballhornung im Sinne von ›falsches Gebrumme‹.

22 *Affiches de Toulouse* vom 22. Dezember 1789.

23 Vgl. die Radierung *Grand Convoy funèbre des Jacobins*, 1792 (Paris, BN, de Vinck 2769), Abb. bei Vovelle 1986, II, 77. Dazu Boyer-Brun 1792, I, 99–103; sowie das *Journal du Peuple* Nr. 2 vom 2. Februar 1792, 6.

24 *Dernière Procession Constitutionnelle pour l'Enterrement du Serment Civique qui se fera le...(!) 1792*, anonyme Aquatintaradierung, Paris, BN (de Vinck 3492), abgeb. bei Vovelle 1986, II, 251. Dazu *Journal du Peuple* Nr. 83 vom 23. April 1792, 348; sowie Boyer-Brun 1792, II, 159–184; ferner Langlois 1988, 188 f. Zur Abb. 128: Zur Tradition der Spottnasen vgl. das Blatt *Der Nasen Monarch* bei William A. Coupe, *The German illustrated Broadsheet in the Seventeenth Century*, Bde. I und II, Baden-Baden: Heitz 1966–1967, I, 40 und II, Abb. 14.

25 Pierre Caron, *Les Massacres de septembre*, Paris: Maison du livre français 1935, 88.

26 Gesetz vom 30. April 1791, in: *Archives parlementaires*, XXV, 1886, 451.

27 Vgl. unter anderem den Stich *Des barrières délivrez nous Seigneur* von 1789, Abb. bei Vovelle 1986, I, 63 (Paris, BN, de Vinck 3908).

28 Stiche in Paris, BN, de Vinck 3897 und 3900–3903.

29 Sitzung vom 1. Mai 1791, in: *Archives parlementaires* XXV, 1886, 479.

30 BN, de Vinck 3909–3911 und 3914; eine Abb. bei Vovelle 1986, I, 233.

31 »Le mur murant Paris rend Paris murmurant.«

32 Dazu mehrere Radierungen in den *Révolutions de Paris*, etwa in der Nr. 1 (12.–17. Juli 1789), zu S. 6.

33 Herding 1982, 247–250. Im April 1793 diente dieser Stich als Vorbild für eine satirische Zeichnung gegen Marat; vgl. Vovelle 1986, III, 72.

34 Yves Durand, *Les Fermiers généraux au XVIIIᵉ siècle*, Paris: Presses univ. de France 1971.

35 Schon zur Rückführung Ludwigs XVI. nach seinem Fluchtversuch vom 21. Juni 1791 waren leichenzugähnliche Ereignisstiche und Karikaturen erschienen; vgl. Sagnac/Robiquet 1934, I, 370, sowie Vovelle 1986, II, 285.

36 Eugène Seingneurelet, *L'Alsace française. Strasbourg pendant la Révolution*, Paris: Berger-Levrault 1881, 130; für den Hinweis auf diese Studie danken wir Erich Pelzer. Siehe auch Roland Oberlé, L'Explosion révolutionnaire et ses conséquences (1789–1798), in: Georges Livet/François Rapp (Hg.), *Histoire de Strasbourg des origines à nos jours*, Bd. III, Strasbourg: Ed. dernières nouvelles de Strasbourg 1981, 556–560.

37 Der Konventskommissar Couturier berichtete am 25. Februar 1793: »... les amis de La Fayette, de Dietrich, et les prêtres fanatiques tourmentent le peuple par des libelles incendiaires...« (*Archives parlementaires*, LIX, 1901, 288).

38 Im Parlament am 15. September vorgetragen; vgl. *Archives parlementaires*, L, 1896, 13.

39 Straßburger Bericht über eine dortige neue Kompagnie von Kanonieren; vgl. *Archives parlementaires*, VIIIL, 1896, 708.

40 Vgl. die Radierung *Ventre saint-gris où est mon fils*, Abb. bei Reichardt, *Revolutionsspiel*, Abb. 9; siehe auch S. 68 f. und 122 f.

41 So Art. 1 des Gesetzes über das Pantheon vom 4. April 1791 (*Archives parlementaires*, XXIV, 1896, 543).

42 Zum größeren Zusammenhang Marie-Louise Biver, *Le Panthéon à l'époque révolutionnaire*, Paris: Presses univ. de France 1982; bes. aber Mona Ozouf, Le Panthéon, in: *Nora 1984*, I, 139–166.

43 Claude Hoin, *Apothéose de Mirabeau* (Paris, BN, de Vinck 1926); anonym, *Apothéose de Voltaire* (zwei titelgleiche Blätter, ebd., 4189 und 4191).

44 Reportage von Gorsas' Zeitung *Courrier de Paris et des LXXXIII départements* XXII/5 vom 5. April 1791, 65–80; dazu das Blatt *Pompe funèbre de Mirabeau* (Paris, BN, de Vinck 1914), abgeb. bei Vovelle 1986, I, 114; sowie das gleichfalls anonyme Blatt *Cercueil de Mirabeau* (BN, de Vinck 1921).

45 Anonym, *Détail des honneurs funèbres rendus hier soir à M. de Mirabeau, par la nation reconnaissante; avec les cérémonies qui ont eu lieu à S.-Eustache et à Ste.-Geneviève*, Paris: de l'imprimerie patriotique 1791, 3. Den Hinweis auf dies Dokument verdanken wir Martin Papenheim.

46 Allgemein und umfassend James A. Leith, Les trois apothéoses de Voltaire, in: *Annales historiques de la Révolution française* 51, 1979, 161–209, bes. 199–204.

47 Berthault nach Prieur, *Triomphe de Voltaire le 11 Juillet 1791*, Kupferstich Nr. 55 der *Tableaux historiques de la Révolution française* (BN, de Vinck 4174).

48 *Sercophage (!) qui a transporté les mânes de Voltaire au Panthéon le 11 Juillet 1791*, vgl. Reichardt, *Revolutionsspiel*, 1989, Abb. 14.

49 So die Zeitung *Chronique de Paris*, Nr. 193 vom 12. Juli 1791, 781.

50 *Ordre et marche de la translation de Voltaire à Paris, le lundi 11 Juillet*, o. O. (1791); *Translation de Voltaire à Paris et détails de la Cérémonie*, Paris (1791); beides in: Jeroom Vercruysse (Hg.), *Les Voltairiens*, Bd. V, Nendeln: KTO Press 1978, getrennte Paginierung.

51 Dazu auch: Herding, Gegenstand und Zeichen, 1987, 250.

52 *Chronique de Paris*, wie oben Anm. 49.

53 Ebd., 782.

54 *Hymne à Voltaire chanté à Paris le 12 juillet 1791*, in: Louis Damade (Hg.), *Histoire chantée de la Première République, 1789 à 1799*, Paris: P. Schmidt 1892, 123.

55 Vgl. Michel Vovelle, Héroïsation et Révolution: la fabrication des héros sous la Révolution française, in den Kongreßakten: *Le Mythe du Héros*, Marseille: Laffitte 1982, 215–234; Michel Ganzin, Le héros révolutionnaire, 1789–1794, in: *Revue historique du droit français et étranger* 61, 1983, 371–392.

56 Beispielsweise Charles-Louis Rousseau, *Discours d'Apothéose du citoyen Marat, l'ami du peuple, prononcé dans la Société républicaine des sansculottes montagnards de Tonnerre...* (23. August 1793), in: *Archives parlementaires*, LXXII, 643 f.

57 Victor Fournel, Le culte de Marat, in: *Revue de la Révolution*, IV, 1884, 5–25.

58 Einige Blätter in der Bibliothèque Nationale, de Vinck 5326–5328. Über die Bildflugblätter zu Marat allgemein vgl. Lise Andriès, Les estampes de Marat sous la Révolution: une emblématique, in: Bonnet 1986, 187–201; sowie Ian Germani, Les Métamorphoses de Marat, in: Vovelle 1988, 119–130.

59 Siehe Herding 1983; sowie Jörg Traeger, *Der Tod des Marat: Revolution des Menschenbildes*, München: Prestel 1986.

60 Das unbetitelte Blatt, das Vovelle 1986, V, 164, als »Translation du corps de Marat« versteht, stellt die Pantheonisierung Voltaires dar und stammt aus den *Révolutions de France et de Brabant* Nr. 86 vom 25. Juli 1791.

9. Visuelle Ausprägung gesellschaftlicher Widersprüche: vom Wunschbild der Harmonie zum sozialen Feindbild

1 Vgl. Robert Chagny, La symbolique des trois ordres, in: Vovelle 1988, 267–281; Marie-Valérie Poinsot, La comédie des trois ordres, ebd., 283–290; s. a. de Baecque, *Caricature*, 1988, 82–87.

2 Diego Venturino, La naissance de l'Ancien Régime, in: Keith Baker (Hg.), *The Political Culture of the French Revolution*, II, London, Pergamon Press 1988.

3 Zur traditionellen Ständelehre, auf die das anspielt, vgl. Roland Mousnier, *Les Institutions de la France sous la monarchie absolue*, I, Paris: Presses univ. de France 1974, 13–38.

3 a *Étrennes à la vérité ou Almanach des Aristocrates*, Spa 1790, S. 1 mit einem Frontispiz der »Aristocratie« in Drachengestalt; Stich und Text bei Herding 1988, 220.

4 Wenigstens drei Nachstiche in der Bibliothèque Nationale, Sammlung ›Histoire de France‹, M 99989–99991.

5 Vgl. Vovelle 1986, I, 227.

6 Blätter in der Bibliothèque Nationale, de Vinck 2019–2020; eine Abb. bei Vovelle 1986, I, 218.

7 de Vinck 2032, 2059–2062.

8 Ebd., Nr. 2056–2057.

9 Ebd., Nr. 2053–2055.

10 Ebd., Nr. 2480, abgeb. bei Vovelle 1986, I, 217.

11 de Vinck Nr. 2022 und 2050–2051; dazu ein populäres Blatt von Letourmi, Abb. bei Vovelle 1986, I, 218 f.

12 de Vinck 2043–2047; eine Abb. bei Vovelle 1986, I, 214.

13 Vgl. Capelle 1849 (wie 7. Kap., Anm. 13), Nr. 873.

14 Vgl. das Blatt *Cette fois ci la justice est du côté du plus fort*, 1789 (BN, de Vinck 2783), Abb. bei Vovelle 1986, I, 211. Siehe auch Weberts konservative Replik darauf, oben Abb. 68.

15 Siehe das Blatt *Les trois Ordres avec leurs attributs sous le niveau*, oben Abb. 69.

16 *Le niveau National*, anonyme kolor. Radierung, 1789 (BN, de Vinck 3680), Abb. bei Vovelle 1986, I, 237.

17 Blätter in der Bibliothèque Nationale, de Vinck 3054 und 3056.

18 Abgeb. bei Vovelle 1986, II, 254.

19 Vgl. Alois Thomas, *Die Darstellung Christi in der Kelter* (1936), Neudr. Düsseldorf: Schwann 1981.

20 So die anonyme Radierung *Le Pressoir des Esponges du Roy ou La Recherche faite par la Chambre de Justice establie en 1716 contre les Abus, Malversations et Peculats commis dans les Finances de Sa Majesté* (BN, de Vinck 3110).

21 *Les Voyageurs de nuit*, 1790/91 (BN, de Vinck 3697), Abb. bei Vovelle 1986, II, 205.

22 Beispielsweise die anonyme kolorierte Radierung *Salus in Fuga* (BN, de Vinck 3706), Abb. bei Vovelle 1986, II, 206 f.

23 *La Contre Révolution*, anonyme kolorierte Radierung, 1792 (BN, de Vinck 4421), Abb. bei Vovelle 1986, II, 218.

24 Vgl. die beiden Stiche von Villeneuve: *Prêtre patriote prétant de bonne foi le serment civique* und *Prêtre aristocrate fuyant le serment civique*, 1791 (BN, Sammlung Hennin 10857 und 10858), Abb. bei Henderson 1912, Abb. 72 und 73.

25 *Nouvelle Méthode pour faire prêter serment aux Curés*, 1791, bei Reichardt, *Französische Revolution*, 1988, 170 f.

26 Paris, BN, de Vinck 4317, 4318 und 4320.

27 *Législateur futur*, 1790/91, bei Henderson 1912, Abb. 89.

28 *L'Allégorie est assez Claire Pour se passer de Commentaire*, 1790, bei Reichardt, *Französische Revolution*, 1988, 144 f.

29 *Le sort mérité*, um 1790 (BN, de Vinck 2818), Abb. bei Vovelle 1986, II, 323.

30 *Les Aristocrates à Lanternopolis*, 1791 (BN, de Vinck 3671), Abb. bei Vovelle 1986, II, 323.

31 *Les aristocrates en enfer*, 1792, abgeb. ebd., II, 334; *Jugement en dernier Ressort*, 1792 (BN, de Vinck 1966), Abb. ebd., II, 31.

32 Das berichtet Boyer-Brun 1792, II, 187.

33 Dazu Herding 1982.

34 *L'Aristocratie démasquée*, Abb. bei Vovelle 1986, II, 200. S.a. de Baecque, *Caricature*, 1988, 128–136.

35 Eine ähnliche Tendenz ist in den politischen Katechismen zu beobachten; vgl. Reichardt, Revolutionäre Mentalitäten, 1988, 203–215.

10. Der Bilderstreit um die Monarchie – Musterbeispiel der revolutionären Karikatur

1 Ein Punkt der Anklage gegen David nach Robespierres Sturz. David bestritt damals, den Auftrag angenommen zu haben; es gibt indessen mehrere Skizzen von ihm, die Ludwig XVI. zeigen, wie er seinem Sohn die Menschenrechte erklärt (vgl. Antoine Schnapper, *Jacques-Louis David und seine Zeit*, Fribourg: Office du Livre 1981, Abb. 65).

2 Dazu ausführlicher Herding, Zeichensysteme, 1988, 533–535. Allgemein zum Thema des Königtums in der Revolutionsgraphik: de Baecque, *Caricature*, 1988, 173–193.

3 Auch die Partei der Monarchisten nutzt den Begriff des »Faux-Pas«: Baille warnt Pétion, den eben ernannten Bürgermeister von Paris, mit diesem Begriff vor falschen Freunden – wenn er sich nur einen einzigen Fehltritt erlaube, werde sein Seiltanz das Bündnis zwischen Volk (Faszienbündel und Freiheitshut) und König (Krone und Lilienschild) zerstören. Abb. in: Sagnac/ Robiquet 1934, II, 1; Vovelle 1986, III, 16 (Variante bei Boyer-Brun 1792, I, 281 f.).

4 Boyer-Brun 1792, I, 196. Als Entstehungszeit gibt Boyer-Brun an: »Gleich nach der Abfahrt des Königs nach Montmédi«, also Sommer 1791.

5 Beispiele in: Vovelle 1986, II, 95.

6 Henri-Simon Linguet, *Mémoires sur la Bastille*, London: Spilbury 1783; dazu auch Reichardt, Druckgraphik, 1988, 248 f.

7 Vgl. Vogelsang 1982, zu dem hier abgebildeten Blatt auch Reichardt, Druckgraphik, 1988, 225 f.

8 Vgl. etwa die Radierung *Die Neujahrsgeschenke für den König* (1790); Abb. in: Sagnac/Robiquet 1934, I, 233.

9 Boyer-Brun 1792, II, 84 f.

10 1784 boten die Juweliere Böhmer und Bassenge der Königin ein Diamantenhalsband zum Preis von 1 600 000 Franken an. Eine Vertraute des in Ungnade gefallenen Kardinal de Rohan, Gräfin Lamothe-Valois, erreichte, daß Rohan aufgrund einer gefälschten Unterschrift ohne Wissen der Königin für die Zahlung dieser Summe bürgte. Nach Lieferung ließ die Gräfin die Diamanten herausbrechen und in England verkaufen. Rohan, gegen den die Königin kalt blieb, wurde mit einer als Marie-Antoinette verkleideten Dirne getäuscht, die ihm in Versailles ein Stelldichein ermöglichte. Unterdessen wandten sich die Juweliere, die vom Hof nicht bezahlt wurden, an die Königin, so daß der Betrug entdeckt wurde. Die Gräfin wurde verurteilt, der Kardinal freigesprochen; eine Skandalchronik wurde trotz eines Schweigegelds veröffentlicht, wodurch Marie-Antoinette in den Ruf der Leichtgläubigkeit, ja sogar intimer Beziehungen zu Kardinal de Rohan geriet. Diese Affäre beschleunigte den Verlust des Ansehens der Monarchie außerordentlich.

11 Denkmalprojekt von Janinet nach Varenne; Abb. in: Dayot 1896/97, 194.

12 Zu diesen Beispielen vgl. Duprat in: Vovelle 1988, mit Abb. pl. 16.

13 Es sind Lafayette, Rochambeau und Luckner, Generäle der Revolutionsarmee, die in Ungnade fielen und fliehen mußten oder 1794 guillotiniert wurden. S. a. Langlois 1988, 159.

14 Näheres bei Herding, Zeichensysteme, 1988, 514–531. Zur Thematik des Stiches insgesamt auch das Theaterstück von Sylvain Maréchal, *Le jugement dernier des Rois*, Paris 1793; dazu Jacques Proust, Le jugement dernier des Rois, in: *Approches des Lumières. Mélanges offerts à Jean Fabre*, Paris: Klincksieck 1974, 371–378.

15 Dazu Hubertus Fischer, in: *Idea* 8, 1989.

16 Ausführlich kommentiert bei Herding, Zeichensysteme, 1988, 550 ff.

17 Andreas Stolzenburg, Freiheit oder Tod – ein mißverstandenes Werk Jean-Baptiste Regnaults?, in: *Wallraf-Richartz-Jahrbuch* 48/49, 1987/88, 463–472, hat vorgeschlagen, in der Frauengestalt eine Allegorie der Republik zu sehen; dem widersprechen aber zeitgenössische Quellen. Richtig ist jedoch, daß die Gestalt nicht einfach als »Freiheit« zu denken ist; es handelt sich vielmehr um eine Verschmelzung mehrerer Figurationen, die ihr nächstes Pendant in einer als *Égalité* und *Liberté* bezeichneten Gestalt hat (vgl. Ausst.-Kat. *L'Art de l'estampe*, etc., 1977, Rückumschlag).

18 So Lever 1979, 161.

19 Der Prozeß wurde ihm allerdings nicht explizit wegen dieses Blattes, sondern wegen der Veröffentlichung »politischer und obszöner Schriften« gemacht; dazu und zu weiteren royalistischen Darstellungen aus dem Jahr 1793 vgl. Lever 1979, 161 f., sowie Langlois 1988, 194 f.

20 Vgl. zu dieser Kategorie auch Karl Heinz Bohrer, *Plötzlichkeit. Zum Augenblick des ästhetischen Scheins*, Frankfurt: edition suhrkamp 1051, 1981.

21 Anon. Zeichnung; Abb. in Sagnac/Robiquet 1934, II, 227.

22 Englischer Stich in Punktiermanier, Abb. in: Vovelle 1986, III, 201; zur Tradition dieser Ikonographie im 18. Jahrhundert: Herding, *Diogenes*, 1982.

23 *Marats Triumph in der Hölle*, Kupferstich, 1795. – Paris, BN, de Vinck 5331.

11. *Die Revolution im Widerstreit – zwischen Terreur und Freiheitsbotschaft*

1 Konventsrede vom 5. November 1792, in: *Œuvres*, IX, 89.

2 Weitere Beispiele für solche einander polar zugeordnete Blattpaare oben Abb. 1/2, 8/9, 72, 82, 137, 176/177.

3 Insbesondere die Zollfahnder hießen im Volksmund »Kellerratten« und wurden von den Stechern oft karikiert: siehe oben Abb. 129; das Blatt *Recette pour faire périr les Rats de Cave* (abgeb. bei Vovelle 1986, I, 64) und ähnliche anonyme und kolorierte Radierungen in der BN, Sammlung de Vinck 3909–3916.

4 Schwer lesbare Schriften im dunklen Grund bezeichnen die Übeltäter als »Greffiers, Procureurs, Secretaires, Commis aux aides«. Dies und das folgende Blatt wurden mindestens zweimal nachgestochen.

5 Siehe die Bilderbogen *Les cris de Paris* (verlegt von Chiquet, Paris um 1740) und J. Maillot, *Les Nouveaux cris qui s'observent journellement dans la ville et Fauxbourg de Paris* (Paris, Anfang 18. Jh.), beide abgeb. bei Massin 1978, Taf. 77 und 79.

6 Sechs andere Versionen in: BN, de Vinck 1608–1613.

7 Ebd., Nr. 1614–1621. Das Ausgangsblatt wurde von einem der Brüder Bance gestochen und verlegt.

8 Das berichten z.B. die *Révolutions de Paris* Nr. 1 (12.–17. Juli 1789), 19.

9 *Ami du Peuple* Nr. 34 vom 10. Dezember 1789, 1–8.

10 So zu einer anderen Version des Blattes Boyer-Brun 1792, I, 279.

11 Dazu besonders eindrücklich die Serie von Radierungen in den *Révolutions de Paris* Nr. 165 (1.–8. September 1792) – 169 (29. September–6. Oktober 1792), teilw. abgeb. bei Vovelle 1986, III 162–163.

12 Gerd van den Heuvel, »Terreur, terroriste, terrorisme«, in: Reichardt/Schmitt 1985, H. 3, 89–132. Wort und Sache der *Terreur* waren stark von früherer englischer Praxis beeinflußt.

13 Zu ihrer Symbolik jetzt umfassend Daniel Arasse, *La Guillotine et l'image de la Terreur*, Paris: Flammarion 1987.

14 *Œuvres*, X, 357.

15 Dazu Gerhard Neumann, »Ein Wort über das Alter der Guillotine«. Georg Christoph Lichtenberg als Begründer eines sozialen Topos, in: Jörg Zimmermann (Hg.), *Lichtenberg – Streifzüge der Phantasie*, Hamburg: Dölling und Galitz 1988, 84–111.

16 Veröff. in: Walter Markov/Albert Soboul (Hg.), *Die Sansculotten von Paris*, Berlin: Akademie Verlag 1957, 223.

17 Siehe den anonymen Stich *Robespierre guillotinant le boureau après avoir fait guillotiner tous les Français*, 1794, bei Reichardt, *Französische Revolution*, 1988, 66 f.

18 Mindestens drei Versionen des Blatts sind erhalten (BN, de Vinck 6143–6145).

19 *Beugniet, président, Demuliez, accusateur public, et Leblond, juré du Tribunal révolutionnaire d'Arras ... aux Comités de salut public et de sureté générale*, Paris [Juni 1794]; *La Société populaire de Cambrai à la Convention nationale*, Cambrai [Juni 1794]. Siehe auch Louis Jacob, *Josef Le Bon: la Terreur à la frontière*, t. I–II, Paris: Mellottée 1932.

20 *Archives parlementaires*, XCIII, 1982, 27 f.

21 Vgl. u. a.: *Les Angoisses de la Mort, ou Idées des horreurs des Prisons d'Arras*, Paris, an III; *Atrocités commises envers les citoyennes cidevant détenues dans la maison d'arrêt dite de la Providence, à Arras*, Paris, an III.

22 *Le dernier gémissement de l'humanité contre J*ʰ *Lebon, par l'auteur de la ›Gravure des formes acerbes‹*, Paris, an III (30. Juni 1795).

23 Dazu Reichardt, Einleitung, 1985; ders., *Revolutionsspiel*, 1989.

24 Detlef Hoffmann, Revolutionierung der Königs-Reihen, in: Ausst.-Kat. *Geschichte auf Spielkarten 1789–1871. Von der Französischen Revolution bis zur Reichsgründung*. Deutsches Spielkarten-Museum, Stuttgart: Württembergisches Landesmuseum 1987 (= Baden-Württemberg im Zeitalter Napoleons, Bd. 3), 12–25.

25 Elisabeth Fehrenbach, Nation, in: Reichardt/Schmitt 1985, H. 7, 1986, 75–107.

26 Vgl. die anonyme, farbige Aquatintaradierung *La Constitution Française*, 1791, bei Reichardt, *Französische Revolution*, 1988, 128–130.

27 Siehe auch die konservative Gegenkarikatur von Webert, oben Abb. 68; dazu Langlois 1988, 126 f.

28 Spätere Verfassungsallegorien oben Abb. 24 und 25.

29 Dazu Hunt 1983 und 1984.

30 Pierre Rétat, »Citoyen – Sujet, Civisme«, in: Reichardt/Schmitt 1985, H. 9, 1988, 75–105.

31 Chemin-Dupontès 1793/94, 57–64.

32 Siehe auch oben Abb. 19.

33 Siehe auch oben Abb. 183.

34 Dazu Gramaccini 1989; dort auch zu Moittes Denkmalprojekt vom April 1794. Siehe auch Hennequin, *La Chiquenaude du Peuple*, 1793/94 (BN, de Vinck 6950) und den anonymen Entwurf einer Münze (Musée Carnavalet), beides abgeb. bei Vovelle 1986, III, 228–229.

35 Unter den zahlreichen einschlägigen Blättern sei nur verwiesen auf die von Chéreau verlegte Radierung *Vue de la Montagne élevée au Champ de la Réunion*, 1794, Abb. bei Herding, Kunst und Revolution 1988, 226; sowie den von Basset verlegten kolorierten Stich *Vue du côté oriental de la Montagne élevée au Champ de la Réunion*, 1794 (BN, Histoire de France, M 102842), Abb. bei Vovelle 1986, IV, 203.

36 *Révolutions de Paris* Nr. 218 (8.–16. Dezember 1793), 321–335, hier S. 332.

37 Abgeb. bei Vovelle 1986, III, 100.

38 Zu einigen Beispielen von Honoré Daumier vgl. Eva-Susanne Bayer-Klötzer, *Die Tendenzen der französischen Karikatur 1830–1848*, Diss. München, 159–166.

39 Charles Moulin, *1848. Le livre du centenaire*, Paris: Editions Atlas 1948, Tafeln XII und II. Siehe auch Stefan Germer, Heros und Höllenengel: Das Volk bei Ingres, in: *Kritische Berichte*, Jg. 14, 1986, Heft 2, 4–33.

40 Näheres bei van den Heuvel 1988, 214–228. Als Beleg aus dem späten 19. Jh. zum Beispiel eine Lithographie, auf welcher die *République* Grundschüler das Alphabet anhand der Trias lehrt (BN, Histoire de France, M 120634).

41 Mehr dazu bei van den Heuvel 1988, 167–214.

42 Chemin-Dupontès 1793/94, 37.

43 Siehe den anonymen Stich *République Française une et indivisible*, 1793/94 (Abb. bei Vovelle 1986, III, 218) und den titelgleichen Briefkopf, den Queverdo für den Wohlfahrtsausschuß gestochen hatte (ebd., IV, 30).

44 Selten die *Fraternité*, die meist allein auftritt; vgl. David 1987, Abb. 15–19.

45 Dazu grundlegend Agulhon 1979, bes. 55–208. Siehe auch die Fallstudie von Helmut Hartwig, Die Republik und andere allegorische Frauengestalten. Zum Verhältnis von Bild und Begriff bei Daumier, in: Ausst.-Kat. *Honoré Daumier und die ungelösten Probleme der bürgerlichen Gesellschaft*, Neue Ges. für bildende Kunst/Württemb. Kunstverein, Berlin/Stuttgart 1974, 80–99; sowie neuerdings Jean Garrigues, *Images de la Révolution: l'imagerie républicaine de 1789 à nos jours*, Paris: Editions du May 1988.

46 Vgl. Klaus Schrenk, *Die republikanisch-demokratischen Tendenzen in der französischen Druckgraphik zwischen 1830 und 1852*, Diss. Marburg 1976, bes. 210–218.

47 So verwendete Anastasi Prud'hons *Liberté* in einer Lithographie und bezog sie auf den Aufstand vom 23./24. Februar 1848 (siehe die Zeitschrift *L'Artiste* vom 15. Dezember 1848).

48 Zitiert nach Chaudonneret 1987, 109.

49 Siehe den ebd., 161 abgedr. Artikel von Jan Laurent über »Portrait de la République«, erschienen in *Le Siècle* vom 27. November 1848.

50 Wichtige Beispiele mitsamt der publizistischen Diskussion gibt Pascal Ory, Le centenaire de la Révolution française: La preuve de 89, in: Nora 1984, 523–560.

51 Dazu jetzt umfassend Ute Hüningen, »*Le triomphe de la République*«: Das Republikdenkmal von Jules-Aimé Dalou in Paris 1879–1899, München: Hirmer 1989.

BIBLIOGRAPHIE

Allgemeine Quellen

Archives parlementaires de 1787 à 1860. Recueil complet des débats législatifs et politiques des chambres françaises... Sous la direction de J. Mavidal et E. Laurent. Première série: 1787–1799, Bd. Iff., Paris: CNRS 1867ff.

L'Ami du Peuple, ou de Publiciste Parisien. Journal politique libre et impartial, par une Société de patriotes et rédigé par Jean-Paul Marat. Nr. 1–685 (1. Serie) und 1–242 (2. Serie). Paris: Ami du Peuple 1789–1793. Neudr. Tokyo: Society for Reproduction of Rare Books 1967

Boyer-Brun, Jacques-Marie: *Histoire des caricatures de la révolte des Français,* 2 Bde., Paris: Journal du Peuple, 1792

Chemin-Dupontès, fils: *L'Ami des jeunes patriotes ou Catéchisme républicain dédié aux jeunes Martyrs de la Liberté.* Paris: Imprimerie de l'Auteur, an II de la République (1793/94)

Encyclopédie ou Dictionnaire Raisonné etc., mis en ordre par M. Diderot, et M. D'Alembert 1751–1765, 2e éd., Bern/Lausanne: 1779ff.

Journal du Peuple. Rédigé par Jacques-Marie Boyer-Brun. Nr. 1–193. Paris: Imprimerie du Journal du Peuple, 1. Februar–12. August 1792

Moniteur = Gazette nationale, ou Le Moniteur universel. Paris 1787–1799. Neudruck unter dem Titel: Réimpression de l'ancien Moniteur, 31 Bde., Paris: Plon 1847

Révolutions de France et de Brabant, par Camille Desmoulins. Nr. 1–86. Paris: Jorry 1789–1791. Nachdr. in den Œuvres von C. Démoulins, préface Albert Soboul, Bd. II–VIII, München: Kraus 1980

Révolutions de Paris, dédiées à la Nation et au District des Petits-Augustins, dir. par Louis-Marie Prudhomme. Nr. 1–225. Paris: Baudouin/Laporte/Prudhomme 1789–1794

Robespierre, Maximilien: *Œuvres complètes,* édition commencée par Albert Mathiez et terminée par Marc Bouloiseau et Albert Soboul. 10 Bde., Paris: Presses univ. de France/Clavreuil 1910–1967

Ikonologische Grundlagenwerke, Ausstellungs- und Sammlungskataloge

Alciati, Andrea: *Emblematum fontes quatuor,* Augsburg: Steyner 1531. Neuausgabe, hg. von Henry Green, Manchester/London: Trübner 1880

L'art de l'estampe et la Révolution française, Paris, Musée Carnavalet 1977

Baudoin, Jean: *Recueil d'Emblèmes divers,* 2 Bde., Paris 1638/39. Neuausgabe: Emblematisches Cabinet, Bd. 11, Hildesheim/New York: Olms 1977

Das Bild als Waffe. Mittel und Motive der Karikatur in fünf Jahrhunderten, Wilhelm-Busch-Museum, Hannover 1984

Bilder nach Bildern. Druckgrafik und die Vermittlung von Kunst, Westfälisches Landesmuseum für Kunst und Kulturgeschichte, Münster 1976

Boria, Juan de: *Empresas morales,* Prag 1581, Brüssel 1680, dt. Berlin 1698

Droits de l'Homme et conquête des libertés, Musée de la Révolution Française, Vizille 1986

Duplessis, Georges: *Inventaire de la collection d'estampes relatives à l'histoire de France, léguée en 1867 à la Bibliothèque nationale par Michel Hennin,* 5 Bde., Paris: Champion 1877–1884

Le Fait divers, Musée national des arts et traditions populaires, Paris 1982

French Caricature and the French Revolution, 1789–1799. Los Angeles: Grunwald Center for the Graphic Arts/Wight Art Gallery/University of California 1988

Goya und das Zeitalter der Revolutionen, Hamburger Kunsthalle 1980/81

Gravelot, Hubert-François/Cochin, Charles-Nicolas: *Iconologie par figures, ou traité complet des allégories, emblèmes, etc. à l'usage des artistes,* 4 tomes, Paris 1791. Neuausgabe Genf: Minkoff 1972

Graveurs français de la seconde moitié du XVIIIe siècle, Musée du Louvre, Paris 1985

La Guillotine dans la Révolution, Musée de la Révolution Française, Vizille 1987

Illustrierte Flugblätter aus den Jahrhunderten der Reformation und der Glaubenskämpfe, Kunstsammlungen der Veste Coburg 1983

Lacombe de Prézel, Honoré: *Dictionnaire iconologique, ou Introduction à la connaissance des peintures, sculptures, médailles, estampes, etc.* (1756). Nouv. éd. revue et considér. augmentée, 2 Bde., Paris: Hardouin 1779.

Luther und die Folgen für die Kunst, Hamburger Kunsthalle 1983

Ménestrier, Claude-François: *L'Art des Emblèmes,* Lyon 1662. Nachdruck, Introductory Notes by Stephan Orgel, New York/London: Garland 1979

Ménestrier, Claude-François: *L'art des emblêmes ou s'enseigne la Morale par les Figures de la Fable, de l'Histoire, et de la Nature,* Paris: De la Caille 1684, Nachdruck mit Einleitung hg. von Karl Möseneder, Mittenwald: Mäander 1981

Premières collections, Musée de la Révolution Française, Vizille 1985

Printing and The French Revolution, Public Library, New York 1989

La Révolution française, Musée de l'histoire de France, Paris 1982

La Révolution française. Le premier Empire, Musée Carnavalet, Paris 1982

Ripa, Cesare: *Iconologia etc.,* Rom 1603. Neuausgabe: mit Einl. von Erna Mandowsky, Hildesheim/New York: Olms 1970

Rollenhagen, Gabriel: *Nucleus Emblematum*, 2 Bde., Arnheim/Utrecht 1611–1613. Neuausgabe: Gabriel Rollenhagen, Sinn-Bilder. Ein Tugendspiegel, hg. von Carsten-Peter Warncke, Dortmund: Harenberg 1983

Un Siècle d'Histoire de France par l'estampe, 1770–1871. Collection de Vinck. Inventaire analytique par François-Louis Bruel (u. a.), 9 Bde., Paris: Bibliothèque Nationale 1909–1968

Van Veen, Otto: *Quinti Horati Flacci Emblemata etc.*, Antwerpen 1607. Neuausgabe: Emblematisches Cabinet, hg. von Dmitrij Tschernizewskij und Ernst Benz, Bd. III, Hildesheim/New York: Olms 1972

Van Veen, Otto: *Amorum Emblemata*, Antwerpen 1608, Neuausgabe: Emblematisches Cabinet, hg. von Dmitrij Tschermizewskij und Ernst Benz, Bd. II, Hildesheim/New York: Olms 1970

Literatur zu Kunst und Gesellschaft im Ancien Régime und zur Zeit der Revolution

Adhémar, Jean: *La Gravure originale du XVIIIᵉ siècle*, Paris: Somogy 1963

Adhémar, Jean: *Populäre Druckgraphik Europas. Frankreich vom 15. bis zum 20. Jahrhundert*, München: Callwey 1968

Adhémar, Jean: L'enseignement par l'image, in: *Gazette des Beaux-Arts* 97, 1981, S. 53–60 und 98, 1981, S. 49–60

Agulhon, Maurice: *Marianne au combat: L'imagerie et la symbolique républicaine de 1789 à 1880*, Paris: Flammarion 1979

Andriès, Lise: L'illustration dans les almanachs révolutionnaires ou le triomphe de l'allégorie, in: Vovelle 1988, 300–306

Atherton, Herbert M.: *Political Prints in the Age of Hogarth. A Study of the Ideographic Representation of Politics*, Oxford: Clarendon Press 1974

Aulard, François-Alphonse: L'art et la politique en l'An II, in: ders., *Études et leçons sur la Révolution française*, 1. Série, Paris: Alcan 1893, 241–267

Baecque, Antoine de: Le sang des héros. Figures du corps dans l'imaginaire politique de la Révolution française, in: *Revue d'histoire moderne et contemporaine* 34, 1987, 553–586

Baecque, Antoine de: *La Caricature révolutionnaire*, Paris: Editions du CNRS 1988

Baecque, Antoine de: Image du corps et message politique: La figure du contre-révolutionnaire dans la caricature française, in: Vovelle 1988, 177–183

Baltrusaitis, Jurgis: *Essai sur la légende d'un mythe. La quête d'Isis. Introduction á l'égyptomanie*, Paris: Perrin 1967

Benoît, François: *L'Art français sous la Révolution et l'Empire*, Paris: May 1897

Blum, André: L'estampe satirique et la caricature en France au XVIIIᵉ siècle, in: *Gazette des Beaux-Arts* 52, 1910, Teilbd. I, S. 379–392, Teilbd. II, S. 69–87, 108–120, 243–254, 275–292, Teilbd. III, S. 403–420, 449–467

Blum, André: *La Caricature révolutionnaire*, Paris, Jowe 1917

Blum, André: Louis XIV et l'imagerie satirique pendant les dernières années du XVIIᵉ siècle, in: *Archives de l'art français*, Jg. 1913, 272–286

Blum, André: La caricature sous le Directoire, in: *La Révolution française* 70, 1917, 226–241

Bonnet, Jean-Claude (Hg.): *La Mort de Marat*, Paris: Flammarion 1986

Boppe, Auguste/Bonnet, Raoul: *Les vignettes emblématiques sous la Révolution*, Paris/Nancy 1911, Nachdruck Leipzig 1975

Bordes, Philippe: Les arts après la Terreur: Topino-Lebrun, Hennequin et la peinture politique sous le Directoire, in: *La Revue du Louvre et des Musées de France* 29, 1979, 199–214

Bordes, Philippe: Le recours à l'allégorie dans l'art de la Révolution française, in: Vovelle 1988, 243–249

Bordes, Philippe: *Le Serment du Jeu de Paume de Jacques-Louis David*, Paris: Editions de la Réunion des Musées nationaux 1984

Boudet, Jacques: *La Révolution française*, Paris: Bordas 1984

Casselle, Pierre: Le commerce des estampes à Paris dans la seconde moitié du XVIIIᵉ siècle, in: *Ecole Nationale des Chartes. Position des thèses soutenues par les élèves de la promotion de … 1976*, 37–44

Challamel, Augustin/Lacroix, Désiré: *Album du centenaire. Grands hommes et grands faits de la Révolution française (1789–1804).* Ouvrage illustré de 436 gravures sur bois, Paris: Jouvet 1889. Nachdr. unter dem Titel: *Album du bicentenaire, 1789–1989*, Carrère: P. Saurat 1988

Champfleury (Jules Fleury-Husson, gen.): *Histoire des faïences patriotiques sous la Révolution*, Paris: Dentu 1867, 3. Aufl. 1875

Champfleury (Jules Fleury-Husson, gen.): *Histoire de la caricature sous la République, l'Empire et la Restauration*, Paris: Dentu, 1874

Chansard, Valérie: Les rapports du discours de la symbolique dans les vignettes révolutionnaires, in: Vovelle 1988, 317–322

Chaudonneret, Marie-Claude: *La Figure de la République. Le concours de 1848*, Paris: Editions de la Réunion des musées nationaux 1987

Crow, Thomas E.: *Painters and Public Life in Eighteenth-Century Paris*, New Haven: Yale Univ. Press 1985

David, Marcel: *Fraternité et Révolution française*, Paris: Aubier 1987

Dayot, Armand: *La Révolution française… d'après des peintures, sculptures, gravures, médailles… du temps.* Paris: Flammarion 1896/97.

Delthe, Thierry: La Révolution française et les faïences populaires, in: Vovelle 1988, 237–240

Dowd, David L.: L'art comme moyen de propagande pendant la Révolution française, in: *Actes du Congrès national des sociétés savantes, Section d'histoire moderne et contemporaine 77*, 1952, 411–423

Duchartre, Pierre-Louis/Saulnier, René: *L'Imagerie populaire. Les images de toutes les provinces françaises du XVᵉ siècle au Second Empire*, Paris: Librairie de France 1925

Duchartre, Pierre-Louis/Saulnier, René: *L'Imagerie parisienne. L'imagerie de la rue Saint-Jacques*, Paris: Gründ 1944

Duprat, Annie: La dégradation de l'image royale dans la caricature, in: Vovelle 1988, 167–175

Garnier, Jacques-Marin: *Histoire de l'imagerie populaire et des cartes à jouer à Chartres*, Chartres: Garnier 1869

Gautier, Hippolyte-Albert: *L'An 1789 – événements, mœurs, idées, œuvres et caractères*. Avec 650 reproductions, par la photogravure sur cuivre, de vignettes, d'estampes et de tableaux de l'époque, Paris: Delagrave 1888

Goethe, Johann Wolfgang: *Recension einer Anzahl französischer satyrischer Kupferstiche* (1797), hg. von Klaus H. Kiefer, München 1988

Gombrich, Ernst-Hans: The Dream of Reason: Symbolism in the French Revolution, in: *The British Journal for Eighteenth-Century Studies*, Vol. 2, No. 3, Autumn 1979, 187–205

Goubert, Pierre/Roche, Daniel: *Les Français et l'Ancien Régime*, 2 Bde., Paris: Colin 1984

Grivel, Marianne: *Le Commerce de l'estampe à Paris au XVIIᵉ siècle*, Genf: Droz 1986

Hallé, Jean-Claude: *Histoire de la Révolution française*, Paris: Nathan 1983

Harms, Wolfgang: *Deutsche illustrierte Flugblätter des 16. und 17. Jahrhunderts*, Bd. 1: Wolfenbüttel, Teil I, Tübingen: Niemeyer 1985, Bd. 2: Wolfenbüttel, Teil II, München: Kraus International Publications 1980

Henderson, Ernest Flagg: *Symbol and Satire in the French Revolution*, New York/London: Putnam 1912

Henkel, Arthur/Schöne, Albrecht: *Emblemata. Handbuch zur Sinnbildkunst des 16. und 17. Jahrhunderts*, Stuttgart: Metzler 1967, Neuausgabe 1976 (mit Supplement), Sonderausgabe 1978

Herbert, Robert L.: *David, Voltaire, ›Brutus‹ and the French Revolution. An Essay in Art and Politics*, London: Lane 1972

Herding, Klaus: Französische Kunst zur Zeit der Revolution von 1789. Zur Frage der visuellen Ausprägung gesellschaftlicher Widersprüche im entstehenden bürgerlichen Staat, in: *Sitzungsberichte der Kunstgeschichtlichen Gesellschaft zu Berlin*, H. 21, 1972/73, 28–34

Herding, Klaus: Diogenes als Bürgerheld, in: *Boreas* 5, 1982, 232–254

Herding, Klaus: Davids »Marat« als *dernier appel à l'unité révolutionnaire*, in: Idea 2, 1983, 89–112

Herding, Klaus: Gegenstand und Zeichen in der Graphik der Französischen Revolution, in: Heinz Paetzold (Hg.), *Modelle für eine semiotische Rekonstruktion der Geschichte der Ästhetik*, Aachen: Rader 1987, 249–262

Herding, Klaus: Visuelle Zeichensysteme in der Graphik der Französischen Revolution, in: Reinhart Koselleck und Rolf Reichardt (Hg.), *Die Französische Revolution als Bruch des gesellschaftlichen Bewußtseins*, München 1988, 513–552 (englische Fassung im Ausst.-Kat. *French Caricature* etc., Los Angeles 1988, 83–100)

Herding, Klaus: »Die Schönheit wandelt auf den Straßen« – Lichtenberg zur Bildsatire seiner Zeit, in: Jörg Zimmermann (Hg.), *Lichtenberg – Streifzüge der Phantasie*, Hamburg: Dölling und Galitz 1988, 19–59

Heuvel, Gerd van den: *Freiheitsbegriff der Französischen Revolution*, Göttingen: Vandenhoeck & Ruprecht 1988

Hollstein, Friedrich Wilhelm Heinrich: *Dutch and Flemish etchings, engravings, and woodcuts, ca. 1450–1700*, 31 Bde., Amsterdam: Hertzberger 1949–1987

Hollstein, Friedrich Wilhelm Heinrich: *German engravings, etchings, and woodcuts*, 28 Bde., Amsterdam: van Gendt 1954–1980

Hould, Claudette: La propagande d'Etat par l'estampe durant la Terreur, in: Vovelle 1988, 29–37

Hunt, Lynn: Engraving the Republic. Prints and Propaganda in the French Revolution, in: *History Today* 30, 1980, 11–17

Hunt, Lynn: Hercules and the Radical Image of the French Revolution, in: *Representations* 1, 1983, 95–117

Hunt, Lynn: *Politics, Culture and Class in the French Revolution*, Berkeley: Univ. of California Press 1984

Jaime, Ernest: *Musée de la caricature, ou Recueil des caricatures les plus remarquables, publiées en France depuis le quatorzième siècle jusqu'à nos jours*, 2 Bde., Paris: Delloye 1838

Jusselin, Maurice: *Imagiers et cartiers à Chartres*, Paris: Librairie d'Argences 1957

Koselleck, Reinhart/Reichardt, Rolf (Hg.): *Die Französische Revolution als Bruch des gesellschaftlichen Bewußtseins. Vorlagen und Diskussionen der internationalen Arbeitstagung am Zentrum für Interdisziplinäre Forschung der Universität Bielefeld*, München: Oldenbourg 1988

Lambalais-Vuianovith, D.: *Etude quantitative des thèmes traités dans l'image volante française au XVIIIᵉ siècle*. Thèse de 3ᵉ cycle, Université de Paris IV, 1979 (Manuskr.)

Langlois, Claude: *La Caricature contre-révolutionnaire*, Paris: Presses du CNRS 1988

Leith, James A.: *The Idea of Art as Propaganda in France, 1750–1799*, Toronto Univ. Press 1965

Leith, James A.: Les étranges métamorphoses du triangle pendant la Révolution française, in: Vovelle 1988, 251–259

Lévêque, Jean-Jacques: *L'Art de la Révolution française*, Paris: Bibliothèque des arts 1986

Lever, Evelyne: Le testament de Louis XVI et la propagande royaliste par l'image pendant la Révolution et l'Empire, in: *Gazette des Beaux-Arts* 94, 1979, 159–173

Lewinter, Roger (Hg.): *Diderots Enzyklopädie. Die Bildtafeln 1762–1777*, München 1979

Liris, Elisabeth: Autour des vignettes révolutionnaires: la symbolique du bonnet phrygien, in: Vovelle 1988, 307–316

Lüsebrink, Hans-Jürgen / Reichardt, Rolf: *Die Bastille. Politische Symbolik von Herrschaft und Freiheit*, Frankfurt a. M.: S. Fischer 1989

Massin, Jean: *L'Almanach de la Révolution française*, Paris: Club français du livre 1963. Neudr. unter dem Titel: *Almanach Universalis de la Révolution française*, Paris: Encyclopedia Universalia 1988

Massin, Robert: *Les Cris de la ville. Commerces ambulants et petits métiers de la rue*, Paris: Gallimard 1978

Martin, Auguste: *L'Imagerie orléanaise*, Paris: Duchartre et van Buggenhondt 1928

Melchior-Bonnet, Bernardine: *La Révolution, 1789–1799*, Paris: Larousse 1984

Nora, Pierre (Hg.): *Les Lieux de la mémoire*, 4 Bde., Paris: Gallimard 1984–1986

Pierre, Constant: *Les Hymnes et chansons de la Révolution. Aperçu général et catalogue, avec notices historiques, analytiques et bibliographiques*, Paris: Bibl. Nat. 1904

Reichardt, Rolf / Schmitt, Eberhard (Hg.): *Handbuch politisch-sozialer Grundbegriffe in Frankreich 1680–1820*, München: Oldenbourg 1985 ff.

Reichardt, Rolf: Einleitung, in: Reichardt/Schmitt 1985, Heft 1/2, 1985, 43–50

Reichardt, Rolf: Mehr geschichtliches Verstehen durch Bildillustration? Kritische Überlegungen am Beispiel der Französischen Revolution, in: *Francia. Forschungen zur westeuropäischen Geschichte* 13, 1985, 511–523

Reichardt, Rolf: Politische Druckgraphik in der Französischen Revolution. Die Bildwelt der »Bastille« als Beispiel, in: *Marxistische Studien* 14, 1988, 243–272 (erscheint erweitert auf Englisch in dem Ausst.-Kat.: *Printing and the French Revolution*, New York Public Library 1989)

Reichardt, Rolf: Bastille, in: Reichardt/Schmitt 1985, Heft 9, 1988, 7–74

Reichardt, Rolf: Revolutionäre Mentalitäten und Netze politischer Grundbegriffe in Frankreich 1789–1795, in: Koselleck/Reichardt 1988, 185–215

Reichardt, Rolf (Hg.): *Die Französische Revolution*, Freiburg: Ploetz 1988

Reichardt, Rolf: *Das Revolutionsspiel von 1791. Ein Beispiel für die Medienpolitik und Selbstdarstellung der Französischen Revolution*, Frankfurt a. M.: Insel Verlag 1989

Renouvier, Jules-Maurice-Barthélemy: *Histoire de l'art pendant la Révolution considérée principalement dans les estampes*. Ouvrage posthume publ. par Anatole de Montaiglon 1863

Roche, Daniel: *Le Peuple de Paris. Essai sur la culture populaire au XVIIIe siècle*, Paris: Aubier-Montaigne 1981

Sagnac, Philippe/Robiquet, Jean: *La Révolution de 1789*, 2 Bde., Paris: Les Editions nationales 1934

Séguin, Jean-Pierre: Les feuilles d'information non périodiques ou »canards« en France, in: *Revue de synthèse* 78, 1957, 391–420

Séguin, Jean-Pierre: *L'Information en France avant le périodique. 517 canards imprimés entre 1529 et 1631*, Paris: Larose 1964

Vogelsang, Bernd, Ami: le temps passé n'est plus. Johann Anton de Peters als antirevolutionärer Karikaturist, in: *Wallraf-Richartz-Jahrbuch* 43, 1982, 195–206

Vovelle, Michel: *La Révolution française – images et récit*, 5 Bde., Paris: Messidor 1986

Vovelle, Michel (Hg.): *Les images de la Révolution française. Actes du colloque des 25–26–27 octobre 1985 tenu en Sorbonne*, Paris: Publications de la Sorbonne 1988

Abbildungsnachweis

Baltrusaitis 1967, 123:18
Boppe/Bonnet 1911, 5:27
La Caricature. Bildsatire in Frankreich 1830–1835. Ausstellungskatalog des Wilhelm-Busch-Museums Hannover 1980, 64:206
Champfleury 1867/1875, 76:38; 64:39
Chaudonneret 1987, 202:205
Gallo, Max, Geschichte der Plakate, dt. Ausg. Herrsching: Pawlak, 1975, 19:16; 16:171
Gautier 1889, 775:32; 330:33; 257:41; 41:45; 55:65; 699:68; 501:70; bei 786:148; 257:41; 41:45; 55:65; 501:70
Grivel 1986, 100:120
La Guillotine et la Révolution 1986, 47:174
Harms I, 1985, Nr. 55:71; Nr. 233:86; Nr. 81:91
Harms II, 1980, Nr. 216:31
Henkel/Schöne 1978, Sp. 758:29; Sp. 196:46; Sp. 758:29; Sp. 1266:50
Honour, Hugh: The European Vision of America, Ausstellungskatalog The Cleveland Museum of Art, 1975, Nr. 205: 17
Orléans, Musée historique et archéologique: 5, 109
Paris, BN: 1–11, 13–15, 19, 20, 25, 26, 30, 32, 34, 35, 36, 41, 42, 45, 47, 48, 53 A, 56, 57, 58, 60, 63, 72, 74, 78, 79, 81, 83, 83 A, 85, 89, 96, 97–99, 100, 101–104, 106–108, 110–119, 121–124, 126–134, 136–139, 143, 145–152, 155, 164, 165, 166, 168–170, 170 A, 172, 173, 176–179, 184, 185, 188, 191, 191 A, 193–195, 199, 200, 204
Sagnac/Robiquet 1934, I, 163:52; 87:69; 221:80; 49:81; 63:82; 191:93; 358:153; 301:156; 233:157; 302:160; 370:162; 373:167
Sagnac/Robiquet 1934, II, 140:92; 371:95
Un Siècle d'histoire de France par l'estampe, III, Taf. III:12; Taf. XX:203
Vizille, Musée de la Révolution française: 80
Vovelle 1986, I, 309:54, Frontispiz
Vovelle 1986, II, 214:90; 139:150; 71:163
Vovelle 1986, III, 130:76; 220:181; 227:189
Vovelle 1986, IV, 160:53; 162:55; 244:62; 297:180

Nachbemerkung

Der vorliegende Text wurde von beiden Autoren gemeinsam entworfen; in der Endfassung lag die Federführung für Kapitel 1–3, 7–9 und 11 bei Rolf Reichardt, für Kapitel 4–6 und 10 bei Klaus Herding.

Der Vorabend des Revolutionsjubiläums hat eine große Anzahl einschlägiger Neuerscheinungen hervorgebracht. Es war nicht in jedem Fall möglich, diese Publikationen auszuschöpfen. Jedoch wurde versucht, die wichtigsten Ergebnisse in die Anmerkungen einzubeziehen. K.H., R.R.